创业活动的跨国比较

多元制度视角的研究

王博 朱沆 著

CROSS BORDER
COMPARISON OF
ENTREPRENEURIAL ACTIVITIES

Research from a Multiinstitutional
Perspective

图书在版编目(CIP)数据

创业活动的跨国比较：多元制度视角的研究/王博，朱沆著.--北京：北京大学出版社，2025.1.--ISBN 978-7-301-35722-4

I.F249.1

中国国家版本馆 CIP 数据核字第 20243R90H0 号

书　　名	创业活动的跨国比较：多元制度视角的研究 CHUANGYE HUODONG DE KUAGUO BIJIAO：DUOYUAN ZHIDU SHIJIAO DE YANJIU
著作责任者	王　博　朱　沆　著
责 任 编 辑	余秋亦　周　莹
标 准 书 号	ISBN 978-7-301-35722-4
出 版 发 行	北京大学出版社
地　　址	北京市海淀区成府路 205 号　100871
网　　址	http://www.pup.cn
微信公众号	北京大学经管书苑（pupembook）
电 子 邮 箱	编辑部 em@pup.cn　　总编室 zpup@pup.cn
电　　话	邮购部 010-62752015　发行部 010-62750672 编辑部 010-62752926
印 刷 者	北京鑫海金澳胶印有限公司
经 销 者	新华书店
	720 毫米×1020 毫米　16 开本　16.5 印张　261 千字 2025 年 1 月第 1 版　2025 年 1 月第 1 次印刷
定　　价	65.00 元

未经许可，不得以任何方式复制或抄袭本书之部分或全部内容。
版权所有，侵权必究

举报电话：010-62752024　电子邮箱：fd@pup.cn

图书如有印装质量问题，请与出版部联系，电话：010-62756370

本研究和本书的出版得到国家自然科学基金面上项目"动态、复杂制度环境下的创业活动研究"（71872193）、"双重认知能力与制度环境互动的创新性创业生成机制研究"（72272063）、国家自然科学基金青年项目"创新驱动创业何以'从0到1'：基于比较制度分析的动态过程解析"（72402119）、广东省基础与应用基础研究基金"知识利用视角下创新型创业的多元制度效应研究"（2023A1515110323）的资助。

本书由王博博士学位论文整理所得，朱沆教授指导。论文获2022年度创新创业全国优秀博士论文一等奖、2022年中山大学优秀博士学位论文。

Contents 目录

图目录 ··· iii

表目录 ··· v

第 1 章 绪 论 ··· 001
  1.1 研究背景与研究问题 ································· 001
  1.2 基础概念界定 ······································· 004
  1.3 研究目标与研究内容 ································· 009
  1.4 研究意义 ··· 012
  1.5 研究框架 ··· 014

第 2 章 文献回顾与评述 ·································· 017
  2.1 制度影响创业选择文献回顾与评述 ······················ 017
  2.2 比较制度分析文献回顾与评述 ·························· 038

第 3 章 基于多元制度视角的理论框架构建 ·················· 062
  3.1 理论推导与模型构建 ································· 062
  3.2 研究方法与子研究设计 ······························· 069

第 4 章 制度机制差异解析：法律制度与个人创业进入 ········ 074
  4.1 理论与假设 ··· 075

4.2 研究设计 ·· 084
 4.3 实证检验 ·· 090
 4.4 本章小结 ·· 102

第 5 章 二元制度复杂效应：金融支持制度、集体/个人主义与
　　　　个人创新型创业 ·· 105
 5.1 理论与假设 ·· 106
 5.2 研究设计 ·· 116
 5.3 实证检验 ·· 123
 5.4 本章小结 ·· 136

第 6 章 多元制度复杂效应与国家创业形态 ······················· 139
 6.1 理论与假设 ·· 140
 6.2 研究设计 ·· 145
 6.3 结果分析 ·· 153
 6.4 本章小结 ·· 170

第 7 章 结论与讨论 ··· 173
 7.1 主要研究结论 ·· 173
 7.2 理论贡献 ·· 176
 7.3 实践启示 ·· 180
 7.4 研究局限性与展望 ·· 183

参考文献 ·· 187

附　录 ·· 229

图目录

图 1-1	本研究的理论模型	009
图 1-2	本研究的结构框架	015
图 2-1	SSCI 期刊制度影响创业选择文献年份分布（2000—2021 年）	023
图 2-2	中文期刊制度影响创业选择文献年份分布（2000—2021 年）	024
图 2-3	外文顶级期刊制度影响创业选择文献年份分布（2000—2021 年）	025
图 2-4	自由市场经济中子系统之间的互补性	042
图 2-5	协调市场经济中子系统之间的互补性	043
图 2-6	作为共享信念和均衡概要表征的制度	050
图 3-1	本研究的理论模型	066
图 4-1	子研究一的理论框架	075
图 4-2	样本国家合约履行和产权保护制度的发展情况	088
图 4-3	合约履行制度、地区经济发展水平与个体创业选择	094
图 4-4	产权保护制度、地区经济发展水平与个体创业选择	094
图 4-5	合约履行制度、个体人力资本与创业选择	095
图 4-6	产权保护制度、个体人力资本与创业选择	095
图 4-7	合约履行、产权保护制度的共同作用效应	097
图 5-1	子研究二的理论框架	106

图 5-2 样本国家信贷市场与资本市场的发展情况 …………………… 121
图 5-3 信贷市场与创新型创业：集体/个人主义的调节 …………… 127
图 5-4 资本市场与创新型创业：集体/个人主义的调节 …………… 127
图 5-5 低国际化国家中信贷市场与创新型创业：集体/个人
主义的调节 ……………………………………………………… 130
图 5-6 高国际化国家中信贷市场与创新型创业：集体/个人
主义的调节 ……………………………………………………… 130
图 5-7 非创新型国家中信贷市场与创新型创业：集体/个人
主义的调节 ……………………………………………………… 130
图 5-8 创新型国家中信贷市场与创新型创业：集体/个人
主义的调节 ……………………………………………………… 131
图 6-1 子研究三的理论框架 ………………………………………… 140
图 6-2 2019 年中国创业者启动资本主要来源 ……………………… 164
图 6-3 中国新创企业再投资资金来源渠道分布 …………………… 164
图 6-4 2018 年中国私募股权和风险投资（PE/VC）投资项目
阶段占比 ………………………………………………………… 165
图 6-5 2019 年世界主要经济体"独角兽"数量 …………………… 167
图 6-6 1953—2015 年日本平均家庭规模演变 ……………………… 168

表 目 录

表 2-1　外文顶级期刊制度影响创业选择文献数量分布 …………… 025
表 2-2　制度变量分类识别 ……………………………………… 026
表 2-3　创业选择变量分类识别 ………………………………… 028
表 2-4　商业体制的六种类型 …………………………………… 046
表 2-5　构建商业体制的重要制度特征 ………………………… 047
表 2-6　制度特征与商业体制类型之间的联系 ………………… 048
表 2-7　创业选择的制度效应研究 ……………………………… 056
表 2-8　制度多样性与公平财富创造的模糊集分析 …………… 059
表 3-1　传统定量研究方法与定性比较分析方法之间的差别 … 069
表 3-2　子研究设计与研究目的、方法 ………………………… 071
表 4-1　子研究一的变量定义与测量 …………………………… 087
表 4-2　子研究一的变量描述性统计和相关系数 ……………… 089
表 4-3　合约履行、产权保护与创业选择：直接效应 ………… 090
表 4-4　合约履行、产权保护与创业选择：机制分析 ………… 092
表 4-5　合约履行、产权保护与创业选择：复杂效应 ………… 096
表 4-6　子研究一假设的检验情况 ……………………………… 098
表 4-7　删除异常国家样本的替代检验 ………………………… 099
表 4-8　基于生存型和机会型创业的替代检验 ………………… 100
表 4-9　增加国家层面控制变量的替代检验 …………………… 101
表 5-1　子研究二的变量定义与测量 …………………………… 120
表 5-2　子研究二的变量描述性统计和相关系数 ……………… 122

表 5-3	金融支持制度与创业选择：直接效应	124
表 5-4	金融支持制度与创新型创业：集体/个人主义的调节效应	126
表 5-5	信贷市场、集体/个人主义与创新型创业：国际化、研究发展的情境	128
表 5-6	资本市场、集体/个人主义与创新型创业：国际化、研究发展的情境	131
表 5-7	子研究二假设的检验情况	133
表 5-8	更换因变量测量方式的替代检验	134
表 5-9	基于机会型创业样本的替代检验	134
表 5-10	基于 2010—2015 年数据的替代检验	135
表 6-1	子研究三的变量描述性统计与校准	150
表 6-2	模糊集分析校准表	150
表 6-3	单个条件变量的必要性检验	153
表 6-4	产生国家高创业活跃度的制度组态	155
表 6-5	产生国家非高创业活跃度的制度组态	157
表 6-6	产生国家高创新型创业、非高创新型创业的制度组态	159

第 1 章
CHAPTER1

绪　论

1.1 研究背景与研究问题

活跃的创业活动是国家经济增长的内在驱动力，将促进创新和技术发展、创造就业机会，并确保更公平的社会财富分配（Bruton et al.，2013；Du and O'Connor，2018）。然而，为何创业活动在不同地区、国家间存在显著的分布差异？过去二十多年，运用制度视角对这一问题进行解析成为创业研究一大热点话题。North（1990）的经典观点指出，制度在决定社会不同活动的相对收益上扮演着重要角色。由此可以推断，制度也决定了富有创造力、创新性和冒险精神的个体是否愿意将其努力分配到生产性创业活动之中，以期获取高额收益并助力社会整体生产力的提高（Baumol，1990；2010）。遵循这一理论视角，大量研究尝试围绕地区整体制度发展水平，或通过对不同特定制度（如法制、产权保护、进入管制、金融支持等）的解析，验证完善的制度在促进个人创业选择及地区创业活跃度上的关键作用（Bowen and De Clercq，2008；Sobel，2008；Autio and Acs，2010；Estrin et al.，2013a；Boudreaux et al.，2019）。毫无疑问，经过二十多年的发展，"制度重要"（Institutions Matter）的观点在创业研究中已成共识（Bruton et al.，2010；Su et al.，2017；Urbano et al.，2019）。

然而，尽管在跨国大样本检验中完善的制度与活跃的创业活动间的正向关系毋庸置疑，但当我们将注意力聚焦到特定国家或地区时，这一关系却并不总是成立。一方面，部分市场化制度建设相对完善的国家并未表现出活跃的创业活动，这在爱尔兰、芬兰、丹麦、挪威等欧洲部分发达国家上体现尤为明显。另一方面，即使在仍处于市场化制度转型阶段的国家，我们也不难发现高创业活跃度和高质量创业涌现的情况，中国是这一现象的典型代表（Audretsch and Moog，2020）。根据2019年全球创业指数（Global Entrepreneurship Index 2019），中国民众的创新创业倾向在所有137个国家和地区中排行第16位，其中创业活动的产品创新性水平更是位居第一（Acs et al.，2020）。而在现有市场化制度评价体系中，中国的整体制度发展水平却仍存在进一步提高的空间（Miller et al.，2019）。同时，这种制度与创业活动间的错位现象也体现在我国内部各地区之中。例如，上海是我国市场化制度建设首屈一指的地区，但其新近出现的创业衰退现象引起了部分学者讨论（Huang and Qian，2010）。与之相反，即使在早期我国市场化制度建设缺乏的时候，江浙、闽南、潮汕等地区却因不断涌现的创业活动而备受关注。这些现象的出现是否意味着"制度失效"？或者说，对于创业活动的地区分布差异，制度并未如现有研究所强调的那么重要？

理论观点与实践现象的脱节对研究深化提出了更高的要求。本书认为，尽管现有研究明确了创业选择中制度的重要性，但却在一定程度上将制度的影响看得"过于简单"了（赵雁飞、李涌，2019）。事实上，"制度"并非高度概念化的简单整体（Jackson and Deeg，2008），其本质上是一个由多种相互作用的要素构成的复杂结构（Williamson，2000；Kasper et al.，2013）。对于潜在创业者而言，影响创业决策的制度环境既包括不同类型、不同层次、不同方面的多元制度，也包括多元制度间的潜在复杂交织关系（Urbano et al.，2019；Sun et al.，2020；陆亚东，2015）。正如希特和徐凯（2019）在《管理学季刊》杂志专题讨论中所提到的，制度源自多个权力中心，可分为多种类型（如正式制度与非正式制度；经济、政治和规制性制度），且存在于多个层级（如国家、城市、行业）之中。而尽管单一制度可能会对创业活动产生直接影响，但多元制度的复杂交织效应"往往更复杂且更具影响力"（希特、徐凯，2019），甚至会产生与单一制度截然相反的结果。因此，只考察整体制度发展水平，"只考察某一项制度，或者这些制度里的某一类"（希特、徐凯，

2019），显然并无助于解释制度影响创业活动的复杂作用机制。在此基础上，他们呼吁未来研究有必要从单一制度分析转向对多元正式制度、多元非正式制度以及多元正式—非正式制度间复杂交织效应的关注。

实际上，无论是希特和徐凯（2019）提出的多中心制度（Polycentric Institutions），还是新近制度研究中关于制度多元性（Institutional Pluralism）（Kraatz and Block，2008）、制度复杂性（Institutional Complexity）（Greenwood et al.，2011）的讨论，都强调制度环境是由不同类型的多元制度组成。尽管多元制度间存在一定的相似性，但其内在逻辑差异却将导致多元制度对具体行为产生不同的作用效力，并使得多元制度组合的复杂影响要远大于单一制度的简单影响。然而遗憾的是，当前大量关注制度影响创业选择的研究仍将注意力聚焦在单一制度或整体制度发展水平之上，常围绕法制、产权、税收等特定制度或采用经济自由度指数（Index of Economic Freedom，IEF）、全球治理指标（Worldwide Governance Indicators，WGI）、市场化指数等整体制度评估标准进行讨论（Sobel，2008；Burke and Fraser，2012；Boudreaux et al.，2019；Amoros et al.，2019）。即使部分研究认识到整体制度是由不同多元制度组成的，也仍习惯于将多元制度视为同质的、相互关联的，并假定多元制度的效应简单累加（Aidis et al.，2012；Estrin et al.，2013a；Aparicio et al.，2016；Chowdhury et al.，2019），而缺乏对多元制度间作用机制差异及其复杂组合效应的深入解析。可以说，正是这种"简单"的制度视角限制了我们对创业选择中制度影响力的理解，导致我们难以解释为何完善的制度并未在所有地区、对所有个体表现出应有的促进作用，仍不清楚哪一类制度是影响创业选择的关键，以及多元制度的组合会产生什么样的复杂效应。

鉴于此，本书试图超越已有研究对单一、整体制度的简单关注，深入探索创业选择中的多元制度复杂交织效应。在理论层面，比较制度分析（Comparative Institutional Analysis）[①]将为回应上述不足、响应上述倡议提供系统全

[①] "比较制度分析"指新近战略管理领域强调的特定理论流派，其具备系统的共识性理论观点，而区别于对地区间制度进行比较分析的研究范式，并与经济学相关领域讨论存在一定差异。在文献中，比较制度分析也常被称为 comparative capitalism 或 varieties of capitalism。对比较制度分析的介绍详见"2.2 比较制度分析文献回顾与评述"部分。

面的分析框架。与创业研究对多元制度复杂效应的呼吁相似，近年来国际商务研究学者认为围绕制度所展开的分析有必要从"薄弱"走向"厚实"（From Thin to Thick）（Jackson and Deeg, 2019）。而比较制度分析则为深化制度的复杂研究提供了理论指引，被视为继新制度经济学、新组织制度主义之后，制度分析的第三个重要流派（Jackson and Deeg, 2008; 2019; Morgan et al., 2012; Hotho and Pedersen, 2012; Aguilera and Grøgaard, 2019）。有别于传统制度观点，比较制度分析认为完整的制度环境是由许多具备不同内在逻辑的制度构成的，而不同领域的多元制度将以相互补充、相互强化的方式存在，并且会构建国家间的整体制度配置多样性，进而导致不同国家独特商业模式的形成（Redding, 2005; Jackson and Deeg, 2008; 2019; Morgan et al., 2012）。换言之，在比较制度分析看来，多元制度将对创业活动的不同方面产生影响，同时，一种制度能否起作用将取决于其与其他制度间是否能形成有效的互补性协同关系。这种多元制度互补性的存在，将导致国家间表现出多样的、内在一致的多元制度组合，并最终塑造创业活动在国家间的系统性分布差异。

因此，本书将创业活动的地区分布差异视为国家商业模式的一个侧面，试图应用比较制度分析理论对当前"制度影响创业选择"研究进行深化，旨在回答：多元制度对创业选择的影响是否存在作用机制差异？不同领域制度如何对创业选择产生共同作用、是否存在潜在的互补性关系？特别是，多元制度的复杂组合如何对创业选择产生影响，进而塑造创业活动的地区分布差异？

1.2　基础概念界定

1.2.1　创业选择的概念界定

对什么是创业（Entrepreneurship）的争论由来已久。由于创业是一个多方面的现象，不同学科对创业的讨论常涉及不同的目标、提出不同的问题，并且采用不同的分析单位、理论观点和方法（Low and MacMillan, 1988）。这种多样性直接反映在对创业的多种定义之中（Foss and Klein，2012）。例如，约瑟夫·熊彼特（Joseph Schumpeter）将创业视为创新，认为创业是"新组合的实施"，包括生产新产品、使用新的生产方式、发现新的市场、开拓新的资源供应渠道、采用新的组织形式等"创造性破坏"行为（Schumpeter，1961）。Knight（1921）将创业视为"判断"，认为创业是在不确定条件下对经济资源进行配置的判断性决策行为。Kirzner（1973）将创业视为"机会警觉"，强调创业是对以往未被其他市场参与者意识到的获利机会的利用。Shane 和 Venkataraman（2000）则将创业定义为创业者对商品和服务机会的发现、评估和利用过程，认为可以通过事件和过程对不同形式的创业进行区分。

而通过对先前关于创业的理论和实证研究进行梳理，Morris 等（1994）、Rocha 和 Birkinshaw（2007）发现在不同的讨论中，创业分别与个体创业、创新、企业创建、市场进入、企业创业、创造性破坏、风险承担等多个不同概念密切相关，这些不同的概念意味着不同的分析单位以及对不同创业阶段的聚焦。可以说，创业本质上是一个多方面的复杂现象，既包括对潜在机会的评估、利用过程，也包括创业进入、成长、退出等不同阶段；既可以表现为个人利用机会的新企业创建行为，也可以表现为现有企业内部的新业务、新技术开发过程。这既吸引了不同学科、不同角度研究的聚合，也导致了对创业多种定义的产生。

作为创业研究的细分领域，制度影响创业选择研究的兴起源于创业活动地区分布差异这一客观现象（Baumol，1990；Acs et al.，2008）。受这一客观现象驱动，对创业的讨论常聚焦于新企业的创建，关注个体创业者基于机会识别的客观创业实施行为。这与 Gartner（1985）、Low 和 MacMillan（1988）对"创业就是创建新企业"的界定一致。尽管新企业的创建并非"创业"和"企业家精神"的唯一表现形式，但它表达了一个明确的研究目的、界定了该领域的研究范围、构建了一个共同的讨论基础，使得理论研究得以保持与客观现象的紧密结合，并将具体的研究目标与"制度如何影响创业活动产生，进而助力国家经济增长"这一总体目的联系起来（Bjornskov and Foss，2016；Urbano et al.，2019）。同时，由于不同类型创业活动对经济增长的影响可能存在差异（Welter et al.，2017），创业选择作为制度和国家经济绩效之间的中介渠道也可以通过不同方面来进行解读,如新创企业的数量差异、不同类型创业选择(如模仿型/创新型创业、正规/非正规创业)的分布差异等。因此,与现有该领域的研究保持一致,本书对创业选择的讨论将包括创业进入及类型选择两个方面,并从个人和国家两个层面进行考察。

1.2.2 多元制度的概念界定

制度(Institutions)被界定为"一些人为设计的、形塑人们互动关系的约束"(North,1990)。根据制度的表现形式,学界通常将制度划分为正式制度和非正式制度。其中,正式制度包括政治规则、产权、契约等成文法律法规(North,1990)。正式制度不仅提供约束和激励措施,也通过提供各种支持性手段,如管制、资本和劳动力市场以及关键基础设施要素等来促进合法行为的产生(Stenholm et al.,2013;Webb et al.,2020)。非正式制度则包括社会规范、价值观和信仰等。相对于正式制度,非正式制度主要通过"行事准则、行为规范以及惯例"(North,1990)等不成文规则对社会互动产生约束,塑造了个人对如何以社会可接受的方式进行互动和交易的普遍期望(Mair et al.,2012)。

由于本书旨在探索创业选择中多元制度的复杂交织效应,因此在展开具体分析之前,有必要对多元制度进行清晰的概念和范畴界定。诚然,制度是多元的(Kasper et al.,2013;Kraatz and Block,2008),现实生活中也存在着诸多甚至无穷尽的具体制度可能对创业决策产生影响。一方面,大量研究直接采用经济自由度指数、世界经济自由度指数(Economic Freedom of the World,EFW)等机构评测指标对多元正式制度进行全面识别(McMullen et al.,2008;Nikolaev et al.,2018),这些指标涵盖贸易自由、财政自由、监管自由、货币自由、投资自由、劳动自由、产权保护、商业自由、腐败控制、金融自由等诸多方面;另一方面,也有学者尝试从不同角度出发对可能影响创业选择的关键制度进行界定。例如,Bowen 和 De Clercq(2008)将金融制度、教育制度、政府管制、腐败视为四个可能影响创业活动的最关键制度;De Clercq 等(2013)认为可从金融体制、教育体制两方面对影响创业的正式制度进行概括,从信任、文化两方面对影响创业的非正式制度进行概括;而

Chowdhury 等（2019）则认为一个国家的创业数量和质量可能受到六个制度方面的影响，包括金融发展水平、可利用的创业资本、监管框架、腐败、政府规模、政府支持等。不可否认，上述尝试深化了我们对可能影响创业选择的多元制度的理解，然而，这些研究在制度变量的选择上却并未给出足够的理论依据，往往表现为对所研究制度变量的随机选择，未能承认其他制度的存在，也未能说明所选取制度更重要的原因（Zhai et al., 2019）。可以说，尽管以 Baumol（1990）为代表的早期研究强调了制度的重要性，但研究发展至今，学界对于哪些制度是影响创业选择的关键却仍远未达成共识。

鉴于此，本书从理论观点出发，遵循比较制度分析的经典观点——Whitley（1999）的商业体制比较框架[①]，对可能影响创业选择的多元关键制度进行识别。Whitley（1999）认为，国家间经济活动的组织和开展方式差异在很大程度上可以由制度背景来解释，而尽管有很多重要的制度会产生影响，但对创业选择、企业战略等经济行为而言，只有那些对关键资源（特别是劳动力和资本）的获得进行管理的制度安排才是最关键的。在此基础上，Whitley（1999）明确了影响经济行为的四种关键制度：①与政府角色相关的制度；②金融体系；③技能发展和管理体系；④与信任和权威关系相关的观念和习俗。这四种关键制度，分别对应经济组织开展协调活动的不同关键方面。其中，前三类制度变量将对经济组织的性质和运行产生直接影响（与正式制度对应），而第四类制度则代表更广泛的社会特征，将通过塑造更深层次的价值观念而产生间接影响（与非正式制度对应）。

因此，本书借鉴 Whitley（1999）的框架对多元关键制度变量进行识别，这些制度将共同影响个人创业决策，进而塑造创业活动在国家层面的系统性差异。具体而言，个人创业选择和国家创业形态可能会受以下关键制度因素的影响：

第一，法律制度：界定了政府参与市场经济运行的程度和性质，特别是反映了政府干预以及对市场交易行为进行有效监管和协调的程度，决定了创业者与监管机构、供销商、潜在客户之间的契约有效性和交易成本；

[①] 对 Whitley 观点的介绍详见 "2.2.1 比较制度分析代表性观点回顾" 部分。

第二，金融支持制度：界定了创业者获取外部资本支持的方式和过程差异，决定了创业者是否能从金融市场获取有效的财务资源支持；

第三，技能发展和管理制度：界定了创业者获取一般创业知识和专业技术知识的方式和过程差异，决定了创业者是否能从劳动力市场获取有效的人力资源支持；

第四，文化价值观：界定了与信任和权威关系相关的观念和习俗对创业行为的约束差异，决定了创业者是否能从所在群体获取物质和精神支持以及创业行为的合法性。

事实上，我们可以在不同理论和领域的讨论中观察到相似的关键制度界定。一方面，经济学认为正式制度改革的关键在于处理好政府和市场间的关系（张维迎，2014）。因此，与界定政府角色相关的法律制度，以及与界定金融市场、劳动力市场相关的金融支持制度、技能发展和管理制度，构成了正式制度的核心组成部分。而在非正式制度维度，则强调了以集体/个人主义为核心的文化价值观。它们不仅影响个体的认知和解释系统、塑造个体的需求、偏好和动机（Mitchell et al., 2000；Hofstede et al., 2004），也作为一个参考框架，界定了社会成员之间及其与周围环境间的互动机制（Kreiser et al., 2010）。另一方面，利益相关者理论则将经济行为视为内外部多元利益相关者间互动的产物，在这一过程中，决定潜在创业者与监管机构、交易伙伴、金融市场、劳动力市场、社群间互动过程的相关制度，无疑是影响创业决策产生的关键社会机制（Pollack et al., 2017；Bosse et al., 2020）。

因此，对以上四种关键制度及其复杂交织关系的关注构成了本书的分析基础。尽管部分受当前研究关注的制度变量可能难以纳入这一框架之中（如税收、进入管制、破产法、风险规避、长期导向等），然而，将所有可能影响创业选择的制度变量纳入研究不仅会使模型变得臃肿烦琐，也将对实证检验构成巨大的挑战，且无助于理论的厘清。近年来，Whitley 的商业体制比较框架已被广泛应用于对国家经济绩效和企业战略选择的解释之中（Judge et al., 2020；Ioannou and Serafeim, 2012）。本书相信，这一清晰界定的框架不仅将为理论研究和对话提供基础，也将使我们避免陷入什么是关键制度的无休止争论，而将注意力聚焦在对多元制度复杂交织效应如何产生影响的具体机制分析之上。同时，对上述四种关键制度间复杂关系的机制辨析，也将为理解其他制度的作用提供可推广、具有共识性的诠释依据。

1.3 研究目标与研究内容

本研究计划达到的目标是，聚焦于"制度影响创业选择"这一细分领域，通过运用比较制度分析理论，深入挖掘多元制度复杂交织效应对个人创业选择及其汇总而得的地区创业活动分布的影响机理。毫无疑问，希特和徐凯（2019）极具理论洞察力的倡议为深化研究提供了方向，而比较制度分析则为我们界定关键制度、识别多元制度间的潜在关系提供了理论指引。建立在概念界定基础上，图1-1简要呈现了本研究的理论模型。其中，图1-1左侧表明了本书关注的前因变量——多元制度，即由法律制度、金融支持制度、技能发展和管理制度、文化价值观等四类关键制度及其相互关系组成；图1-1右侧表明了本书关注的结果变量——创业选择，即从创业进入、创业类型两方面进行衡量。

图1-1 本研究的理论模型

然而，尽管这一理论模型是清晰的，但如何在研究设计中对这一多元制度复杂效应进行清晰解析却仍是一个极具挑战性的问题。具体而言，本书将遵循以下逻辑来逐步解开创业选择中的多元制度"复杂作用迷雾"：首先，对不同关键制度的具体作用机制进行深入解析。因为只有明晰不同制度（如法制、产权保护、进入管制、金融支持等）的具体作用机制（Bjornskov and Foss，2016），我们才能更好地理解多元制度组合所产生的复杂影响，构建完整的分析框架（Taussig and Delios，2015；Urbano et al.，2019；杨俊、牛梦茜，2019）。

其次，探索二元制度间的复杂效应作用机制。通过聚焦于特定两种类型制度间的共同作用进行深入讨论，不仅将使我们明晰制度间相互作用的潜在机制，也将为解析三种、四种甚至更多种制度间如何产生共同作用提供理论依据（Greenwood et al., 2011; Besharov and Smith, 2014）。最后，建立在明晰多元制度作用机制差异及潜在相互作用机制的基础上，本书将在整体上解析由多元制度及其相互关系组成的制度配置对创业选择的共同作用。

由此，本书将围绕以下三部分内容展开分析：

第一，不同制度对创业选择的作用是否存在作用机制差异？如果存在，那么这种机制差异将体现在哪些方面、产生什么影响？

虽然现有研究验证了创业选择中的"制度重要"，但却仍习惯将不同制度视为同质、相互关联的。本书认为，多元制度间的作用机制差异，不仅直接体现在不同类型的制度之中（如法律制度、金融支持制度），更蕴藏在不同类型制度内部的具体维度之上。在子研究一中，本书将首先聚焦于"法律制度"这一关键制度，旨在识别不同法律制度影响创业选择的作用机制，并着重辨析制度作用机制差异的潜在影响。具体而言，基于比较制度分析和经济学相关文献，子研究一将合约履行和产权保护制度视为组成国家法律制度的两个主要维度，认为合约履行和产权保护制度的改善均有助于促进个体的创业进入行为。然而，合约履行制度决定了创业企业在经营活动中所需支付的直接交易成本，主要与创业短期经营成本相关；产权保护制度则体现为对产权所有者利益的保障、防止行政机构对创业预期利益的盘剥，主要与创业长期收益保障相关。正是由于这种作用机制的差异，不同法律制度在不同情境下表现出差异化的效力水平。在这一部分，本书将采用分层线性模型进行实证检验，并重点通过制度作用的微观、宏观情境，对这种制度作用的机制差异及其影响进行深入解析。

第二，不同类型制度的组合是否会产生不同于单一制度的复杂效应？如果会，产生这种复杂效应的潜在机制是什么？

在子研究二中，本书将聚焦于"金融支持制度"这一关键制度，旨在识别不同金融支持制度对创业选择的作用机制，并着重辨析关键制度间产生共同作用的潜在机制。具体而言，由于金融支持制度是影响创业者获取外部资源支持以实现高质量发展的关键,在这一研究中,本书基于比较制度分析和经济学相关理论观点,将国家金融支持制度划分为以资本市场为基础、以信贷市场为基础的两种主要类型,进而提出以下观点:由于不同金融支持制度具备其内在的独特逻辑和规范,因此将与不同文化价值观表现出互补关系进而共同促进个体的创新型创业行为。通过将集体/个人主义视为地区间文化差异的"深层结构",本书认为,以信贷市场为基础的金融支持制度将对集体主义国家的创新型创业表现出更明显的促进效应,而以资本市场为基础的金融支持制度则将在个人主义国家表现出更高的效力水平,即信贷市场/资本市场将分别与集体主义/个人主义呈现出互补性关系。通过采用分层线性模型进行实证检验,本书也将进一步讨论这种二元制度间的互补关系在激烈竞争的外部环境下是否会发生改变。

第三,上述两个研究明晰了不同关键制度的作用机制,探索了二元制度间潜在的共同作用机制,在此基础上,子研究三将运用比较制度分析的理论观点,探索由多元制度及其相互关系组成的整体制度配置对国家创业形态的塑造作用。

比较制度分析认为,多元制度间的潜在互补性关系将长期存在并塑造国家间的整体制度配置多样性,进而影响个人创业决策、塑造创业活动在国家层面的系统性分布差异。在这一研究中,本书构建了国家间制度多样性与国家创业形态间关系的理论模型,其中制度多样性指不同的多元制度配置类型,即由法律制度、金融支持制度、技能发展和管理制度、文化价值观等四类关键制度及其相互关系组成,国家创业形态则包括国家创业活跃度和国家创新型创业两个方面。由于传统定量分析方法在分析多元前因变量组合效应上的局限性,因此,本书将采用模糊集定性比较分析(fsQCA)方法进行国家间的案例比较分析。具体而言,子研究三将基于 fsQCA 分析结果,在与子研究一、子研究二进行相互验证、对话的基础上,探索不同制度对创业进入和创业类型选择的影响差异,识别多元制度间潜在的相互关系,并分析决定国家高创业活跃度、高创新型创业产生的不同多元制度组合。此外,本书还将围绕不同制度配置、不同创业形态的代表国家展开定性案例讨论。

1.4 研究意义

基于比较制度分析理论，本书试图探索多元制度复杂交织效应对创业选择的影响机制。在理论层面，本书的研究意义主要体现在以下三个方面：

首先，通过强调多元制度，本研究有助于深化对创业选择中制度影响力的理解。已有大量基于微观视角的研究强调个体认知、资源禀赋在创业决策中的关键作用（Ardichvili, 2003; Simoes et al., 2015），而聚焦于制度作用的研究则认为创业活动本质上是嵌入在宏观环境下的个体决策行为（Baumol, 1990; Autio et al., 2013）。作为影响创业决策的关键外部环境，制度不仅决定了创业活动所面临的需求和约束差异，也将决定不同类型创业机会的产生，以及个体是否能识别到潜在机会、是否能利用机会（Baker et al., 2005; Begley et al., 2005）。可以说，如果缺乏对制度作用的理解，我们将难以解释为何创业活动在不同国家、地区间存在分布差异，也将难以构建创业决策背后影响因素的完整图景（Bjornskov and Foss, 2016）。然而，尽管制度重要的观点已经得到明确，但多数研究仍倾向于采用高度概念化的形式来研究制度，试图通过对特定单一制度或整体制度的分析以揭示制度影响，这既产生了诸多研究争论，也导致了理论与实践的脱离。与之相呼应，本研究立足于制度多元的事实（希特、徐凯，2019），一方面对不同类型、不同具体制度对创业活动的作用机制差异进行深入的细度解析，另一方面对多元制度并存如何对创业活动产生共同影响进行系统的整体考察，这不仅有助于推动理论研究与实践的契合，也将有助于深化学界对创业选择中制度影响力的理解、推动该领域研究从简单制度分析到多元制度复杂分析的视角转变。

其次，本研究也将有助于深化对多元制度如何影响创业选择的潜在机制的理论认识。创业决策是多元制度环境共同作用的产物，然而，即使认识到制度是多元的，新近研究也往往将不同制度视为同质、相互关联的，倾向于采用割裂、相互独立的方式检验不同制度的作用，并将多元制度效应视为不同单一制度效应的简单累加（Bowen and De Clercq, 2008; Estrin et al., 2013a; Chowdhury et al., 2019）。同时，也有部分研究采用简单的正式—非正式制度、管制—规范—文化认知制度等概念划分对多元制度进行识别（Valdez and Richardson, 2013; Webb et al., 2020）。尽管这些研究促进了我们对多元制度的理解，却在一定程度上简化了多元制度的理论内涵，忽视了多元制度间可能存在的复杂交织关系（Jackson and Deeg, 2019）。这导致当前学界对于多元制度间如何相互影响以产生共同作用的认识仍较为模糊（Damaraju et al., 2021; Tang et al., 2021）。基于比较制度分析理论，本研究将整体制度环境视为由不同领域的互补制度共同构成的组合，识别了可能影响创业活动的四种关键制度类型，并进一步对两种特定类型制度间的互补关系进行深入的理论辨析和实证检验，分析了由多元互补制度构成的不同制度组合对创业活动的影响。通过构建完整的多元制度分析框架，本研究将有助于明晰制度作用的共同规律、解开多元制度与创业选择间的关系"黑箱"，进而为后续研究的深化提供依据和理论基础。

最后，本研究也可能为探索个人和区域层面的创业活动异质性分布提供更全面的整合分析思路。长期以来，围绕认知特征、禀赋资源等个人层面的微观因素，以及围绕制度、经济、地理等地区层面的宏观因素所展开的分析，构成了探索创业活动异质性分布的两条鲜明路径（Peroni et al., 2016）。毫无疑问，创业决策受微观—宏观因素的共同影响，而无论是过分强调微观因素还是简单聚焦于宏观因素的片面分析，都可能会导致偏误性结论的产生。然而，尽管学界从不同视角切入展开了诸多讨论，迄今为止，两种路径的研究仍缺乏有效的整合分析思路，我们难以从理论层面回答微观—宏观因素如何共同作用以促进创业活动的产生（De Clercq et al., 2013; Estrin et al., 2013a; Eesley, 2016）。本研究认为，由于不同具体制度的作用机制有差异，而多元制度的组合也将导致特定地区个体在某些资源的利用上更具优势、呈现出不同的创业偏好，这将与不同的个体认知、禀赋及其他地区要素相结合，共同促进创业活动的产生。换言之，相似的创业决策背后可能蕴藏着不同的宏观—微观要素驱动，而通过对多元制度作用进行深入解析，本研究将为研究的整合提供契机。由此，本研究在深化对制度影响力理解的同时，也将有助于制度研究与其他微观、宏观研究的整合。

此外，本研究也具备鲜明的实践意义。一方面，与其他国家相比，自改革开放以来中国活跃的创业活动常被现有研究视为"异常现象"（Audretsch and Moog, 2020），尽管对"中国式关系网络"作用的强调提供了一定的解释力，然而这并未能充分解释制度转型过程中出现的多次创业浪潮以及企业家主体的变化情况（Lu and Tao, 2010；范晓光、吕鹏，2017）。另一方面，在大众创业浪潮下，中国当前的创业实践也出现了一些新挑战，如创业活动的地区分布不平衡问题、创业活动中模仿型创业主导的问题等。通过跨国比较分析揭示制度作用的共同规律，特别是凸显创业活动背后不同的多元制度组合，本研究不仅将有助于深化对中国特色创业现象的解释，也将为政策制定者如何根据地区具体实践设定制度以促进创业活跃度和创业质量提供有益的启示。

1.5 研究框架

根据研究内容，本书将分为七个章节展开，各章之间的逻辑关系及各章所要解决的关键问题如图 1-2 所示。

第一章，绪论。本章将从实践背景和理论背景出发，聚焦于"制度影响创业选择"这一细分领域，提出本书的研究问题，对本书所涉及的关键概念"创业选择"与"多元制度"进行清晰界定，交代研究内容，并从整体上介绍本书的结构框架。

第二章，文献回顾与评述。这一部分将围绕研究领域和所应用的理论两方面展开分析。首先，聚焦于"制度影响创业选择"这一细分领域进行系统性文献检索和分析，梳理该领域研究的历史发展脉络，并在此基础上总结现有研究的不足，明确研究定位和对话立足点。最后，聚焦于"比较制度分析"这一理论进行文献评述，通过对代表性观点的梳理，总结比较制度分析的理论观点，并凸显运用比较制度分析以深化现有研究的必要性和理论贡献。

第三章，基于多元制度视角的理论框架构建。本章将阐述运用比较制度分析理论解析多元制度复杂交织效应的理论推导和模型构建，并重点介绍三个子研究设计的内在逻辑递进关系及其所应用的技术手段。

第四章，制度机制差异解析：法律制度与个人创业进入。本章旨在识别

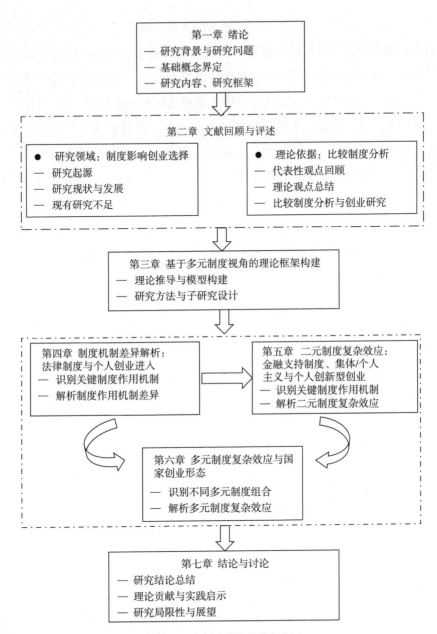

图 1-2 本研究的结构框架

不同法律制度的作用机制,并重点通过制度作用的微观、宏观作用情境对不同制度间的作用机制差异进行深入辨析,解释制度机制差异所可能产生的潜在影响。在理论分析的基础上,运用分层线性模型进行假设检验。

第五章，二元制度复杂效应：金融支持制度、集体/个人主义与个人创新型创业。本章旨在识别不同金融支持制度的作用机制，并重点揭示金融支持制度与集体/个人主义这一代表性文化价值观间的复杂交织关系及其潜在机制。在理论分析的基础上，运用分层线性模型进行假设检验。

第六章，多元制度复杂效应与国家创业形态。以明晰多元制度作用机制及其相互关系为基础，本章将整体解析多元制度复杂组合对国家创业形态的塑造作用。采用模糊集定性比较分析（fsQCA）方法对 57 个国家案例进行比较分析，并围绕具体案例展开定性讨论。

第七章，结论与讨论。本章将归纳本书的主要研究结论，对理论贡献和实践启示进行总结，并指出存在的不足和有待进一步改进的方向。

第 2 章
CHAPTER2

文献回顾与评述

第一章阐明了本书的研究背景、研究问题、概念界定和研究内容，在展开具体分析之前，开展系统的文献研究是夯实立论基础、验证和发展理论的必要工作。本章将围绕两部分进行文献回顾与评述：第一节聚焦于研究领域，即对"制度影响创业选择"领域进行系统性文献梳理和归纳，旨在厘清本书所研究的细分领域的起源、历史发展脉络和研究不足，明确研究定位和立足点；第二节聚焦于本书依赖的理论，即对"比较制度分析"的理论观点进行总结，旨在阐明运用比较制度分析的必要性和价值，并对如何运用比较制度分析深化现有制度影响创业选择研究进行讨论，凸显研究贡献。

2.1 制度影响创业选择文献回顾与评述

本书聚焦于探索创业选择中的制度作用（Urbano et al., 2019）。其中，制度指一个社会的博弈规则，是一些人为设计的、形塑参与者互动关系的约束（North, 1990）；而创业选择指创业决策行为，相关讨论包括个体是否选择创业进入及其选择的创业类型，以及个体行为在地区层面的汇总。因此，在关键变量上，"制度"与"创业"构成了本书的核心关注对象。尽管此前已有部分综述性文献关注"制度"与"创业"研究的融合。然而，一方面，以往研究主要将讨论聚焦于"制度理论"在创业研究的应用之上（李加鹏等，

2020；Sun et al.，2020；Su et al.，2017；Tolbert et al.，2011；Bruton et al.，2010），其范围不仅包括"制度—创业"（即制度如何影响创业活动），也包括"制度创业"（即创业活动如何影响制度变迁）；另一方面，以往综述性文献对创业活动的关注不仅涵盖创业选择，也包括创业过程和创业绩效（张玉利等，2018；李加鹏等，2020；Sun et al.，2020；Zhai et al.，2019）。实际上，随着研究的发展，不管是"制度—创业"与"制度创业"，还是"创业选择"与"创业过程"，都已分别吸引了大量学者的关注并逐步发展成为各具鲜明特色的细分领域。

因此，为明晰研究定位，有必要对本书研究的细分领域——"制度影响创业选择"进行系统的文献回顾。具体而言，本节将分别围绕以下三个部分展开讨论：第一，制度影响创业选择的研究起源；第二，制度影响创业选择的研究现状与发展，旨在基于文献分析梳理该领域历史发展脉络；第三，现有研究的不足。

2.1.1 制度影响创业选择的研究起源

对企业家精神和创业重要性的强调由来已久。活跃的创业活动是国家经济增长的内在驱动力，将促进创新和技术发展、创造就业机会，并确保更公平的社会财富分配（Bruton et al.，2013；Du and O'Connor，2018），因此，创业领域学者致力于回答"什么影响了个体创业选择"这样的问题，旨在构建个人创业决策背后影响因素的完整图示（Shane and Venkataraman，2000；蔡莉、单标安，2013）。长期以来，大量研究从微观视角出发，关注创业者自我效能感、机会警觉感、创造力、风险规避等认知特征，或人力资本、社会资本、财务资本等个体禀赋在其职业选择中的决定性作用（Ardichvili，2003；Simoes et al.，2015）。然而，随着创业调查在世界范围内的广泛展开，大量证据指出创业活动不仅在个人层面，更在地区层面存在着显著的分布差异。[①]

这一现象既对仅基于微观基础的分析提出挑战，也凸显了进一步辨析创

---

① 资料来源：全球创业观察（GEM）官方网站，https：//www.gemconsortium.org/data，访问时间：2024-07-18。

业背后宏观层面影响因素的必要性。特别是，对这一现象关注的重要性不仅局限于学术意义，由于创业是振兴经济的关键，政府也寄望于学者通过研究鼓励创业的条件和过程来提高决策者的理解力（Begley et al.，2005）。也正因此，McDougall 和 Oviatt（1997）在列出的有关国际创业研究需要解决的七个重要问题中，将"在各个国家/地区，鼓励新企业形成的社会、个人和经济条件与过程是否有所不同？"视为首要问题。越来越多来自不同学科领域的学者关注创业活动的地区分布差异，特别是这一现象背后的社会、文化和经济原因（Hayton et al.，2002；Verheul et al.，2002；Clark and Drinkwater，2000）。

在诸多宏观因素中，"制度"尤其得到了强调（Rodrik et al.，2004）。制度指一个社会的博弈规则，是一些人为设计的、形塑参与者互动关系的约束（North，1990）。有别于古典经济学将经济增长归因于生产要素的积累，North（1990）洞察性地指出，资本积累、规模经济、创新开拓等都只是经济增长本身的体现而已。决定经济增长的关键在于能够鼓励个人努力和投资的有效率经济组织的形成，而这种经济组织的形成又由"社会游戏规则"——制度所决定。完善的制度将可以减少机会主义，降低交易成本，并鼓励资源分配给最有生产力的目标，从而"将个人的经济努力变成私人收益率接近社会收益率的活动"（North and Thomas，1973），达到个人财富和社会财富增长的帕累托最优。

近年来，制度对创新活动与经济增长的影响已得到充分验证（Rodrik，2003；Acemoglu et al.，2005），学界愈发认识到可以在制度背景下更好地理解经济行为，创业活动的产生也不例外。在这方面，Baumol（1990）为将制度视角引入创业分析中做出了开创性贡献。基于古罗马时期、中国宋朝时期以及欧洲中世纪和文艺复兴时期的历史证据，Baumol 认为创业者是在市场及政治和法律环境中寻求财富、权力和威望的个体，而创业者对其时间、资源的分配方式将取决于社会规则所决定的不同类型活动的收益。换言之，与个体特征相比，制度可能是影响创业活动产生的更具决定性因素，有助于确定个体是否会将企业家精神分配到生产性创业活动之中。因此，有别于此前学界只关注个人创业投入（资本、劳动力）与产出（创新、新企业创建）间的关系，Baumol 的研究强调了制度的重要性，"从根本上将学术研究的重心转移到创业中的制度影响力之上"（Sobel，2008）。

　　遵循这一理论视角，此后大量研究围绕"宏观制度环境如何影响个体创业选择"这一核心问题展开分析（Bruton et al.，2010；Bjørnskov and Foss，2013；Terjesen et al.，2016；Su et al.，2017）。这些制度环境既包括正式制度，如政府管制、私有产权保护、税收、竞争政策、贸易政策、资本市场监管等宏观市场制度和旨在鼓励创业活动的政策法规（McMullen et al.，2008；Capelleras et al.，2008；Audretsch et al.，2019；陈刚，2015），也包括非正式制度，如信任、个人主义、权力距离和不确定性规避等社会规范和文化价值观（Stephan and Uhlaner，2010；Taylor and Wilson，2012；Stephan and Pathak，2016）。毫无疑问，完善的制度环境将为个人识别市场机会、开展创业活动，引进创新和新产品提供基础条件。例如，缺乏明确的产权会阻碍创业者从其活动中获得适当价值的能力，降低他们投资生产性活动的意愿（Aidis et al.，2008；Burke and Fraser，2012）；有限的资本市场选择会限制初创企业获得外部资源支持的能力（Wong and Ho，2007；Leon，2019）；烦琐的登记注册程序、繁重的税收、通信运输和公共产品等基础设施的缺乏，也将增加创业活动的运营成本（Ayyagari et al.，2007；Bruce and Deskins，2012；Audretsch et al.，2015）。而文化价值观，例如，以种族隔离、父权制、性别偏见为基础的价值观和信念，则会使某些群体中的个人无法参与经济交易或处于严重的市场劣势，成为创业者追求财富的阻碍（Audretsch et al.，2013；Klyver et al.，2013；Webb et al.，2000）。

　　同时，地区制度发展水平不仅会影响创业进入选择，也将影响创业者的创业类型决策（Baumol，1990；Chowdhury et al.，2019）。例如，Bowen 和 De Clercq（2008）的研究发现，国家内高成长型创业的涌现与融资可得性和教育资源丰裕度密切相关。而通过对 Baumol（1990）的理论进行实证检验，Sobel（2008）的研究结果表明，完善的制度环境将有助于引导创业者进行更多的创新活动、谋求更高的成长空间，并避免创业资源浪费在法律欺诈、游说等非生产性活动之上。类似地，Autio 和 Fu（2015）、Dau 和 Cuervo-Cazurra（2014）发现，完善的制度将鼓励创业者通过正规注册开展创业并减少非正规创业活动的产生，尽管这一效应会整体上减少国家创业数量，却能极大提高社会整体的创业质量和生产力。简言之,"制度重要"的观点在创业研究中已成共识,无论是对创业进入决策还是创业类型选择,制度都是导致创业活动在不同地区/国家间存在系统性差异的关键前因条件(Bruton et al., 2010; Su et al., 2017)。

2.1.2 制度影响创业选择的研究现状与发展

(1) 文献检索与分析

为了清晰呈现该领域的发展现状,我们首先在中国知网(CNKI)和 Web of Science(WOS)核心期刊数据库上对中外文献进行检索。具体而言,将检索的时间范围界定为 2000—2021 年。这主要是基于以下考虑:从理论层面看,Shane 和 Venkataraman(2000)被视为将"创业"确定为一个独特的研究领域的开创性文章(Baker et al., 2005)。而尽管 Baumol(1990)明确了外部制度环境影响创业选择的重要性,但这一理论观点直到 2008 年才由 Sobel(2008)进行了直接的实证检验。同时,Busenitz 等(2000)在《美国管理学会学报》(*Academy of Management Journal*)杂志上开创性地讨论了广泛制度框架对创业选择的影响。而在实证层面,全球创业观察(Global Entrepreneurship Monitor,GEM)数据是研究地区制度差异如何影响创业选择的主要数据来源(Alvarez et al., 2014),该调查始于 1999 年。综上,本书将文献检索的时间起始点定于 2000 年。

在检索词组界定方面,现有研究常采用"Institutions""Institutional"等词组对"制度"文献进行检索(Zhai et al., 2019; Su et al., 2017; Bruton et al., 2010),但经常出现遗漏重要文献的情况[①]。究其原因,可能是因为制度影响创业选择研究中对制度这一概念的讨论往往要超出经典新制度经济学的严格界定。如 Webb 等(2020)将影响创业选择的正式制度界定为:不仅提供了限制和激励措施以促进合法行为,同时还提供各种支持手段,例如管制、资本和劳动力市场,以及基础设施关键要素(通信、运输和公共设施)等。因

---

① 如 Minniti(2008)讨论了政府政策对创业类型的影响,是"制度影响创业选择"研究的关键节点性文献,但由于其题目、摘要、关键词均未出现制度相关词组,常被现有综述性研究遗漏。

此，诸如进入管制（Klapper et al.，2006；Van Stel et al.，2007）、基础设施（Bennett，2019；Audretsch et al.，2015）等也常被视为影响创业的制度变量。此外，现有研究也常聚焦于"税收""腐败""产权保护"等特定制度变量进行讨论（Liu et al.，2019；Belitski et al.，2016）。因此，为尽可能地避免检索遗漏，本书在WOS外文文献检索中采用以下词组对"制度"维度进行界定："Institutions"或"Institutional"或"Policy"或"Regulation"或"Business Environment"或"Entry Costs"或"Law"或"Corruption"或"Tax"或"Infrastructure"。同时，采用同义中文词组在CNKI中进行中文文献检索。

在"创业进入"维度，借鉴已有研究（Su et al.，2017；Tolbert et al.，2011；Bruton et al.，2010），本书在WOS外文文献检索中采用以下词组进行界定："Entrepreneurship"或"Entrepreneurial"或"Ownership Firms"或"Self-Employment"或"Business Ownership"或"Firm Creation"或"Firm Formation"或"Business Creation"或"Venture Creation"。同时，采用同义中文词组在CNKI中进行中文文献检索。尽管对制度与创业活动间关系的讨论也常涉及创业企业的后续具体实践，然而，过于宽泛的检索可能将使研究难以实现主题聚焦，导致检索结果的泛化。因此，本书仅关注创业进入及其类型选择，而不考虑诸如创业过程、创业绩效等话题。

在检索的期刊范围方面，有别于现有创业研究综述常将检索期刊限定于顶级管理与创业期刊（杨俊等，2015；蔡莉等，2011；Su et al.，2017；Bruton et al.，2010），本书将外文文献检索范围界定为商业、管理、经济领域的SSCI期刊。一方面，将目标限定于顶级管理与创业期刊可能会导致检索结果较少[①]，难以完整呈现研究领域的历史发展过程。另一方面，尽管在理论流派上创业研究属于商业与管理领域，但可以注意到，经济学领域的学者也贡献了大量有价值的讨论。此外，为保证文献检索质量，仅保留影响因子高于1的期刊[②]。同时，在中文期刊方面，本研究在《中国社会科学》《管理世界》

[①] 如Bruton等（2010）的检索结果表明，1990—2009年顶级期刊中采用制度理论的创业研究仅有44篇。这一检索结果既包含"制度—创业"，也包含"制度创业"，既包含创业选择，也包含创业过程、绩效。

[②] 基于Web of Sciences中报告的期刊影响因子（Impact Factor）。

《经济研究》《管理科学学报》《中国工业经济》《南开管理评论》《金融研究》《世界经济》《经济学（季刊）》《经济管理》《管理学报》等十一个备受认可的经济管理领域期刊进行检索。

最后，本书进一步采用以下标准对检索文献进行识别：①对检索文献的题目、摘要、研究内容进行逐一筛选，剔除关注点并非制度影响创业选择的文献；②根据文献作者，对检索结果中发文量大于3的作者进行重新检索，补充遗漏文献；③着重关注顶级期刊文献，并根据顶级期刊文献的参考文献进行比对补充，确保无重要文献遗漏。最终得到592篇SSCI文献、35篇中文期刊文献，下书将围绕文献检索结果进行分析，并梳理制度影响创业选择研究的历史发展脉络。

图2-1对外文文献年份分布情况进行呈现。从发文数量上看，尽管2008年前的研究较为零散，但在2008年后和2014年后呈现出两次较明显的文献涌现，且文献数量呈明显逐年递增之势，2021年全年刊发的相关文献数量已达到71篇。这意味着"制度影响创业选择"领域正吸引越来越多学者的关注，仍处于发展上升期。

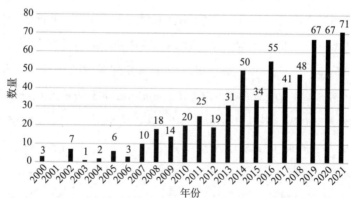

图2-1　SSCI期刊制度影响创业选择文献年份分布（2000—2021年）

图2-2对中文文献年份分布情况进行呈现。其中，10篇文章发表于《管理世界》，8篇文章发表于《经济研究》，分别占比28.6%、22.9%。同时，大部分研究的发表时间集中在2014年后，这与国内经济发展形势以及政府对大众创新、万众创业的重视密切相关。也正因此，大部分国内研究表现出强烈的政策驱动和实践导向，更多关注如进入管制（陈刚，2015；倪鹏途、陆

铭，2016）、行政审批（张龙鹏等，2016；毕青苗等，2018）、营商环境（杜运周等，2020）等具体制度改革，或宗族网络（郭云南等，2021）、传统文化（赵向阳等，2012）、社会规范（郑馨等，2017；郑馨、周先波，2017）等地区文化背景。然而整体来看，国内相关研究的数量仍较少。

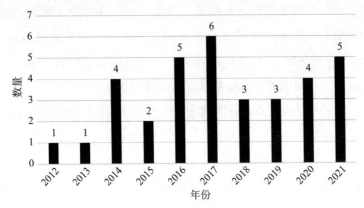

图2-2 中文期刊制度影响创业选择文献年份分布（2000—2021年）

注：由于检索结果显示2012年前缺乏相关文献，图中未予呈现。

进一步地，由于对高质量期刊文献进行梳理有助于明确核心理论观点的历史、现状和发展趋势，因此，借鉴Bruton等（2010），本书进一步选取外文顶级期刊文献进行分析，包含6个UTD24① 管理领域期刊 [《美国管理学会学报》（Academy of Management Journal）、《美国管理学学会评论》（Academy of Management Review）、《管理科学季刊》（Administrative Science Quarterly）、《国际商业研究杂志》（Journal of International Business Studies）、《战略管理杂志》（Strategic Management Journal）、《组织科学》（Organization Science）]，以及2个创业领域顶级期刊 [《创业理论与实践》（Entrepreneurship Theory and Practice）、《商业风险期刊》（Journal of Business Venturing）]。以上期刊均受到战略管理、创业领域学者的广泛认可，能为我们呈现完整的研究理论演变过程（详细文献介绍见附录）。图2-3及表2-1分别对顶级期刊历年发文数以及分布情况进行呈现。有别于SSCI文献分布，基于顶级期刊的文献年份分布呈现

---

① UTD24全称为The University of Texas at Dallas 24，是美国得克萨斯大学达拉斯分校选出的最顶尖的24种商学学术期刊。

不规则的波动形状，特别是在 2008 年和 2013 年出现了两次发文数量的峰值。在期刊数量分布上，《商业风险期刊》与《创业理论与实践》占比最高，分别为 39.74%、35.90%。特别是，从 2008—2012 年、到 2013 年—2021 年，相关研究发表于两大创业领域顶级期刊《创业理论与实践》、《商业风险期刊》的数量显著上升，这意味着制度影响创业选择正逐步成为创业研究的热点话题。

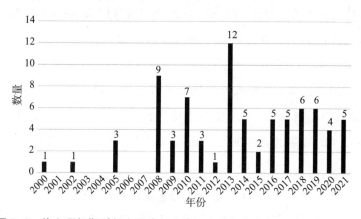

图 2-3　外文顶级期刊制度影响创业选择文献年份分布（2000—2021 年）

表 2-1　外文顶级期刊制度影响创业选择文献数量分布

	2000—2007 年	2008—2012 年	2013—2021 年	总计	占比
《美国管理学会学报》	1	0	0	1	1.28%
《美国管理学学会评论》	0	1	0	1	1.28%
《管理科学季刊》	1	0	2	3	3.85%
《战略管理杂志》	0	0	3	3	3.85%
《组织科学》	0	1	3	4	5.13%
《国际商业研究杂志》	1	3	3	7	8.97%
《创业理论与实践》	2	10	16	28	35.90%
《商业风险期刊》	0	8	23	31	39.74%
总计	5	23	50	78	100%

围绕"制度"与"创业"这两个关键变量，表 2-2 和表 2-3 对顶级期刊文献所关注的焦点进行分类识别。由表 2-2 可见，已有研究所关注的影响创

业选择的制度变量可大致分为三类：①单一制度视角，这类型研究通常聚焦于特定的单一制度，如政府监管、破产法等正式制度，或个人/集体主义、风险规避等非正式制度，试图明晰完善特定制度对个体创业选择所可能产生的影响；②整体制度视角，这类型研究多采用经济自由度指数（Index of Economic Freedom, IEF）、世界经济自由度指数（Economic Freedom of the World, EFW）、市场化指数（樊纲等，2011）等机构评测数据衡量国家/地区整体制度建设水平对创业选择的影响，并多聚焦于探索制度的情境作用；③多维制度视角，与前两个视角相比，这类型视角认为影响创业的制度环境是由复杂多元制度组成的，试图在模型中对组成整体制度的多元制度效应进行同时检验（一致制度），或比较不同制度是否可能对创业选择产生差异影响（制度差异），以及不同制度间的交互效应（制度交互），多维制度视角正得到越来越多学者的关注。

表 2-2 制度变量分类识别

类型	详细指标
单一制度视角	正式制度： —政府监管：Capelleras 等（2008）；Block 等（2013）；Audretsch 等（2019）；Castellaneta 等（2020）；Grandy 和 Hiatt（2020） —创业补贴：Meek 等（2010）；Roman 等（2013）；Hoppmann 和 Vermeer（2020）
整体制度视角	—破产法：Lee 等（2011）；Schulz 等（2021） —劳动力法规：Roman 等（2013）；Thébaud 等（2015） —法制：Estrin 等（2016） —制度中介机构：Armanios 等（2017）；Eberhart 和 Eesley（2018） —税收：Friske 和 Zachary（2019） —基础设施：Bennett（2019） —借贷政策：Szumilo 和 Vanino（2021） 非正式制度： —腐败：Anokhin 和 Schulze（2009）；Gohmann（2012） —社会规范：Meek 等（2010）；Stephan 等（2015）；Walter 和 Block（2016） —个人/集体主义：Schmutzler 等（2018） —风险规避：Block 等（2013） —宗教：Audretsch 等（2013） —性别平等：Klyver 等（2013）；Shahriar（2018）

(续表)

类型	详细指标
	经济自由度或正式制度：Aidis 等（2008）；Sobel（2008）；Gohmann 等（2008）；Lu 和 Tao（2010）；McKelvie 等（2011）；Kim 和 Li（2014）；Eesley（2016）；Amoros 等（2019）；Boudreaux 等（2019）；Fredstrom 等（2021）
多维制度视角	一致制度： —多维度正式制度指标：Begley 等（2005）；Bowen 和 De Clercq（2008）；McMullen 等（2008）；Lim 等（2010）；De Clercq 等（2013）；Estrin 等（2013a）；Cullen 等（2014）；Chowdhury 等（2019） —多维度非正式制度指标：Autio 等（2013）；De Clercq 等（2013）；Cullen 等（2014）；Stephan 和 Pathak（2016） 制度差异： —管制、规范、认知制度：Sine 等（2005）；Valdez 和 Richardson（2013）；Stenholm 等（2013）；Mai 和 Turkina（2014）；Eesley 等（2016） —社会支持文化与绩效导向文化：Stephan 和 Uhlaner（2010） —经济自由化与治理水平：Dau 等（2014） —稳定性制度与灵活性制度：Young 等（2018） 制度交互： —正式制度与非正式制度：Meek 等（2010）；Stephan 等（2015）；Walter 和 Block（2016）；Drori 等（2018）；Tang 等（2021）；Damaraju 等（2021）

注：作者检索外文顶级期刊中采用定量分析法的文献后梳理所得。

由表 2-3 可见，已有研究对创业选择这一结果变量的关注可大致分为两类：①创业决策，当考虑个人层面的创业选择时，已有研究多从客观现实出发，观察个体是否实施了创业进入行为，同时也有部分研究从创业意愿角度对创业决策进行考察。而当考虑宏观层面的创业情况时，这类型研究多采用地区创业活跃度进行考察，常见的衡量方式是地区创业人口占总劳动人口的比重；②创业类型，与对创业决策的关注相比，关注创业类型的研究认为不同类型的创业决策可能蕴藏着不同的动机和驱动因素，也可能对经济增长产生不同的影响。其中，比较常见的创业类型划分包括创新型创业/模仿型创业、生存型创业/机会型创业、正规创业/非正规创业以及高成长型创业（创业成长意愿）等。同时，新近的制度影响创业文献也表现出与其他领域的密切结合，研究人员不再简单关注经济取向的创业类型，也关注社会创业和女性创业等更具社会导向的话题。

表 2-3 创业选择变量分类识别

类型	详细指标
创业决策	创业进入：Sine 等（2005）；Aidis 等（2008）；Lu 和 Tao（2010）；Gohmann（2012）；Estrin 等（2013a）；Audretsch 等（2013）；De Clercq 等（2013）；Roman 等（2013）；Autio 等（2013）；Walter 和 Block（2016）；Eesley（2016）；Stephan 和 Pathak（2016）；Armanios 等（2017）；Friske 和 Zachary（2019）；Bennett（2019）；Grandy 和 Hiatt（2020）；Schulz 等（2021） 创业意愿：Begley 等（2005）；Lim 等（2010）；McKelvie 等（2011）；Gohmann（2012）；Block 等（2013）；Stephan 等（2015）；Schmutzler 等（2018） 地区创业活跃度：Gohmann 等（2008）；Anokhin 和 Schulze（2009）；Meek 等（2010）；Stephan 和 Uhlaner（2010）；Lee 等（2011）；Stenholm 等（2013）；Valdez 和 Richardson（2013）；Cullen 等（2014）；Kim 和 Li（2014）；Dau 等（2014）；Mai 和 Turkina（2014）；Chowdhury 等（2019）；Audretsch 等（2019）；Damaraju 等（2021）；Szumilo 和 Vanino（2021）
创业类型	创新型创业/模仿型创业：Sine 等（2005）；Sobel（2008）；Stenholm 等（2013）；Eesley 等（2016）；Armanios 等（2017）；Young 等（2018）；Tang 等（2021） 生存型企业/机会型创业：McMullen 等（2008）；Amoros 等（2019）；Boudreaux 等（2019）；Fredstrom 等（2021） 正规创业/非正规创业：Capelleras 等（2008）；Dau 等（2014）；Webb 等（2020） 社会创业：Estrin 等（2013b）；Stephan 等（2015）；Estrin 等（2016） 女性创业：Klyver 等（2013）；Thébaud 等（2015）；Shahriar（2018）；Drori 等（2018）；Castellaneta 等（2020）

注：作者检索外文顶级期刊中采用定量分析法的文献后梳理所得。

（2）制度影响创业选择的研究历史发展脉络

依据标志性文献出现的时间以及期刊论文时间分布曲线，本书将制度影响创业选择的研究历史发展脉络划分为三个阶段，即概念阶段（2000—2007年）、明确阶段（2008—2012年）、深化阶段（2013年至今）。由于研究的理论发展是不断积累并渐进的，因此各个时间段内学者的关注点必然存在某种程度的重合和叠加，而非截然分开。为明晰研究发展脉络，本书试图对不同阶段的关键特征差异进行提炼，详细阐述每个时间段内研究人员关注的重点变化，这将使我们能够识别细分领域的主要发展趋势，特别是当前研究关注的理论重点及仍未解决的研究问题。

第一，概念阶段（2000—2007 年）：前期理论探索。

作为创业研究的细分领域，制度影响创业选择研究的兴起与创业研究的整体发展脉络密切相关，其源头可追溯到对创业特质论的反思之中（Busenitz et al.，2000；Hayton et al.，2002）。创业特质论认为个体成为创业者是因为他具备了一些独特的人格心理特质，如风险偏好、不确定性偏好、追逐创新等，强调这些特质是天生而非后天塑造的（杨俊，2018；张玉利等，2018）。受创业特质论的影响，尽管早期（20 世纪末）已有部分文献试图通过一系列不同的国家层面差异来解释创业活动的地区差异现象（Busenitz and Lau，1997；Shane，1992；Davidsson，1995；Davidsson and Wiklund，1997），但大多数研究都狭隘地关注文化作用，认为正是文化赋予个体的独特心理特征驱使其进行创业行为，其内在逻辑仍未摆脱对"企业家特质"的强调。特别是，大部分研究将吉尔特·霍夫斯泰德（Geert Hofstede）的文化维度与国家创业活跃度联系起来，聚焦于个人主义/集体主义、权力距离、不确定性规避等具体维度。然而，后续研究结论表明，仅基于霍夫斯泰德的文化指标并不足以解释创业活动的跨国差异。如 Davidsson 和 Wiklund（1997）在对人口规模、人口密度和人口增长率、失业水平、公共支出、小企业密度等多种结构要素进行控制之后发现，无论在何种情况下，都难以找到价值观或文化与地区创业率相关联的直接证据。越来越多的证据表明，文化主要表现为催化剂而非直接因果关系，即通过补充和调节（正式）制度与经济环境的作用从而影响创业活动（Hayton et al.，2002；McMullen and Shepherd，2006）。

因此，针对创业活动跨国差异的现象亟须一套更广泛的制度框架来解释，这些制度在每个国家的经济中指导和约束创业行为。这一观点在 Busenitz 等（2000）发表于《美国管理学会学报》的研究中得到了强调。基于理查德·斯科特（Richard Scott）的经典三要素制度框架，Busenitz 等（2000）认为即使在同一国家，不同制度间创业活动发展的差异也较大，对广泛制度的关注（而不是仅关注文化维度）将为更准确地评估各个国家创业的优势和劣势提供机会。尽管他们并未直接检验不同要素制度与创业间的直接关系，但其针对地区制度要素的问卷测量设计受到后续学者的广泛应用（Spencer and Gomez，2004；Manolova et al.，2008）。类似地，Sine 等（2005）则尝试对经典三要素制度与创业间的直接联系进行辨析。通过对美国电力行业纵向发展历史的经验分析，他们的研究指出管制性和认知性制度的发展为新进入者提供了激励，特别是促进了高风险技术公司的成立，而以贸易协会为主导的行业规范性制度则保护了成熟在位企业，抑制了新技术、新企业的产生。

此外，亦有学者尝试使用多元理论对创业选择中的制度作用进行解析。如 Baker 等（2005）通过将 Shane 和 Venkataraman（2000）的创业理论框架扩展到国家层面，试图阐明不同国家之间创业机会的发现、评估和利用过程以及为何会发生变化。由于个人偏好嵌入在国家环境中并受其影响，因此个人创业动机及其所识别的创业机会不可避免地是主观并且取决于环境的。基于产业经济理论，他们认为国家制度一方面决定了创业者可以选择的机会范围以及所考虑的成本和收益曲线（机会成本），另一方面也影响着个人对潜在机会可捕获价值的评估（机会可占有性），将对个人决定是否利用机会以实施创业行为起关键影响。而 Begley 等（2005）引用资源依赖理论和人口生态学视角，强调应当从一个主观感知的视角解读客观制度因素对个人层面创业决策的影响。他们认为潜在创业者在决定创业进入时，不仅受客观环境的直接影响，也受主观感知到的环境支持影响。随着感知到的环境丰裕度和承载能力，即融资可得性、支持性政府法规、市场机会、基础设施服务等制度的可用性感知上升，创业进入的兴趣将提高，而这种主观感知的影响甚至将大于客观实际情况的影响。

整体来看，这一时期学者们试图超越创业特质论对民族文化的强调，从不同视角出发构建创业选择中制度影响的理论框架。然而，从发文数量上看，制度影响创业选择的研究并未得到创业学者的充分关注，仅有 2 篇文章发表于顶级期刊上，而即使在 2007 年也仅有 10 篇相关论文发表在 SSCI 期刊上。同时，无论是研究期刊、研究学者还是研究话题也都较为零散，文献间并未建立明显的关联。这意味着其作为创业研究细分领域的合法性仍未明确建立。

第二，明确阶段（2008—2012 年）：实证检验与明确情境。

制度影响创业选择作为细分研究领域的必要性在 2008 年得到了明确，这体现在三个标志性事件上。第一个标志性事件是 2008 年《创业理论与实践》杂志发表的"政府政策与创业活动"（Government Policy and Entrepreneurial Activity）特刊。尽管政府政策决定了创业的制度环境，但学界对于什么政策更有利于生产性创业活动仍知之甚少。特别是，进入 21 世纪以来，世界各国政府越来越重视企业家精神，并实施了许多旨在促进创业的政策和制度改善措施，但这些努力却并不总能得到积极的回报。而在学界，关于政府是否以及如何正面影响创业活动的基本问题也远未解决（Minniti，2008）。因此，特刊呼吁有必要对政府政策、制度与创业间的关系进行深入分析。第二个标志性事件是 2008 年在华盛顿特区召开的第三届全球创业观察研究会议（3rd Global Entrepreneurship Monitor Research Conference）。由于观察到世界各国在创业活动上存在的巨大差异，会议强调创业、经济发展与制度之间的广泛联系是一个至关重要的研究领域，探究这种联系对于理解创业的地区差异特别重要（Acs et al.，2008）。第三个标志性事件是 Sobel（2008）发表于《商业风险期刊》的实证检验文章。基于美国地区制度环境数据，Sobel（2008）证实了较好的制度环境有助于促进生产型创业（表现为更高的风险投资、专利产出、自雇活动增长率和企业出生率），抑制非生产型创业（表现为更高的游说活动和法律欺诈行为），而制度改善及其所伴随的生产型创业活动增加也将带来地区居民收入的显著提升。通过对 Baumol（1990）的经典理论进行直接检验，Sobel（2008）的研究迈出了从理论到实证检验的关键一步。

受此影响，这一阶段制度影响创业选择的研究呈逐年稳步上升的趋势，特别是得益于全球创业观察（GEM）数据库的建设，大量基于跨国情境的实证研究不断涌现。这一时期的研究焦点主要体现在以下两个方面：

一方面，明晰整体制度的作用情境成为这一阶段研究的核心关注对象。实践证据和先前研究的冲突性结果表明，制度改善对活跃创业率的积极影响并不是放之四海而皆准（Minniti，2008）。换言之，如果要将企业家精神引导到生产性创业活动之中，就需要根据具体情境来制定创业政策（McMullen et al.，2008），这种影响制度作用的情境要素不仅包括宏观社会经济环境差异，也包括中观行业差异和微观个体差异。如 Aidis 等（2012）发现制度对创业的影响取决于经济发展阶段——对于经济发展水平相对较高的国家，制度的解释力度最小。Gohmann 等（2008）强调制度建设引导的创业需求会因行业而产生差异。其中，商业和个人服务业的创业数量和就业水平会随着国家自由化市场制度建设的完善而提高,而在卫生、社会、法律行业则情况截然相反。Lu 和 Tao(2010)则基于中国情境,认为不同于发达国家中个人因素的决定性作用,转型经济体中个体创业决策受制度的影响更为显著。他们的研究发现,1988 年以来中国的制度改革增加了民营企业的创立数量,且随着制度变革的深入,体制内经历等个人因素对创业的影响将不断减弱。

另一方面,研究人员也试图围绕特定单一制度进行深度分析。诸如进入管制(Capelleras et al.,2008;Levie and Autio,2011)、税收(Bohacek and Zubricky,2012;Bruce and Deskins,2012)、产权保护(Autio and Acs,2010;Burke and Fraser,2012)、破产法(Peng et al.,2010;Lee et al.,2011)、腐败(Anokhin and Schulze,2009)、社会文化规范(Meek et al.,2010;Stephan and Uhlaner,2010)等制度解析在这一阶段取得了长足进展。例如,Peng 等(2010)围绕破产法进行了深入分析,认为破产法改革可以从六个不同方面对创业活动产生具体影响,包括重组破产选项的可用性;破产程序所需时间;破产程序的成本;获取新机会的可能性;留取资产的可能性;破产后留住工作机会的可能性等方面。而 Bruce 和 Deskins(2012)则对具体税收政策进行了深入辨析,发现较高的个人所得税税率、遗产税或赠予税,以及较高的分摊都将显著降低地区创业水平。这种对单一制度关注的兴趣往往与研究人员所在具体学科领域密切相关,如经济和会计领域学者常聚焦于税收制度、组织社会学者常聚焦于社会文化规范等。可以说,来自不同领域的学者共同构建了制度影响创业选择这一细分领域的研究框架。

整体来看,这一时期制度影响创业选择作为创业研究细分领域的合法性得到了确立,学界在明确制度建设积极作用的同时,试图深入辨析制度作用情境,并旨在为促进创业给出更具针对性的政策建议。同时,以《创业理论与实践》和《商业风险期刊》等为代表的创业领域期刊已成为理论对话和发展的主流阵地,基于研究话题和研究学者间的关系网络也逐步建立。然而,对制度作用情境的关注(往往表现为对地区或个人层面调节变量的聚焦)尽管带来了整体发文数量的涌现,但却不足以带来理论层面的认知深化,这直接体现在 2008—2012 年顶级期刊发文数量的逐年递减趋势上。此外,这一时期对"创业选择"这一结果变量的关注仍简单局限于创业进入行为,而忽视了

Baumol（1990）、Minniti（2008）、Sobel（2008）等所强调的生产型创业活动。事实上，仅有少数创业者在进行真正的创新活动，不同创业活动对经济增长的潜在影响也存在较大差异（Minniti and Lévesque，2010）。

第三，深化阶段（2013年至今）：多元创新与理论深化。

定量研究的积累及其所伴随的理论思考带来了自2013年以来制度影响创业选择研究的多元创新和理论深化，这分别体现在实证检验方法革命、对多元结果变量的关注，以及针对制度前因变量的理论深化等三个方面。

研究深化阶级的第一方面体现在定量检验方法的革命上。得益于计量分析方法的进步（Hox，2010；Raudenbush and Bryk，2002；Rabe-Hesketh and Skrondal，2012），分层线性模型（Hierarchical Linear Models，HLM）[①]被引入并成为检验"制度影响创业选择"理论的必要方法（Autio et al.，2013）。为了估计宏观制度对创业行为的影响，以往研究常采用普通最小二乘法模型、时间效应模型等预测国家层面因素对国家创业率的影响，或者使用评定模型（Logit Models）和多元概率比回归模型（Probit Models）预测宏观制度对个体是否实施创业进入行为的影响（McMullen et al.，2008；Bowen and De Clercq，2008；De Clercq et al.，2010；Stephan and Uhlaner，2010）。然而，创业本质上是由嵌入在更广泛社会文化背景中的个人进行的（McMullen and Shepherd，2006；Phan，2004）。一方面，仅基于国家层面的研究忽略了个体层面的动机和考虑，容易产生仅凭高层次因素分析结果对个体行为进行推断的生态学谬误，错误地将个体决策完全归因于国家层面。另一方面，仅基于个人层面的分析则容易产生个人主义谬误，仅对个人行为进行理论化而忽略了其所处的更广泛的决策背景。与之不同，通过承认微观层面是嵌入在宏观层面之中的，分层线性模型能有效地同时考察国家和个人层面因素的影响以避免生态学谬误和个人主义谬误的产生。这一观点在2013年Autio等发表于《国际商业研究杂志》上的文章得到了强调，通过采用分层线性模型对以往研究进行再检验，Autio等（2013）指出以往定量模型对分层机制的忽视往往将导致其结果

---

① 由于在不同领域中的应用（谢宇，2012），分层线性模型也常被称为跨层线性模型、随机系数回归模型、混合效应模型、随机效应模型、增长曲线模型等。

是有偏的、不稳健的。因此，对使用分层线性模型进行定量检验的强调是制度影响创业选择研究在"现象—理论—检验"三个层面走向契合的体现，可视为该研究领域的一场革命，这不仅要求我们以更审慎的态度看待早期的研究结论，而且也从根本上带来了将创业决策视为个人行为的视角转变。此后，分层线性模型后来居上并大行其道，成为新近研究宏观制度如何影响微观个体创业选择不可回避的计量分析方法。

研究深化阶级的第二方面体现在对多元结果变量的关注。对创业活动的关注源于"创业是经济增长的内在动力"这一基本假设（Baumol，1990）。然而，与这一基本假设不同，并非所有创业行为都是建设性和生产性的，以寻租或犯罪为手段的创业活动甚至会对经济发展造成损害，是非生产性、破坏性的（Baumol，1990；Webb et al.，2020）。换言之，创业并不等同于创新（Acs，2006；Autio and Acs，2010）。尽管已有研究常用"早期创业活动""企业登记注册"等对创业进入进行衡量，但活跃的创业进入可能不是经济增长的有效驱动力（Acs，2006；Anokhin and Wincent，2012），仅当创业活动表现出对新技术、新产品的改进时，才有助于国家级效率的提升（Du and Connor，2018）[①]。关注制度影响创业选择的学者们逐渐认识到，对创业选择这一结果变量的关注不应简单聚焦于创业数量，而应将注意力转移到对高质量创业活动的关注之上。因此，对多元创业类型的关注成为这一阶段研究的典型特征。通过这种关注焦点转换，学界试图构建完整的"制度—创业—经济增长"链条，从而更好地与 Schumpeter（1961）的创造性破坏概念、Baumol（1990）的生产型创业概念进行理论对话。这些结果变量包括：生存型创业与机会型创业（Valdez and Richardson，2013；Amoros et al.，2019）、创新型创业与模仿型创业（Stenholm et al.，2013；Eesley et al.，2016）、成长型创业（Estrin et al.，2013a；Autio et al.，2013）、正规创业与非正规创业（Dau et al.，2014；Webb et al.，2020）等。此外，诸如贫困情境下的创业、社会创业、女性创业、国际化创业等现象也吸引了大量研究的关注（Estrin et al.，2013b；Thébaud

---

① 根据 GEM（2015）的数据，仅有 16.86% 的新创企业在创业过程中使用了新技术，仅有 8.95% 的新创企业试图探索建立未被开发过的新市场领域。

et al., 2015；Estrin et al., 2016；Shahriar, 2018；Aparicio et al., 2021）。然而，这方面的研究更多是建立在对新结果变量的讨论之上，在理论模型上并未与以往研究表现出明显差别。例如，Aidis 等（2012）以制度等级模型为基础（Williamson, 2000），探究了腐败、产权、政府规模等三种制度对创业进入活动的影响，而 Estrin 等（2013a）则采用同样的框架辨析制度因素对成长型创业的影响。

研究深化阶级的第三方面体现在针对前因变量"制度"的理论深化。正如前文所述，尽管基于多元结果变量和制度情境的讨论带来了实证检验文献的涌现，但却并未带来研究结论的闭环。现有研究并非完全一致的结论亟须更深入的理论解析。对这一问题的探索可以划分为两种路径：

沿着路径一前进的学者认为由于影响创业的外部制度环境是多元且复杂的，因此缺乏对多元制度的同时考察是导致现有争论性结果产生的主要原因，其得出的结论往往是不稳健且不具备普适性的。换言之，我们需要"退后一步"（Valdez and Richardson, 2013），即考察多元制度共同存在时，不同制度变量对创业活动有多大影响，以及哪些制度的影响更为关键。如 Valdez 和 Richardson（2013）、Stenholm 等（2013）检验了当管制性、规范性、认知性制度在模型中共同存在时，哪一类型制度对地区创业活跃度和创业质量更富解释力。Mai 和 Turkina（2014）基于创业折衷理论，考察了经济机会、治理质量、宏观水平的资源和能力、社会文化等多种宏观因素对地区创业活动的共同决定模型。此外，对多元制度并存的强调也直接体现在研究方法创新上，学者们试图采用结构方程模型（Mai and Turkina, 2014）、贝叶斯模型平均方法（Nikolaev et al., 2018）等寻找多元经济、社会、制度变量中，影响创业活动的关键指标。然而，必须承认的是，尽管认识到制度的多元性，但这些研究往往将注意力简单放置于对特定关键制度的寻找之上，实际上逃避了对多元制度复杂交织效应内在影响机制的解析，其在理论部分也并未给出有别于前人的有力阐述，而更多是基于定量分析结论进行逆向归因。

有别于路径一对多元制度并存模型的强调，沿着路径二前进的学者则认为需要"前进一步"。即在理论层面对制度作用进行更深入的机制分析，强调制度间的内在作用机制差异是导致其在不同情境下产生差异性影响的关键

（Young et al.，2018）。尽管先前文献在实证检验中注意到不同制度"似乎会对创业活动产生不同的影响"（McMullen et al.，2008），但却并未在理论层面进行深入辨析。在这方面，Young 等（2018）进行了突破式的探索，基于 Knight（1921）将风险和不确定性进行区分的观点，Young 等（2018）将正式制度分类为有助于降低创业风险的稳定性制度（包含产权保护、税收负担、货币政策）以及有助于降低创业不确定性的灵活性制度（包含劳动力管制、金融管制、商业自由），指出稳定性制度的完善有助于促进模仿型创业，而灵活性制度的完善则将表现出对创新型创业的积极促进作用。在他们看来，由于制度的复杂性和多元性，不同制度的建立和执行所导致的风险或不确定性程度将有所不同，因此有必要在理论层面对支持创业的制度的内在作用机制差异进行辨析。类似地，Dau 和 Cuervo-Cazurra（2014）则认为市场化制度可以分解为两个主要方面，即经济自由化和治理水平，前者指政府对经济领域直接干预的减少，后者则要求更有效的政府监管措施以保障合同和交易规则的强有力执行。因此，不同的制度将对政府角色提出不同的要求，进而对创业活动产生不同的影响。但遗憾的是，目前围绕这一路径所展开的相关研究较少，仍有待深入。

整体来看，当前研究对运用分层线性模型的强调带来了更严谨的实证检验方法，使制度影响创业选择的研究逐步走向现象、理论与实证检验的契合。同时，对多元结果变量的关注则使得该领域的关注点进一步扩散，成为这一时期 SSCI 期刊文献大量涌现的主要原因。而在理论层面，研究人员仍致力于从不同角度回答为何制度改善并未在所有地区表现出相似效力，以及多元制度间如何产生共同作用等问题，尽管这一探索仍有待深入。

2.1.3 现有研究的不足

毫无疑问，自 2000 年以来的研究发展促进了我们对创业选择中制度影响力的理解。但与此同时，现有研究中的争论和不足也为进一步深化研究提供了丰富的机会。本书认为，现有研究仍在以下几个方面存在明显不足：

第一，尽管现有研究在变量上表现出对"制度"与"创业"间关系的共同关注，但不同研究之间仍缺乏共识性的理论框架。一方面，部分遵循新制度经济学的研究强调正式制度的影响力,而部分遵循新组织制度理论的研究则将制度划分为管制、规范、文化—认知等三个维度,且更多聚焦于文化价值观、社会规范等对创业合法性的影响上(Kostova et al.,2020)。另一方面,共识性框架的缺乏也导致现有研究在制度变量的选取上缺乏足够的理论依据,往往表现为对所研究制度变量的随机选择(Zhai et al.,2019)。例如,Chowdhury 等(2019)认为金融发展水平、监管框架、腐败、政府规模、政府支持等是影响创业选择的关键制度指标,但却未能承认其他制度的存在,以及所选择制度变量更重要的原因。与之不同,当试图构建完整的制度衡量指标时,De Clercq 等(2013)则将国家金融系统和教育系统视为正式制度的关键指标,将社会信任和保守文化视为非正式制度的关键指标。这种缺乏严谨理论依据的变量选择不仅使得制度影响创业选择的研究成为一个相对零散的研究领域,也对文献间的比较对话和总结提出了挑战,极大地损害了该领域的知识积累。

第二,现有研究仍缺乏对不同制度间作用机制差异的解析。蕴含在制度影响创业选择研究中的核心假设是:完善的制度建设有助于促进个体创业选择和高质量创业活动的产生。受数据可得性影响,这种制度建设的完善程度在实证检验中通常采用经济自由度指数(IEF)、世界经济自由度指数(EFW)等机构评测标准进行整体衡量。而当考察制度边际作用时,对国家社会经济发展和个人属性的情境调节进行考察是常用的方式。然而,这种对制度细度分析的缺乏却难以回答理论层面上的研究争论。例如 De Clercq 等(2013)认为制度的作用在于帮助"释放"个人资源的作用以实施创业行为,暗示拥有财务资本、人力资本、网络资本的个体具备更高的制度敏感性和制度利用能力,将更容易成为制度改善的潜在获益者。然而,他们的研究假设并未在实证检验中得到充分验证。类似地,Boudreaux 和 Nikolaev(2019)的实证检验发现低人力资本个体反而更可能从市场化制度改善中受益,这一结果被他们认为是违背常识的(Counter-intuitive)。而与之相反,Eberhart(2017)则发现高人力资本个体更可能从完善的破产法规中受益。实际上,对多元制度影响机制的差异性辨析在早期文献中已有体现(Baker et al.,2005),而这也将是我们解读多元制度复杂效应的前提认识基础。遗憾的是,后继文献并未在理论层面将这种微观知识基础与制度作用有效结合起来。

第三，当前研究仍主要通过单一制度或整体制度视角来验证创业选择中的制度影响力，而缺乏对多元制度间复杂关系的关注。正如希特和徐凯（2019）所提出的，影响创业的整体制度环境是由多维度、多层次制度共同构成的，不同制度间的交织可能产生复杂，甚至与单一制度截然不同的效应。然而，尽管新近部分研究试图将整体制度环境划分为不同部分进行考察，但这些做法在理论层面仍未摆脱对单一、整体制度的关注。例如，Aidis 等（2012）、Estrin 等（2013a）考察了腐败、产权保护和政府规模等不同制度对创业选择的直接影响，认为这分别对应于 Williamson（2000）制度等级模型中的非正式制度、正式制度和治理水平等不同层级，却忽视了高层级制度可能决定低层级制度的作用。迄今为止，我们仍不清楚一种制度的作用是否以及如何随着另一种制度的变化而变化，也不清楚两种、三种甚至更多制度同时作用会对创业选择产生什么复杂影响。

2.2 比较制度分析文献回顾与评述

现有研究对制度影响创业选择的讨论，是建立在外部制度环境会约束、塑造组织或个人行为这一认知基础之上的，这种对制度重要性的强调源于两个经典的制度理论流派（Bruton et al., 2010；河连燮，2014），即产生于社会学和组织理论的新组织制度主义（DiMaggio and Powell, 1991；Scott, 2007），以及产生于经济学的新制度经济学（North, 1990；Williamson, 2000）。尽管存在差异，但这两种流派都强调制度，无论是正式制度、非正式制度的区分，还是管制、规范、文化——认知制度的维度分类，都会对创业活动的产生形成约束和激励，塑造了创业选择。具体而言，制度会影响在不同国家和地区中进行创业活动的交易成本，及其风险和不确定性（Baumol, 1990）。在制度保障缺失的国家，高质量创业活动将不太可能产生。而如果创业者、创业企业能够根据制度约束进行调整适应，或开发有助于补充制度缺失的资源、能力，创业和创新活动将更可能产生，创业企业也更可能成功（Aid et al., 2008；De Clercq et al., 2013）。

然而，正如上一节所呈现的，尽管制度对创业研究重要的观点已成共识，但对制度具体如何产生作用却仍存在争论，我们仍难以解释为何完善的制度会对不同地区、不同个体表现出显著的作用差异，不清楚哪一类制度是影响创业活动的关键，以及多元制度如何产生共同作用。随着研究的深入，传统制度观点对制度多元性、复杂性的解释似乎已经不够（希特、徐凯，2019；赵雁飞、李涌，2019），研究争论亟须深化理论解释。与创业研究对多元制度复杂效应的呼吁相似，近年来国际商务领域的研究学者认为围绕制度所展开的分析有必要从"薄弱"走向"厚实"（Jackson and Deeg，2019）。在理论方面，比较制度分析得到了强调，被视为制度分析的第三个重要流派（Jackson and Deeg，2008；2019；Morgan et al.，2012；Hotho and Pedersen，2012；Aguilera and Grøgaard，2019）。

比较制度分析旨在描述、比较和解释协调控制经济的国家间制度系统多样性，以及这种多样性的变迁和持续存在（Hotho and Pedersen，2012）。与传统制度观点一致，比较制度分析的讨论是建立在承认制度影响力之上的，认为个体/组织决策是制度场域中的理性行为，个人决策会受制度环境的形塑。然而，有别于传统制度观点，比较制度分析关注国家情境下的制度多样性。其核心观点认为，由于社会中与不同领域相关的制度（如与教育、金融、市场交易相关的制度）是以一种相互依赖、相辅相成的方式存在，因此由多元制度构成的整体制度环境通常会形成相对稳定和相互补充的配置。这种整体互补性制度配置的存在，将导致不同国家间制度多样性的持续存在，并塑造不同国家内经济行为的"独特逻辑"（Hall and Soskice，2001），构建国家的比较竞争优势。例如，与传统制度分析对市场化制度的强调不同，比较制度分析认为不存在单一或整体的"最优制度"，市场化制度建设的有效性将取决于其内部不同子维度正式制度与其他制度（如非正式制度）间是否能建立起相互补充、相互强化的一致性关系。

鉴于比较制度分析在战略管理和创业领域中的应用仍处于探索阶段（Jackson and Deeg，2019；Aguilera and Grøgaard，2019），本节将首先对比较制度分析的代表性观点进行回顾，并在此基础上提炼理论核心观点，同时进一步就如何运用比较制度分析以深化制度影响创业研究进行讨论。

2.2.1 比较制度分析代表性观点回顾

比较制度分析的观点来源于政治经济学、组织社会学、制度经济学等多个学科讨论，与其说它是一个单一的整合框架，不如说它是一系列相关理论和实证研究的合流（Ahmadjian，2016）。这些研究从不同学科视角出发（Orru et al.，1997；Crouch and Streeck，1997；Hollingsworth and Boyer，1997；Whitley，1999；Hall and Soskice，2001；Aoki，2001），试图采用不同方法对相似的问题进行解答，即为什么世界各国的制度和商业体制间存在如此明显的差异？这种制度多样性是否构建了国家间的竞争优势来源？以及随着时间的推移，制度和商业体制的多样性是否会趋同成相似形态，还是保留差异？在其中，Hall 和 Soskice（2001）、Whitley（1999）、Aoki（2001）的研究被视为构建了比较制度分析的核心观点（Jackson and Deeg，2008；Hotho and Pedersen，2012），为深化读者对比较制度分析理论的理解，下面将对以上三个代表性观点进行介绍。

（1）作为战略能力来源的制度：Hall 和 Soskice 的国家比较优势研究

20 世纪末至 21 世纪，特别是 1989 年华盛顿共识（Washington consensus）以来，旨在推动市场自由化、减少政府干预的市场化制度改革被学界和各国政府视为应对经济效率低下的有效手段（Audretsch and Thurik，2001；Williamson，2004）。然而，尽管很多人认为世界经济体制将随着国际经济一体化和技术变革的发展而日趋一致，但一个现实是，并非所有国家都遵循相同的路径进行制度建设（Fukuyama，2004）。世界各国无论是在整体制度体系配置上，还是在具体制度实施中，都表现出显著的差异，这种差异不仅存在于东亚和东欧等新兴经济体之中，也存在于德国和美国等西方发达经济体之间。立足于制度多样性持续存在的现实，Hall 和 Soskice（2001）试图回答国家间的制度差异是如何产生和作用的，以及这种多样的制度体系是否为国家提供了比较竞争优势。

通过将企业视为国家经济绩效的核心贡献者，Hall 和 Soskice（2001）认为，企业构建核心竞争力的关键取决于其与不同经济参与者建立关系、进行有效协调的能力。这些关系既包括企业内部关系，如企业—雇员关系，也包括企业外部关系，如企业与供应商、客户、合作者、竞争者、工会、行业协会和政府间的关系。而由于制度决定了社会中参与者之间进行策略互动、寻求自身利益提升的方式，能够监督、制裁那些破坏企业与其他参与者之间合作的行为，因此，试图构建核心竞争力的企业战略将受其所处制度环境的限制，并将导致不同制度环境下企业行为的差异。换言之，对国家制度体系的比较，将落脚于不同制度体系如何影响企业建立不同类型的关系和协调机制之上。

在此基础上，Hall 和 Soskice（2001）区分了两种基本的政治经济制度类型：自由市场经济（Liberal Market Economies，LMEs）和协调市场经济（Coordinated Market Economies，CMEs）。这两类国家制度类型是两个理想的极点，而其他的国家制度类型则介于这两者之间。由于不同制度对不同关系协调方式所提供的支持存在差异，因此，不同的制度类型将为身处其中的企业提供参与特定活动的优势和战略能力，这是它们在其他情况下无法获取的。

一方面，在以美国、英国和加拿大等为代表的自由市场经济（LMEs）中，市场在协调经济行为方面发挥着主导作用，企业将主要通过科层制和竞争性市场安排来协调它们的活动。这种自由市场经济的典型共享特征是：①短期导向的金融体系——基于信息公开、鼓励企业关注当前收益和股票价值的金融体系；②宽松的劳动力市场管制——基于市场关系构建、高流动性的劳资关系体系；③通识教育——以通识技能为基础的教育和培训体系；④公司间的高度竞争——基于市场关系构建、竞争激烈的企业间关系体系。此时，企业将在正式契约和竞争的背景下，实施商品/服务的公平交易活动，并根据市场所产生的价格信号做出反应，调整它们对商品/服务的供给和需求。

特别是，自由市场经济的各个子系统之间存在很强的互补性（见图 2-4）。例如，劳动力的自由流动显然有赖于教育和培训系统对通识能力而非专用技术能力的培训，这种宽松的劳动力市场体制将使得企业能够通过雇佣高技术员工来实现技术扩散，赋予企业更高的灵活性和战略调整能力。而这种企业能力又将与金融体系对企业当前盈利能力的重视相互强化。因此，在自由市场经济中，企业追求成功的方式是利用容易转移的资产进行生产并制定灵活应对的市场策略。反过来，这种企业策略又促进了自由市场经济的发展和维持。

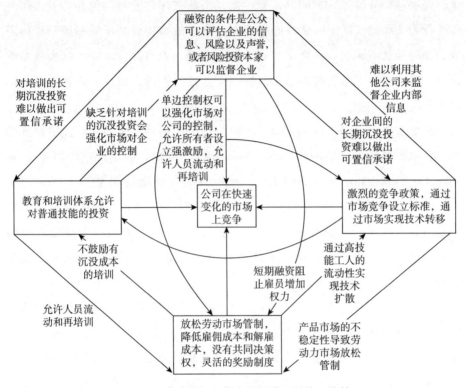

图 2-4 自由市场经济中子系统之间的互补性

资料来源：霍尔、索斯凯斯（2018）。

另一方面，在以德国、瑞典和奥地利为代表的协调市场经济（CMEs）中，企业则更多依赖非市场机制（如关系网络、行业协会、工会）来协调它们与其他参与者的行动，构建核心竞争力。这种协调市场经济的典型共享特征是：①长期导向的金融体系——基于网络声誉、允许长期投资的金融体系；②严格的劳动力市场管制——依赖行业协会谈判、低流动性的劳资关系体系；③专识教育——以专用技能为基础的教育和培训体系；④企业间的高度合作——依赖行业协会标准、强调技术合作的企业间关系体系。与市场协调不同，这种非市场化的协调方式需要更广泛的关系契约和不完全契约，需要网络内私人信息进行网络监控，同时也需要更多的合作关系而不是竞争关系。

同样，协调市场经济的各个子系统之间也存在很强的互补性（见图2-5）。例如，尽管教育和培训体系对专用技术能力的重视降低了劳动者在市场中进行自由流动的能力，但会强化企业与雇员之间的长期合作和承诺。这种承诺的形成显然又有赖于劳资协商机制、行业协会等劳动力市场制度的保障。同时，员工承诺和劳动力市场管制又降低了高技术员工被挖墙脚的可能性，这会反过来鼓励企业对产品的长期投资，以及行业内集体性标准的制定和企业间合作的形成。而这些做法行得通又有赖于公司治理体系中的网络监督机制，以及金融体系对企业进行长期沉没投资的许可。因此，在协调市场经济制度中，企业追求成功的方式是通过投资不可转让或特定的长期资产构建优势。反过来，这种企业策略又促进了协调市场经济的发展和维持。

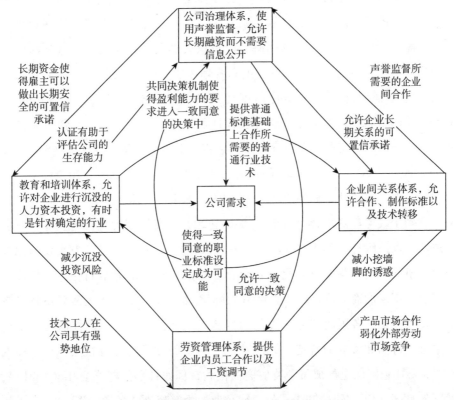

图2-5 协调市场经济中子系统之间的互补性

资料来源：霍尔、索斯凯斯（2018）。

简言之，霍尔和索斯凯斯（2018）的比较制度分析观点认为制度结构产生战略。不同的制度结构决定了企业采取不同行动的效率，会给企业带来特定的竞争优势，使它们生产某些产品、执行某些战略的效率要高于其他活动。同时，国家间的制度并非完全一致或随机产生的，如果一个国家在某个经济领域具有特定的协调机制，那么它应该会在其他领域采取互补性的制度措施进行强化。例如，在自由市场经济的制度框架中，较强的劳动力市场流动和资本流动，为需要进行重大生产调整和知识重组的突破式创新活动提供了更多的支持（以美国为代表）。而在协调市场经济的制度框架中，高度的雇员承诺和企业专用技能投资，以及紧密的企业间合作网络，为不断改进的渐进式创新提供了更多的支持（以德国为代表）。

毫无疑问，Hall 和 Soskice（2001）的观点极具洞察力。随着国际市场越来越开放、国际经济合作变得越来越密切，这一观点为我们理解地区竞争优势和国际分工提供了一种新颖的解释。更重要的是，它质疑了日益加深的国际经济一体化会导致不同国家的制度和管理体制趋于同一模式这一基本假设，挑战了传统制度理论对市场化制度建设的简单推崇。然而，尽管 Hall 和 Soskice（2001）的研究立足于制度多样性的讨论，但也因简单采用自由市场经济和协调市场经济的二分法而被批评忽视了制度的其他可能形态（Schneider and Paunescu，2012；Witt and Jackson，2016；Jackson and Deeg，2019）。

（2）作为合法性来源的制度：Whitely 的国家商业体制研究

有别于政治经济学者 Hall 和 Soskice（2001）将制度配置视为企业战略能力来源，以组织社会学者 Whitley（1992，1999，2002，2005）为代表的比较制度分析流派则将制度概念化为企业合法权威来源，认为不同的合法权威来源将引发不同的商业协调形式。在 Whitley 看来，第二次世界大战后市场经济的主要特征是在各国间建立了不同的经济组织体系。如法国、德国在经济活动中进行协调和管理的普遍方式与英国、美国的方式仍然有很大不同。而在东亚，不同地区间也形成了独特的商业模式，例如日本的株式会社（Kaisha）、韩国的财阀（Chaebol）和中国的家族企业。为解释这一现象，Whitley 提出了国家商业体制（National Business System）概念，认为以组织结构、所有权、关系网络、管理方式等为表征的商业体制差异是制度环境的产物，这些制度涉及技术和资本等重要资源的控制及其合法性。通过运用商业体制比较方法，Whitely试图找出不同商业体制的主要特征区别，并回答制度安排的差异如何导致不同商业体制的形成。

与Hall和Soskice（2001）类似，Whitley（1999）将商业体制定义为经济组织开展协调活动的不同模式，并首先从国家商业体制的关键特征着手，试图定义出一些统一而又各具特色的商业体制"理想化类型"。根据经济组织的控制权性质，以及组织整合的程度和方式，Whitley从八个重要方面对商业体制的关键特征进行识别。其中，有三个方面涉及所有权协调关系的组织差异，包括：①所有者控制的主要方式（直接控制、联合控制或市场模式）；②生产链中的纵向所有权整合程度；③跨产业部门间的横向所有权整合程度。三个方面涉及非所有权协调关系的组织差异，包括：④生产链中的纵向联合程度；⑤竞争者之间协作的程度；⑥跨产业部门间的横向协调程度。最后两个方面则概括出雇佣关系和工作管理的主要差异，包括：⑦雇主雇员间的相互依赖程度；⑧雇主对雇员的授权和信任程度。

以上八个方面使我们得以超越二分法的局限，并对不同类型、不同程度的协调机制进行更精细的区分。在此基础上，Whitley识别了六种[①]理想的商业体制类型（见表2-4）。这种商业体制类型是根据企业所有权、非所有权，以及雇员关系的协调程度高低进行划分的。例如，在块状分割的体制中，大型企业对生产链内部和跨部门间的活动进行整合的程度很高，但企业之间、雇主雇员之间的协调整合程度都很低，商业体制将表现为大型企业主导的高度竞争模式，这在以美国为代表的盎格鲁—撒克逊国家中较为常见。而在协调的体制中，产业部门内部的合作程度更高，但跨部门的协调整合程度则较低，同时雇主雇员间的信任和相互依赖关系也更为明显，商业体制将表现为特定行业中的大型企业联合控制模式，这在以德国为代表的欧洲大陆国家中较为常见。

---

① 由于不同的商业体制特征间存在着一定的相互依赖关系，如在实行纵向一体化和横向多元化的大型企业中，企业不太可能也不太需要在行业内外进行广泛、持续的协调合作。因此，在商业体制特征的组合中，长期稳定的商业体制类型是有限的。

表 2-4 商业体制的六种类型

商业体制特征	商业体制类型					
	零散的体制	协调的工业区体制	块状分割的体制	政府组织的体制	协调的体制	高度协调的体制
所有权协调						
所有者控制	直接模式	直接模式	市场模式	直接模式	联合模式	联合模式
生产链中的所有权整合	很低	很低	很高	很高	很高	有一些
部门间的所有权整合	很低	很低	很高	从有一些到很高	较有限	较有限
非所有权协调						
生产链中的联合协调	很低	较有限	很低	很低	较有限	很高
竞争者之间的协作	很低	有一些	很低	很低	很高	很高
部门间联合协调	很低	很低	很低	很低	很低	有一些
雇佣关系						
雇主和雇员间的相互依赖	很低	有一些	很低	很低	有一些	很高
对雇员的授权	很低	有一些	很低	很低	很高	相当高

资料来源：惠特利（2004）。

特别是，在任何一个市场经济中，占主导地位的经济组织模式都会反映出所有主流制度的影响。因此，对于各个商业体制之间差异的解释，以及对于商业体制特征变化的解释，显然有赖于对所有关键制度的分析，同时还需要分析这些制度是如何相互依赖、共同构建出经济组织的特定模式。Whitley认为，尽管有很多重要的制度会影响多样化组织协调方式和商业体制模式的产生，但只有那些对关键资源的获得进行管理的制度安排才是最关键的。这些制度特征可以从四个主要方面进行描述和比较（表 2-5），分别是：①政府，反映了政府主导经济及对企业进行监管和合作的程度；②金融体系，反映了企业获得资本支持的方式和过程差异；③技能发展和管理体系，反映了劳动力市场规范及企业通过劳动力市场发展能力和获取技能的差异；④与信任和权威关系相关的制度，反映了企业与商业合作伙伴及雇员间的交换关系差异。

表 2-5　构建商业体制的重要制度特征

政府
政府的主导地位以及政府是否愿意与私营所有者分担风险
政府对集体中间人的敌视程度
对市场进行正式监管的程序

金融体系
以资本市场为基础或以信贷市场为基础

技能发展和管理体系
公共培训制度的力量以及政府—雇主—工会协作的力量
独立工会的力量
以经过认证的专门技能为基础的劳动力组织的力量
劳资谈判的集中化

信任和权威关系
规范信用关系的正规制度的可靠性
家长制管理权关系占优势的程度
集体标准对于规范管理权关系的重要性

资料来源：惠特利（2004）。

这些制度特征界定了企业与其他不同经济参与者进行协调的合法性渠道。其中，前三个制度对企业性质和运行产生直接影响（与正式制度对应），而第四个制度则代表更广泛的社会特征，通过塑造更深层次的价值观念而对企业性质和运行产生间接影响（与非正式制度对应）。Whitley（1992，2002，2012）也将其分别划分为"邻近制度"（Proximate Institutions）和"背景制度"（Background Institutions）。同时，尽管不同类型的制度之间可能存在重叠，如政府对劳动力市场的监管不仅反映了政府在经济行为中扮演的角色，也将对企业从劳动力市场中获取专业技能产生影响，但这些制度共同概括了对经济行为产生重要影响的关键制度背景。

这些重要制度的差异将与特定的商业体制特征之间相互依赖，共同产生并再生出不同的经济组织模式（见表2-6）。例如，在以美国为代表的块状分割的体制中,劳动力市场和金融市场的规模都很大、流动性也很强,对企业进入和退出的监管制度较为宽松,同时鼓励企业间有效合作的制度较少,这些制度将共同促进企业实行相当灵活的经营方式,并允许企业进行更深层次的内部纵向、横向整合(这在硅谷企业中表现尤为明显)。而在以早期中国香港地区为代表的零散体制中,尽管其地方制度与美国情境高度相似,但由于经济组织对正规制度的信任程度较低,同时缺乏有效的风险分担和公共培训制度,往往会发育出以中小企业为主导的零散商业体制。简言之,Whitley的比较制度分析观点认为:制度安排共同影响着经济活动进行协调的程度和方式,决定了制度环境下主流企业的组织和管理方式以及他们所实施的战略类型,进而导致了各具特色的国家/地区商业体制的产生。

表 2-6 制度特征与商业体制类型之间的联系

制度特征	商业体制类型					
	零散的体制	协调的工业区体制	块状分割的体制	政府组织的体制	协调的体制	高度协调的体制
政府制度						
政府占主导地位并分担风险	很低	地方政府相当高	很低	很高	相当高	很高
对中间组织的敌视	很低	地方政府相当高	很低	很高	很高	很高
对市场进行正式监管	很低	地方政府相当高	很低	很高	很高	很高
金融支持制度						
以信贷/资本市场为基础	银行分担风险的程度很低	一些地方银行分担风险	资本市场	信贷	信贷	信贷
技能发展和管理制度						
强大的公共协作培训制度	很低	很高	很低	较有限	很高	较有限
强大的工会	很低	很高	从很低到有一些	很低	很高	有一些

（续表）

制度特征	商业体制类型					
	零散的体制	协调的工业区体制	块状分割的体制	政府组织的体制	协调的体制	高度协调的体制
强大的以技能为基础的团体	多种原则	技能/部门	技能	雇主	部门	雇主
部门劳资谈判的集中化	很低	很低	很低	很低	很高	很低
信用和管理权关系						
对正式制度的信任程度	很低	有一些	很高	较有限	很高	有一些
家长制管理权关系	有一些	可变的	很低	很高	很低	很高
集体主义管理权关系	很低	较有限	很低	很低	很高	有一些

资料来源：惠特利（2004）。

（3）作为共有信念的制度：青木昌彦的比较制度分析研究

有别于 Hall 和 Soskice 的政治经济学观点、Whitley 的组织社会学观点，以青木昌彦（Masahiko Aoki）为代表的比较制度分析观点则根植于新制度经济学之中。1990 年，在青木昌彦和阿夫纳·格雷夫（Avner Greif）教授的推动下，斯坦福大学开创性地设立了一门新的"比较制度分析"研究生专业课程，旨在关注 20 世纪末日本、苏联、东欧、中国等地区中出现的制度转型和制度多样性现象（钱颖一，2017）。通过邀请不同经济学家参与讨论，这一课程衍生了大量围绕国家经济体制比较所展开的思考（Aoki and Patrick, 1994; Aoki et al., 1997; Greif, 1998; Milgrom and Roberts, 1994），这些讨论共同促进了《比较制度分析》（*Towards a Comparative Institutional Analysis*）一书的出版，也明确了比较制度分析在新制度经济学中的独特地位。在这本书中，青木昌彦（2001）试图采用一个系统的博弈论框架对制度的基本类型、关联关系、演进机制，以及制度多样性产生的根源进行全面分析，并探索制度多样性对企业治理结构、融资方式、优劣地位等的影响。

尽管被视为新制度经济学的最新发展方向之一，青木昌彦的比较制度分析观点却首先从"制度"的基本定义上对以往研究提出挑战。与 North（1990）等将制度视为约束经济参与者的外生博弈规则不同，青木昌彦将制度定义为与经济参与者重复博弈相关的"共有信念的自我维系系统"（青木昌彦，2001）。在他看来，即使政府法规、成文法等外部规则得到明确制定，但如果人们不相信也不遵守，那么这些规则也无法构成制度的一部分。也正因此，大量新制度的引进或外部力量推动下的制度变革无法得到有效实施。而从均衡博弈论的观点出发，青木昌彦认为制度并非外生给定的，相反，制度代表了经济参与者关于博弈将如何进行的共享信念和概要表征（Summary Representation），是经济参与者重复互动过程的内在产物，并且是自我维系和自我实施的。在这一过程中（见图2-6），所有参与人将根据他们对别人行动预期的主观认知（信念）来选择自己行动的策略，这些行动的组合将共同构建经济特定域中均衡的产生；而均衡又将反过来强化它们的概要表征。此时，制度或许表现为隐性的文化价值观和社会规范，或许表现为显性的客观规则（正式制度）。但关键在于，一种具体表现形式只有参与者相信并遵守时才能成为制度。

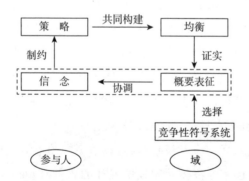

图2-6 作为共享信念和均衡概要表征的制度

资料来源：青木昌彦（2001）。

在此基础上，青木昌彦进一步采用均衡博弈观点对国家间的制度多样性现象进行深入讨论。一个基本结论是：多元制度间的互补性是制度多样性产生的根源。一方面，单一制度是特定经济域中的均衡产物，然而经济参与者通常能在不同域中协调其策略选择（如公司治理域、金融域、市场交易域），进而使得某些在单一域中不可能发生的策略组合成为可能。例如，如果一群渔民既是渔业社区的成员，同时也是集体社区中的一份子，那么他们获取收益最大化的均衡是建立社区分享的合作型捕鱼方式，尽管这一方式会减少高能力者的经济收益，但却有助于他们获取社会资本的补偿。另一方面，即使部分参与者因决策空间或认知限制而无法实现不同域中的协调，他们在单一域中的决策参数也不可避免地受其他域的决策规则影响。因此，不同域中的基础博弈将以某种方式联系在一起，并构成跨域之间的相互依存关系。而如果将多元制度视为参与者在不同域间混合策略博弈的产物，那么只有相互支持、相互强化的多元制度配置才是能自我维系和自我实施的——制度互补性（青木昌彦，2000）。

正是这种不同域间的制度互补性，导致即使面对同样的外生参数，博弈的多重均衡也可能产生——整体的制度配置也可能是多样的。制度间互补性的存在意味着整体制度是内在一致的，而这种跨域之间的均衡点一旦确立起来（制度化），那么其所运用策略将反过来成为约束博弈的外在规则，导致均衡的跳跃难以发生（青木昌彦，1997）。如何解释不同国家间为何会形成差异的制度配置？青木昌彦认为，一个明显的原因是"历史是重要的"（青木昌彦，2001）。由于历史制度遗留、社会规范、文化价值观等初始制度条件的不同，不同国家内的参与者即使在面临相似的市场和技术环境时也将选择不同的纳什均衡，并最终汇总导致国家间的制度逐步演化走向分叉。这也意味着，在某个特定的时间点上，一个国家内的整体制度安排可能不是经济最大化的帕累托最优，即使存在另一可能的更好均衡点，但现行制度下既得利益者的维护以及制度间相互强化的互补性关系也将导致整体制度呈现出路径依赖的长期稳定性。

当然，制度变迁的过程同样不可忽视。由于制度代表了所有参与者基于共享信念的博弈均衡，因此，制度变迁是从一种均衡跳跃到另一种均衡的转移过程，其本质上是参与者共享信念变化的结果。尽管这种共享信念的变化通常是较为缓慢的，但一旦外部环境出现剧烈变化导致原始均衡不再能产生预期成果时（如技术创新导致新的行动成为可能、国际化导致新的市场交易域开放、战争失败使人们意识到竞争差距），"信念危机"便会产生并促使参与人寻求修改或建立新的博弈规则。在这一制度转型的过程中，不同的信念系统将有可能逐渐演化出来，相互竞争。而最终哪一种信念系统占据主导进而成为一种新的制度，则取决于这种新的信念系统是否能在相关域间取得内在一致，是否能产生可预期的、令人满意的成果。

总的来说，青木昌彦基于均衡博弈分析的观点认为，世界范围内的整体制度安排并不会演化成为国际化交易和金融市场主导的一体化趋同形式，这是由于国家内不同域间的制度将相互补充并产生多重均衡结果。因此，即使全球化和技术创新会导致一定程度上的制度适应性变迁，这种变迁仍将是基于历史的路径依赖产物，并导致世界各国制度多样性的产生。这种制度多样性，将使得经济行为（参与人策略）在不同国家间存在着明显的差异。可以说，在以上三个比较制度分析流派中，青木昌彦的观点受到了较广泛的应用，其影响力也较大。然而，这些讨论仍大多集中在经济学领域，由于其较为晦涩的博弈论分析过程和经济学历史比较范式，这一观点在战略管理领域的引用较前两者而言相对较低。

2.2.2 比较制度分析理论观点总结

虽然比较制度分析的观点来源于不同学科领域的讨论，但它们共同强调，不同领域的社会制度，如法律制度、金融支持制度和文化价值观制度，通常是以相互依赖和相互强化的方式发展的。这些制度子系统间的互补性关系，塑造了国家间的整体制度配置多样性，并将决定不同国家商业模式的独特形态。具体而言，比较制度分析的核心观点可以归纳为以下几个方面（Redding, 2005; Jackson and Deeg, 2008; 2019; Morgan et al., 2012）：

第一，比较制度分析认为制度会影响经济参与者的身份认同和利益构建，进而塑造企业的资源和能力基础。在传统制度观点中，制度环境会影响特定行为的交易成本和风险，进而界定并限制经济参与者的战略选择空间。尽管受制度约束，但组织/个人仍基本是独立、理性、偏好稳定的决策者。与之不同，比较制度分析则强调特定社会背景下的行动者嵌入性，关注经济参与者的社会互动过程。组织/个人不再被视为追求利益最大化的单一行动者，而被视为内外部多元利益相关者互动的产物（如企业与内部雇员，外部政府、竞争者、客户间的协调关系）。此时，制度不仅界定了不同参与者的身份和利益,也界定了他们之间的互动方式。这种制度影响下的特定互动方式将可能塑造不同的能力和竞争优势,进而影响经济行动者追求不同战略的偏好选择。例如,强大的工会力量造就了高度嵌入的雇主—雇员关系,这种协调机制将阻碍企业的灵活性政策实施,但会鼓励企业对特定类型人力资本的长期投资。

第二,比较制度分析认为完整的制度环境是由许多不同制度共同构成的,多元制度以其内在的特定逻辑相互作用,而不存在"最优制度"。尽管战略管理领域对制度作用的强调源于"情境去概念化"的呼吁(Redding,2005),然而传统制度观点对制度的运用却仍高度概念化(Jackson and Deeg,2008;2019)。研究人员常用"制度真空"等单一基准概念对支持市场活动的制度缺失进行描述,并采用IEF、EFW等整体指标对地区制度发展水平进行广义概括性衡量。此时,"最优制度"的标准往往是以美国等主流发达国家的制度实践作为范本。相反,比较制度分析则认为,制度不是单一的整体概念,不同的具体制度领域与经济活动的不同方面相关,如金融支持制度界定了企业与外部资金支持者间的协调关系,交易契约制度界定了企业与供销商、客户间的协调关系等。因此,为深化对制度作用的理解,我们需要关注不同具体制度领域的特定内在逻辑。缺乏这种内在理解,不仅无法将具体制度与特定类型的经济活动联系起来,也将难以理解不同制度间的潜在冲突、互补和替代关系。特别是,比较制度分析认为不存在"最优制度",而传统基于单一标准的制度观点可能蕴含着非常严重的偏见。例如,Hall和Soskice(2001)描述了以严格劳动力市场监管、非市场协调机制主导的"协调市场经济"在促进长期投资、降低交易成本上的独特优势,但这些制度特征在以美国为基准的衡量标准下往往是制度缺失的表现。

第三,比较制度分析认为国家整体制度是由不同领域的互补制度共同构成的组合。如果一种制度的存在可以增加另一种制度的收益,则称这两种制度是互补的(Aoki,2001)。传统制度观点通常将制度视为多维变量的离散组合,即使关注不同领域制度的作用,也往往仅关注其简单累加效应,而忽视了制度间相互影响的可能性。比较制度分析则认为,不同领域的制度间存在相互依存的互补性关系,其作用和影响不能孤立地理解。一方面,经济参与者不仅受单一制度的影响,而且受多元领域制度的共同影响,他们必须同时向多个制度要求进行回应。另一方面，不同领域的制度通常以互补的形式存在——如果一个国家在经济的某个领域具有特定的制度协调类型，那么它应该会在其他领域制定具有互补性的制度措施。因此，国家整体制度将在不同领域内呈现互补性关系，并产生特定的、非随机的整体制度配置（如协调市场经济和自由市场经济类型）。例如，协调市场经济中企业对雇员关系的长期承诺显然有赖于长期金融体制、专业化技能培训体系和劳资保障制度的共同支持，而这些制度在自由市场经济中则有着截然不同的表现。

第四，比较制度分析将制度变迁视为路径依赖的过程，是国家利益集团长期协调的历史产物。受华盛顿共识等自由市场经济概念的影响，传统制度观点认为随着世界经济一体化和技术变革的深化，世界各国制度体系将趋同，并向"最优制度"靠拢。建立在制度互补性的基础上，比较制度分析则将制度变迁视为路径依赖的过程，认为由多领域互补制度构成的整体制度环境是由不同类型经济参与者之间长期的竞争、协调关系发展而来的，反映了社会中已经确立的经济组织模式和竞争模式。因此，基于文化、政治、资源、地理环境等历史根源，国家间往往会形成稳定的、多样的制度配置，而不会趋同。同时，由于特定领域的制度变迁可能会破坏已建立的整体制度系统稳定性，因此尽管全球化会加速世界各国的市场化经济制度建设，但这一影响"比一些全球化的鼓吹者所宣扬的要小得多"（惠特利，2004）。当然，比较制度分析也承认制度变迁的可能，认为制度会一直随着不同参与者之间的协调、冲突而不断更新，特别是当制度环境难以提供战略能力、无法适应变化环境下的竞争需求时，内部经济参与者将可能推动制度变迁的产生。

第五，比较制度分析认为，由互补制度构成的整体制度多样性将为国家参与不同类型的经济活动提供比较优势，即制度多样性是国家间比较优势的来源。传统制度观点认为，制度是外生约束，企业竞争优势通常来源于战略与制度间的匹配。如果企业具备更强的制度适应性，或具备弥补制度缺失的资源，那么企业将更可能成功。有别于此，比较制度分析认为制度不仅是制约因素，而且构建了企业与其他利益相关者间的协调方式，塑造了企业的战略能力基础。而多元制度间互补性的存在，以及制度变迁的路径依赖性，则决定了不同国家间将形成内在一致的、多样性的整体制度配置。因此，不同的整体制度配置将导致国家间企业在能力和策略选择上的系统性差异，塑造其在特定类型经济活动上的比较竞争优势，进而决定不同国家商业模式的独特形态。

2.2.3 比较制度分析与创业研究

如上所述，受国际合作日益密切和国家间制度多样性现象的驱动，比较制度分析的理论观点在 2000 年左右得到了多个学科领域的密集讨论，而 Jackson 和 Deeg（2008）一文则为将比较制度分析引入战略管理领域做出了突出贡献，这一文章后来被授予《国际商业研究杂志》杂志十年优秀论文奖（2018 JIBS Decade Award Article）。然而，当前比较制度分析在战略管理和创业研究中的应用却仍十分匮乏。正如 Jackson 和 Deeg（2019）所指出，即使经过了十几年的发展，现有大量战略管理研究对比较制度分析的引用仍局限于对制度重要的论证，其对制度的分析仍较为薄弱，倾向于采用去情景化、简化的形式研究制度，而忽视了比较制度分析对制度多元性、互补性和多样性的强调。这一点在创业研究中同样得到体现。例如，Bowen 和 De Clercq（2008）、Chowdhury 等（2019）均对 Whitley（1999）的国家商业体制观点进行引用，但却没有将这一观点应用于对多元制度间可能存在复杂共同作用的分析之上，而仅用于"识别国家制度环境的关键要素"（Bowen and De Clercq, 2008）。

因此，为响应 Jackson 和 Deeg（2019）对运用比较制度分析将制度研究从"薄弱"推向"厚实"的倡议，下面将结合制度影响创业选择的文献回顾，对创业选择中的制度效应研究进行总结（见表 2-7），并就如何运用比较制度分析以深化现有研究进行讨论。具体而言，将当前创业选择中的制度效应研究划分为以下几类：

第一，制度的单一观点。这类型文献的共同特征是关注单一或整体制度变量对创业选择的影响。研究人员常采用统一的标准（如世界经济自由度指数的得分高低）衡量地区整体制度发展水平差异对创业选择的影响，或表现出对单一特定制度的聚焦。尽管这些研究明确了创业选择中的制度影响力，但却缺乏对制度作用边界的讨论、忽视了制度体系的复杂性，因此仅在早期研究中较为常见。

表 2-7 创业选择的制度效应研究

		研究设计	理论概念示例	潜在贡献	代表性研究	
"薄弱"制度观点	制度性质及其影响					
	单一观点 直接效应	制度 A→创业选择	制度真空	探索制度直接效应	Sobel, 2008; Capelleras et al., 2008; Gohmann et al., 2008; Lee et al., 2011	⇐ 早期研究关注焦点较多
	加法观点 加法效应	制度 A+制度 B→创业选择	制度复杂性	比较不同制度效应差异	Sine et al., 2005; Bowen and De Clercq, 2008; Stenholm et al., 2013; Valdez et al., 2013; Mai and Turkina, 2014	⇐ 现有研究关注焦点较多
	权变观点 调节效应	制度 A * 个人/国家属性 X→创业选择	组织和管理理论,将制度视为资源	探索制度作用边际情境	Aidis et al., 2008; Estrin et al., 2013a; Eesley, 2016; Schmutzler et al., 2018; Boudreaux and Nikolaev, 2019; Chowdhury et al., 2019	
	交互观点 交互效应	制度 A * 制度 B→创业选择	制度逻辑	探索不同制度交互	Cullen et al., 2014; Webb et al., 2020; Damaraju et al., 2021; Fredstrom et al., 2021; Tang et al., 2021	
"厚实"制度观点	组态观点 均等性	制度 A1 * 制度 B1 * 制度 C1→创业选择 制度 A2 * 制度 B2 * 制度 C2→创业选择	制度互补性/冲突?制度多样性	探索整体制度"类型"差异	Dilli et al., 2018	⇐ 新兴研究关注焦点缺乏

注:作者借鉴 Jackson 和 Deeg(2019)修改而得。

第二，制度的加法观点。与单一观点不同，持加法观点的研究不再将制度视为单一维度，而承认整体制度是由多维子制度构成的，关注多个制度对创业选择的累加效应。例如McMullen等（2008）分别讨论了各维度经济自由度指标对创业选择的不同影响。然而，在这些研究中，不同制度间的影响仍是相互孤立的，多元制度效应通常被假定为不同制度直接效应的简单累加，而没有提出一个理解多元制度复杂交织效应的综合框架。

第三，制度的权变观点。与前两类研究相比，这类型研究脱离了前人对制度改善作用的简单强调，认为其作用是与不同层面（个人、行业、国家）因素结合的产物，即权变的。在研究设计上，这类型研究关注其他宏观变量或微观个人变量的调节对制度作用（强度或方向）的影响。由于这一做法有助于明确制度作用的边界条件和边际效应，因此在新近研究中非常常见。

正如上一节呈现的，制度的单一、加法和权变观点构成了当前研究的主体，但也造成了诸多研究争论的产生。下面将着重围绕制度的交互观点和组态观点进行讨论，对以下两个观点的应用将有助于我们运用比较制度分析对现有讨论进行理论深化，是制度分析从"薄弱"走向"厚实"的集中体现。

第四，制度的交互观点。与上述观点不同，制度的交互观点不再将制度视为简单的单一变量，不同制度在概念上也不再是彼此孤立的，而是将制度环境视为多元制度共同构成的组合，认为制度间的影响是相互依赖的。在创业研究中，制度的交互观点已得到部分学者的关注。例如，Levie和Autio（2011）基于信号理论、就业选择理论和战略进入理论讨论了商业管制和法制对战略性创业选择（即高成长型创业）的影响。他们发现尽管较低的创业进入管制、劳动力管制与较高的国家战略性创业率相关，但这一影响受国家法治水平的调节。只有在法治强大的情况下，管制才会对战略性创业产生显著影响。如果违反管制所带来的制裁成本较低，创业者将可以轻视管制并在决策中忽略它。而Damaraju等（2021）则关注国家文化变量与破产法这一正式制度变量间的相互作用。虽然严格的破产法会阻碍创业活动的产生，而集体主义、高不确定性规避、高权力导向等文化维度也与低创业水平密切相关，但现有研究并未考察这两方面制度相互作用对创业活动的影响。Damaraju等

(2021)认为，在某些文化背景下，更为严格的破产法反而会促进创业活动。由于严格的破产法会对创业失败进行惩罚，而这种惩罚越严格，将越可能抵消社会文化对创业失败的惩罚。因此在集体主义、男性文化、高不确定性规避、高权力导向的国家，严格的破产法反而将有助于国家创业活动水平的提高。类似地，Webb等（2020）在理论层面讨论了①支持性正式制度、支持性非正式制度；②支持性正式制度、支持性非正式制度缺失；③支持性正式制度缺失、支持性非正式制度；④支持性正式制度缺失、支持性非正式制度缺失等四种不同情况下，制度对不同创业类型选择（正规创业、非正规创业、犯罪型创业）和不同创业目标（生活目标、生存目标、成长目标）所可能产生的差异性复杂影响。这些研究启示，不同制度间的共同作用并非单一制度的简单累加，而可能存在潜在的互补、替代、冲突等多样关系，甚至会产生与单一制度分析截然相反的结果。

第五，制度的组态观点。与交互观点类似，制度的组态（Configurational）①观点同样强调多元制度间的相互依赖影响。然而，组态观点关注涉及三个或更多制度（而不仅仅是两个制度）共同组成的整体制度组态效应，并基于比较类型学对制度组态进行设置和讨论。例如，Judge等（2014）基于Whitley（1999）的商业体制框架，运用模糊集定性比较分析（fsQCA）研究了国家实现公平财富创造的多元制度背景（见表2-8）。他们发现，存在三种制度组态与相对较高的国家公平财富创造水平相关，而另外三种制度组态则与较低的国家公平财富创造水平相关。其中，较低的权力距离、更好的培训体系和较高的国家支出共同构成了国家高水平公平财富创造的核心前提条件。这一研究结论在Judge等（2020）的扩展性研究中得到了进一步验证。可以说，Judge等（2014，2020）从经验上直接验证了比较制度分析的整体观点，即多元制度将以一种相互依赖、相互补充的形式构建国家间的制度多样性，进而塑造经济社会的独特模式。

---

① Configurational常被翻译为组态或配置。在制度研究中，"制度配置"的提法较为常见。而在比较分析中，"制度组态"是共识性提法。在本书中，制度组态等同于制度配置，即指多元制度组合，不同提法取决于具体讨论情境。

表 2-8　制度多样性与公平财富创造的模糊集分析

制度特征	高公平财富创造			低公平财富创造		
	组态 1	组态 2	组态 3	组态 4	组态 5	组态 6
代表国家	芬兰	捷克	加拿大	墨西哥	中国	智利
政府角色						
国家支出	●	●	●	⊗	⊗	⊗
国家监管质量	●	●	▲	△	△	▲
金融制度						
资本市场	⊗	⊗	▲		▲	▲
信贷市场		△	▲	△		△
技能和控制系统						
技能发展	●	●	●	⊗	⊗	⊗
集体协商	▲	⊗	⊗		△	△
社会规范						
信任关系	▲	△	▲	△	△	▲
权威关系	⊗	⊗	⊗	●	●	●
覆盖度	0.31	0.11	0.18	0.40	0.28	0.12
唯一覆盖度	0.21	0.04	0.12	0.24	0.07	0.04
一致性	1.00	0.99	1.00	0.97	1.00	1.00
解的覆盖度	0.47			0.55		
解的一致性	0.99			0.98		

注：●表示核心条件存在；⊗表示核心条件缺失；▲表示边缘条件存在；△表示边缘条件缺失。

资料来源：Judge et al.（2014）。

在创业领域，制度的组态观点也正受到部分学者的关注。通过对 Hall 和 Soskice（2001）的二分观点进行扩展，Dilli 等（2018）试图将自由市场经济、协调市场经济、地中海市场经济（Mediterranean Market Economics，MMEs）和东欧市场经济（Eastern European Market Economics, EMEs）① 等四种不同的制度组态与国家创业形态联系起来，他们发现，不存在一个"完美"的制度配置，不同的制度配置可能表现出对不同类型创业活动的促进作用。例如，尽管自由市场经济中的创业者可能在创业机会感知上不如协调市场经济，但他们却更可能将识别到的机会转化为实际的创业实施行为，创建更多高科技和中低科技企业。而在所有类型中，东欧市场经济则在中低科技企业创建上表现出明显的优势。因此，政府必须事先明确制度改革的定位并根据旨在促进的创业类型进行制度取舍。同时，更多对组态观点的运用则来源于创业生态系统理论（Acs et al., 2014; Acs et al., 2017; 杜运周, 2019）。例如，Cervello-Royo 等（2020）探索了国家政治、经济环境、社会规范、教育、创新、基础设施等要素组合对不同类型创业动机所产生的复杂影响。而在国内，受定性比较分析（QCA）方法的推动，不少研究也采用创业生态系统理论分析多元外部环境组态对城市创业活跃度（谢智敏等，2020）、城市创业质量（杜运周等，2020）、女性创业活跃度（程建青等，2021）等的潜在影响。

在研究方法上，对多元制度组态效应的研究与定性比较分析方法的发展密切相关。通过比较表 2-6 与表 2-8，细心的读者可以发现，比较制度分析对多元互补制度影响的理论分析与定性比较分析的结果呈现高度一致。这种巧合是建立在理论内涵一致性之上的（Jackson and Ni, 2013）。定性比较分析方法是一种基于布尔代数的创新分析技术，允许对一组条件变量组合与相关结果之间的因果关系进行跨案例比较（拉金，2019；杜运周等，2021；杜运周、贾良定，2017）。这与比较制度分析对多元制度间相互依赖以构建整体制度配置的强调高度一致。同时，定性比较分析方法认为由于外部竞争、环境选择和战略协同，多元条件变量间构成的组态将是有限的，而不可能是五花八门（徐淑英，2016）。这与比较制度分析对多元制度间互补性、制度变迁路径依赖以及有限制度类型的观点高度一致。更为巧妙的是，定性比较分析方

---

① 地中海市场经济以法国、意大利、葡萄牙等为代表，其制度特征是金融和劳动力市场体系受到一定程度的限制、通识教育体系，以及缺乏有效的企业间合作支持体系；东欧市场经济以东欧国家为代表，其制度特征是严格的金融监管、相对良好的劳动力市场监管体制、通识教育体系，以及缺乏有效的企业间合作支持体系。

法强调前因条件变量的多样性,即"多重并发因果关系"——同样的结果可能由不同的前因组态产生;而比较制度分析则强调结果变量的多样性,即国家商业模式的多样性——强调整体制度配置将为国家提供比较竞争优势,使国家间在不同经济活动中可能具备更高的效率水平。因此,将定性比较分析方法与比较制度分析理论相结合,不仅是实证检验方法上的简单运用,更为推动制度的组态研究提供了坚实的基础(Ennen and Richter,2010;Jackson and Ni,2013)。

第 3 章
CHAPTER 3

基于多元制度视角的理论框架构建

上一章从研究领域和所应用理论两方面进行了文献回顾与评述，在此基础上，本章将围绕创业选择中的多元制度复杂效应这一核心话题，阐述运用比较制度分析以深化现有研究、解析多元制度复杂效应的理论框架。下面将从两部分展开，首先对本研究的整体理论模型进行介绍，然后重点阐明本书对多元制度复杂效应进行解析的递进逻辑，最后对三个子研究的设计思路和研究内容进行介绍，特别是凸显不同研究所应用技术手段与所回应理论问题间的契合。

3.1 理论推导与模型构建

创业活动的地区差异，特别是跨国分布差异现象的持续存在，对辨析创业背后的宏观影响因素提出了要求。由于观察到经济因素和民族文化特质在解释这一现象上的不足（Davidsson and Wiklund, 1997; Hayton et al., 2002），对广泛制度框架的关注应运而生（Busenitz et al., 2000）。过去二十年，通过围绕地区整体制度发展水平或特定单一制度展开分析（制度的单一视角），现有研究明确了制度在影响个人创业决策和地区创业活动上的关键作用（Su et al., 2017; Bruton et al., 2010）。在这些研究中，有助于促进创业的制度环境通常是以欧美发达国家为标准，假定国家/地区的制度发展水平越趋近于欧美发达国家、在相关制度评测指标中得分越高，便越可能产生更高的创业活跃度和创业质量。而如果创业者能针对制度约束进行调整适应，或开发有助于补充制度缺失的资源和能力，创业活动也将更可能产生（制度的权变观点）。然而，尽管这些研究促进了对制度影响力的理解，却也带来了诸多争论性结论以及理论与实践的脱节。一个明显的问题是，我们仍难以解释为何以欧美发达国家为标准的完善制度并未在所有地区表现出应有的效力水平，以及为何在仍处于制度转型阶段的国家，活跃的创业活动也有可能出现。

与已有大量研究对整体、单一制度的简单强调不同，本书的讨论立足于制度多元性这一事实之上，即"制度"并非高度概念化的简单整体（Jackson and Deeg, 2008），其本质上是一个由多种相互作用的要素构成的复杂结构（Williamson, 2000; Kasper et al., 2018）。对于潜在创业者而言，影响创业决策的制度环境既包括不同类型、不同层次、不同方面的多元制度，也包括多元制度间的潜在复杂交织关系（Urbano et al., 2019; Sun et al., 2020; 陆亚东, 2015）。更为关键的是，尽管单一制度可能会对创业活动产生直接影响，但多元制度的复杂交织效应"往往更复杂且更具影响力"（希特、徐凯, 2019），甚至会产生与单一制度截然相反的结果。因此，只考察整体制度发展水平、"只考察某一项制度，或者这些制度里的某一类"（希特、徐凯, 2019）显然并无助于解释制度影响创业活动的复杂作用机制、构建完整的制度研究视图。

实际上，对多元制度的关注在现有研究中也并不鲜见。有别于早期研究对正式—非正式制度、管制—规范—认知等制度维度的简单划分（Sine et al., 2005; Aidis et al., 2008; Manolova et al., 2008），后续研究则更多地尝试对多元具体制度的影响进行同时考察（Bowen and De Clercq, 2008; McMullen et al., 2008; Estrin et al., 2013a; Chowdhury et al., 2019）。然而，即使认识到制度环境是由不同的多元制度组成，这些研究在模型设定上也往往倾向于将不同制度的影响视为平行、相互割裂的，并假定多元制度效应的简单累加（制度的加法观点），而缺乏对不同制度间作用机制差异的深入解析以及对多元制度间潜在复杂交织效应的关注，其本质上仍未脱离单一、整体制度的简单思维（Jackson and Deeg, 2019）。此外，也有部分研究试图采用结构方程模型、贝叶斯模型平均方法等寻找多元制度变量中影响创业活动的关键指标（Valdez and Richardson, 2013; Stenholm et al., 2013; Mai and Turkina, 2014; Nikolaev et al., 2018），但这些研究所产生的不一致结论，却反而进一步加剧了争论的产生。

鉴于此，响应希特和徐凯（2019）、Jackson 和 Deeg（2008，2019）对推动制度研究从"薄弱"走向"厚实"的倡议，本书试图超越已有研究对单一、整体制度的简单关注，深入解析创业选择中的多元制度复杂交织效应。借鉴比较制度分析，本书认为：

第一，创业选择受多元制度的影响，这既体现为不同类型、不同方面的多元制度，也体现在不同具体制度的作用机制差异之上。一方面，创业活动本质上是由嵌入在广泛社会背景中的个人进行的（McMullen and Shepherd, 2006; Phan, 2004），而潜在创业者的创业决策不仅取决于个体的独立、理性思考，更是其与社会中多元利益相关者间长期协调互动的产物（Whitley, 1999; Hall and Soskice, 2001）。在这一过程中，不同类型的制度将通过决定潜在创业者与不同利益相关者间的互动机制影响其创业决策。如法律制度界定了与潜在交易伙伴间的关系、金融制度界定了与外部金融市场间的关系等。另一方面，多元制度间的作用差异不仅直接体现在法律制度、金融制度等不同类型的制度之间，也可能深深蕴藏在不同类型制度内的具体制度维度之中（Whitley, 1999）。事实上，在针对不同类型的制度建设中，政府通常需要出台多种具体政策进行支持强化。然而，即使在同一类型制度内，不同的具体制度也将会以其特定的内在逻辑对创业选择产生差异性影响（Jackson and Deeg, 2008; 2019）。例如，有些制度鼓励了冒险激进行为，有些制度则鼓励对现有技术的充分商业化利用（Young et al., 2018; 希特、徐凯, 2019）；有些制度鼓励创业者对广泛外部资源进行利用，有些制度则更鼓励创业者进行深入的内部资源整合（Autio et al., 2013; Block et al., 2013）。从这个意义上讲，为了全面理解制度影响力，简单地强调正式—非正式制度、管制—规范—认知制度的概念划分已远远不够，我们不仅需要对与不同关键创业资源获取相关、决定不同方面协调方式的多元制度类型进行精准识别，更需要落实到对不同具体制度作用机制的细度辨析之上（Whitley, 1999）。

第二，多元制度的作用并非局限于不同制度间效应的主次之别，更体现为不同制度间的复杂交织关系。尽管某一类制度可能在特定情境下发挥突出作用，如与社会知识溢出相关的制度是决定潜在创业者能否识别创新机会的关键（Acs et al., 2009），但创业决策并非仅受单一制度影响，更是多元制度共同作用的产物。在这一过程中，多元制度既塑造了创业者与不同利益相关者之间的协调方式、决定了他们对不同资源的获取，也要求创业者必须同时对不同的制度要求进行回应（Greenwood et al., 2011；Thornton et al., 2012）。特别是，多元制度间作用机制差异的存在，将使得制度间共同作用的复杂性要远高于单一制度效应的简单累加，而可能存在潜在的互补、替代，甚至冲突关系（Damaraju et al., 2021；Tang et al., 2021）。例如，Hall 和 Soskics（2001）便指出，在以通识技能为基础的教育体系中，自由的劳动力市场监管制度将有助于企业通过雇员流动获取技术知识。但这一做法在以专用技能为基础的教育体系中并不适用，对于后者，严格的劳动力市场监管制度将有助于鼓励企业通过长期沉没投资以获取技术知识。类似地，对于创业决策，即使知识溢出促进了创新机会的识别，但这些机会能否得到实施却仍取决于社会对新技术的接受程度，以及对新技术的利用是否能得到有效的群体和外部资源支持（Ghio et al., 2019；Kolokas et al., 2020）。因此，多元制度产生作用的关键在于不同领域的制度间是否能构建起相互协调、相互强化的互补性关系，进而形成多元制度间作用的合力。如果与交易伙伴、金融市场、劳动力市场、社群关系等相关的不同类型制度间能构建起有效的互补性关系，那么潜在创业者将更可能有效地获取不同方面的资源支持、协调不同利益相关者间的多元要求。而即使特定领域中具体制度的发展水平较为完善，与其他制度间互补性关系的缺乏也将使得制度的作用效力受到削弱，甚至产生与预期相反的结果。

第三，制度间的互补关系将导致不同国家、地区间衍生出不同的多元制度组合，进而塑造创业活动的分布差异。制度间互补性关系的存在，意味着一个有效制度环境的关键将取决于所有关键制度类型间是否能构建起相互强化的系统性协同关系，而不仅仅在特定的两种、三种制度之间。特别是，由于现行制度、社会规范、文化价值观等的不同，不同地区间将可能最终衍生出不同的多元制度组合（Aoki，2001）。而正如 Whitley（1999）、Hall 和 Soskice（2001）对不同多元制度组合将为国家进行不同经济活动提供比较优势、塑造不同国家独特商业模式的强调，对于创业活动，不同的多元制度组合也将决定潜在创业者在可用资源和协调方式上产生鲜明的地区性差异，并使得他们在创业进入及其类型选择上形成独特的偏好，进而汇总导致地区间形成不同的创业形态。同时，由于社会规范、文化价值观等不易变化制度的长期存在，在不同地区间，导致高创业活动度或高创业质量产生的多元制度组合可能也将有所不同。

综上，本书认为，对于个体创业选择和创业活动的地区分布差异，可能并不存在必要的特定单一制度或整体最优制度配置。相反，制度建设是否有效在很大程度上将取决于多元正式、非正式制度间是否能构建起相互协同、相互强化的互补性关系，进而共同促进创业活动的产生。建立在这一认识基础上，本书构建了多元制度影响创业选择的基础理论模型，如图 3-1 所示①。其中，图 3-1 左侧表明了本书关注的前因变量——多元制度，即由法律制度、金融支持制度、技能发展和管理制度、文化价值观等四类关键制度及其相互关系组成；图 3-1 右侧表明了本书关注的结果变量——创业选择，即从创业进入及创业类型两方面进行衡量。

图 3-1　本研究的理论模型

然而，尽管这一理论模型是清晰的，如何在研究设计中对这一多元制度复杂交织效应进行清晰解析却仍是一个极具挑战性的问题。在变量层面，多元制度由四类关键制度及其相互关系组成，而不同类型制度也包括不同的具

---

① 对"多元制度"与"创业选择"的概念界定详见本书"1.2 基础概念界定"部分。

体制度维度；同时，创业选择也涵盖创业进入和创业类型两个维度。如何统筹研究设计以明晰诸多变量间的复杂关系？

正如上一章所述，定性比较分析方法的出现为揭示一组前因变量组合与相关结果之间的因果关系提供了有效手段，将所有可能影响创业选择的关键制度变量纳入定性比较分析模型以探索其组合效应对创业选择的影响无疑是本研究的应有之义，也是检验比较制度分析理论的必然要求（Jackson and Deeg，2019）。但需要警惕的是，对定性比较分析方法的运用和结果分析必须建立在对前因变量间潜在关系的理解基础之上。即使定性比较分析方法的开创者里豪克斯和拉金（2017）也承认，虽然定性比较分析方法能揭示不同的前因变量组合与相关结果之间会呈现"什么"（What）关系，却无法描述这些前因变量"如何"（How）以及"为何"（Why）组合的过程。这意味着，即使我们运用定性比较分析方法揭示了不同多元制度组合（制度组态）与不同地区创业活跃度间的因果关系，我们也难以从理论层面清晰回答多元制度如何组合的潜在机制，以及为何不同的多元制度组合会产生特定的创业结果、塑造不同的国家创业形态。正因此，他们建议："为确定因果关系，研究者必须补充关于被分析现象的深层的知识。"（里豪克斯、拉金，2017）遗憾的是，当前学界对于多元制度间如何相互影响以产生共同作用的认识却仍较为模糊（Damaraju et al.，2021；Tang et al.，2021）。

因此，为对多元制度复杂效应的影响机制进行深入解析，本书将遵循来下逻辑来逐步解开创业选择中的多元制度"复杂作用迷雾"，进而在这一过程中逐步积累理论认识。

3.1.1 明晰不同制度影响创业选择的具体作用机制

对多元制度的关注要求我们必须以更全面的视角来审视制度环境，同时也必须更细致地挖掘不同制度的具体作用机制。基于比较制度分析理论，本书认为，不同制度界定了创业者与不同利益相关者间的协调互动关系，进而将从不同方面对创业活动产生影响。而对这些制度间作用机制差异的细度辨析，既构成了本书问题提出的立论基础，也是进行多元制度复杂效应分析的必然前提。一方面，如果不同制度对创业活动的影响高度相似，可从降低交易成本、风险和不确定性的角度简单概括，那么多元制度的共同作用将是单一制度效应的简单累加。此时，对多元制度复杂效应的强调也就不具备理论和现实意义。另一方面，我们也只有明晰不同制度的具体作用机制（Bjornskov and Foss，2016），才能更好地理解多元制度组合所产生的复杂影响，构建完整的多元制度分析框架（Taussig and Delios，2015；Urbano et al.，2019；杨俊、牛梦茜，2019）。更为重要的是，这种制度间的作用差异不仅直接体现在法律制度、金融支持制度等不同类型的制度之间，也将可能深深蕴藏在不同类型制度内的具体制度维度之中（Whitley，1999）。因此，在子研究一和子研究二中，本书将首先围绕不同法律制度、金融支持制度的作用机制进行深入讨论，并在子研究三中对其他制度作用效应进行补充分析。特别是，在子研究一中，本书将重点通过制度作用的微观、宏观情境，深入解析不同制度作用的机制差异及其所可能产生的影响。这种围绕具体制度所展开的细度分析将为明晰多元制度复杂效应奠定基础。

3.1.2　识别二元制度间共同作用的潜在机制

关注多元制度复杂效应的前提假定是，多元制度的复杂交织效应将比单一制度效应更具影响力且更复杂，甚至会产生与单一制度截然相反的结果。在这里，一个有待解决的关键问题是：不同制度间共同作用的潜在机制是什么？基于比较制度分析理论，本书认为制度作用的效力将取决于不同制度间是否能形成相互协同、相互强化的互补性关系。而如果旨在促进创业活动的制度建设无法与国家内既有制度？特别是长期存在的社会规范、文化价值观形成互补，那么这种努力可能是徒劳的。因此，建立在明晰制度作用机制的基础上，本书将进一步对不同制度间共同作用的潜在机制进行深入讨论，这主要体现在子研究二之中。通过聚焦于不同金融支持制度与不同文化价值观间的共同作用，对其进行深入的理论辨析和实证检验，不仅将使我们明晰特定两种类型制度间相互作用的潜在机制，也将为解析三种、四种制度，甚至更多制度间如何共同作用提供理论依据（Greenwood et al.，2011；Besharov and Smith，2014）。

3.1.3 识别多元制度复杂效应对创业选择的影响

建立在明晰不同制度作用机制差异以及制度间潜在共同作用机制的基础上，本书将对核心问题进行回应，即解析由多元制度及其相互关系组成的整体制度配置（多元制度组合）对创业选择的影响。比较制度分析认为，多元制度间的潜在互补性关系将长期存在并塑造国家间的整体制度配置多样性，进而影响个人创业决策、塑造创业活动在国家层面的系统性分布差异。因此，在子研究三中，本书将整体探索由法律制度、金融支持制度、技能发展和管理制度、文化价值观等四类关键制度及其相互关系组成的国家间不同整体制度配置，即制度多样性对不同国家创业形态的塑造作用。通过从国家创业数量和创业质量两方面对不同的国家创业形态进行衡量，本书将在与已有研究相互对话、相互验证的基础上，着重对多元制度间如何产生共同作用进行深入解析，并围绕不同的多元制度组合展开讨论，进而提炼本书的核心结论。

3.2 研究方法与子研究设计

理论的验证和发展有赖于严谨的研究设计，而研究设计又必须服务于所要回应的研究问题（Robson，2011）。在研究方法方面，本书将分别采用分层线性模型（HLM）和定性比较分析方法进行实证检验，这两种方法将为本书回应不同问题以推进多元制度复杂效应认识提供恰当的手段。参考张明和杜运周（2019）、杜运周和贾良定（2017）的研究，表3-1对传统定量研究方法与定性比较分析研究方法的着重点及差别进行了归纳。

表3-1 传统定量研究方法与定性比较分析方法之间的差别

类别	定量研究方法	定性比较分析研究方法
分析的主要方法	多元回归分析、分层线性模型	布尔代数与集合分析
理论目标	检验、细化理论	检验、细化和构建理论
研究问题	净效应问题	组态问题

（续表）

类别	定量研究方法	定性比较分析研究方法
因果实现路径	相关关系	集合关系
因果关系假定	因果单调性（恒定性、一致性、可加性和对称性）	因果复杂性（殊途同归、多重并发和非对称性）

一方面，作为该领域研究"现象—理论—检验"走向契合的体现，分层线性模型承认创业本质上是嵌入在宏观环境下的个人决策行为，能有效地考察国家和个人等不同层面因素对创业选择的共同影响，避免生态谬误和个人主义谬误的产生（Autio et al.，2013）。这将为我们明晰不同宏观制度影响个人创业选择的作用机制（"净效应"）提供严谨的技术手段。因此，在子研究一和子研究二中，本书将首先采用分层线性模型以明晰不同制度的具体作用机制及其差异，并探索二元制度间共同作用的潜在机制。另一方面，尽管分层线性模型为明晰制度作用提供了严谨手段，却难以对三种、四种制度甚至更多制度间如何产生共同作用进行有效分析。而基于布尔代数的分析技术，定性比较分析则允许我们对一组前因变量组合与相关结果之间的因果关系进行识别（拉金，2019；杜运周等，2021；杜运周、贾良定，2017）。因此，建立在制度机制辨析基础上，本书将进一步采用定性比较分析以识别多元制度复杂效应对创业选择的影响。本书认为，对以上两种研究方法的应用不仅将有助于我们逐步积累理论认识以解开多元制度的"复杂作用迷雾"，同时，不同研究方法及其所对应的不同分析层次也将为本研究提供相互验证的契机，助力严谨结论的提出。

研究数据方面，本书将采用国别数据进行实证检验，特别是采用全球创业观察（GEM）作为个人及国家层面的创业数据来源。对国家间进行比较分析既是运用比较制度分析的应有之义（Whitley，1999；Hall and Soskice，2001），也是当前制度影响创业选择研究的常见方式（Alvarez et al.，2014）。这不仅将为本书与已有文献对话提供基础，也将为我们分析创业活动及制度建设提供更多的差异性样本。此外，尽管创业活动及制度建设的差异也体现在国家内的地区层面，但数据可得性仍是限制我们细化分析层次的明显障碍。

而这种基于国家层面的分析,也将为理解地区层面的创业活动差异和制度作用提供共识性的认识基础。

具体而言,根据理论模型,本研究将围绕以下三个方面具体展开(见表 3-2):

表 3-2　子研究设计与研究目的、方法

	前因变量	结果变量	研究目的	研究方法
子研究一	法律制度	个人创业进入	识别关键制度作用机制,辨析制度作用机制差异	分层线性模型
子研究二	金融支持制度、文化价值观	个人创业类型	识别关键制度作用机制,辨析制度共同作用机制	分层线性模型
子研究三	法律制度、金融支持制度、技能发展与管理制度、文化价值观	国家创业形态:创业进入、创业类型	识别不同多元制度组合,辨析多元制度复杂效应	定性比较分析

子研究一首先聚焦于"法律制度"这一关键制度,旨在识别不同法律制度影响创业选择的作用机制,并着重辨析制度作用机制差异的潜在影响。鉴于法律制度是国家正式制度的关键组成部分,界定了政府对市场交易行为进行有效监管及干预市场活动的程度,可能是影响潜在创业者进入选择的最关键制度指标(Stenholm et al., 2013; Nikolaev et al., 2018)。因此,本书构建了一个法律制度影响个人创业选择的理论模型。具体而言,基于比较制度分析理论和经济学相关文献,子研究一将合约履行和产权保护制度视为组成国家法律制度的两个主要维度。本书认为,尽管两者间存在一定的相似性,然而,合约履行制度决定了创业企业在经营活动中所需支付的直接交易成本,主要与创业短期经营成本相关;产权保护制度则体现为对产权所有者利益的保障、防止行政机构对创业预期利益的盘剥,主要与创业长期收益保障相关。正是由于这种作用机制的差异,将导致不同法律制度在不同情境下表现出差异化的效力水平。基于分层线性模型的检验结果表明,与传统观点一致,合约履行和产权保护制度的改善均有助于促进个体的创业进入行为。然而,合约履行制度的改善在经济发展水平较低地区,对低人力资本个体产生更显著的促进作用。而产权保护制度则将在经济发展水平较高地区,对高人力资本

个体产生更显著的促进作用。进一步地，这种机制的差异也将导致合约履行和产权保护制度的共同作用产生一定程度的相互抵消。

子研究二将聚焦于"金融支持制度"这一关键制度，旨在识别不同金融支持制度影响创业选择的作用机制，并着重辨析二元制度间共同作用的潜在机制。由于金融支持制度是影响创业者获取外部资源支持以实现高质量发展的关键（Stenholm et al., 2013; Andrea et al., 2013; Haddad and Hornuf, 2019），因此，本书构建了一个金融支持制度影响个人创新型创业选择的理论模型。具体而言，基于比较制度分析和经济学相关理论观点，本书将国家金融支持制度划分为以资本市场为基础、以信贷市场为基础等两种主要类型，进而提出以下观点：由于不同金融支持制度具备其内在的独特逻辑和规范，因此将与不同文化价值观表现出互补关系进而促进个体的创新型创业行为。采用分层线性模型的检验结果表明：在整体效应上，发达的信贷市场与个体创新型创业正相关，而发达的资本市场则与个体创新型创业负相关。特别是，这一效应将取决于国家的文化价值观。通过将集体/个人主义视为地区间文化差异的"深层结构"，检验结果表明，在集体主义国家，信贷市场对创新型创业的促进作用更为明显，而资本市场则仅在个人主义国家会表现出促进作用。即信贷市场/资本市场将分别与集体主义/个人主义呈现出互补性关系进而共同促进创新型创业行为的产生。进一步地，这种制度间的互补性关系也将随着外部环境竞争的加剧而强化。随着国家国际化程度和研究发展水平的提高，资本市场与个人主义间的互补关系并未改变，而在集体主义国家，信贷市场对个人创新型创业选择的促进作用将加强。

建立在明晰关键制度具体作用机制以及不同类型制度间潜在共同作用机制的基础上，子研究三将在整体上解析由多元制度及其相互关系组成的整体制度配置对国家创业形态的塑造作用。基于比较制度分析，将法律制度、金融支持制度、技能发展和管理制度，以及文化价值观视为可能影响创业决策的四个关键制度维度。同时，从创业数量（国家创业活跃度）和创业质量（国家创新型创业）两个角度对国家创业形态进行考察。通过采用模糊集定性比较分析（fsQCA）方法对57个国家的案例比较分析结果表明，不存在产生国家高创业活跃度和高创新型创业的必要制度条件和整体制度"最优配置"。

而存在五种不同的制度组态可引发国家高创业活跃度的产生；存在三种不同的制度组态将引发国家高创新型创业的产生。其中，发达的资本市场、较高的创业教育水平是诱发个人主义国家高创新型创业的核心条件，体现在爱尔兰、美国等国家之中。发达的信贷市场、较高的研究发展水平是诱发集体主义国家高创新型创业的核心条件，中国是这一制度组态的代表国家。另外，制度缺失或多元制度间的不互补，都可能会抑制国家高创新型创业的产生。

第 4 章
CHAPTER4

制度机制差异解析：法律制度与个人创业进入*

> （整体的制度观点）将有损理论一致性和制度多样性的有效概念化……无法区分与经济活动不同方面相关的不同类型制度缺失。
>
> ——Jackson and Deeg（2019）

本章将首先聚焦于"法律制度"这一关键制度，旨在识别不同法律制度影响创业选择的具体作用机制，并着重辨析制度间作用机制差异的潜在影响。与传统制度观点对单一、整体制度作用的强调不同，比较制度分析认为制度环境是由许多具备不同内在逻辑的具体制度组合而成的。而不同制度间的作用差异将可能对创业行为产生差异性影响，并导致整体制度观点冲突性结论的产生。鉴于法律制度是国家正式制度的关键组成部分，界定了政府对市场交易行为进行有效监管及干预市场活动的程度，可能是影响潜在创业者进入选择的关键制度指标。因此，本章借鉴比较制度分析和经济学理论观点，构建了一个法律制度影响个人创业进入选择的理论模型。具体而言，将合约履行制度和产权保护制度视为组成国家法律制度的两个主要维度，并通过宏观

---

* 本章内容发表在《南方经济》：王博，朱沆. 创业选择中的正式制度作用差异解析——基于合约履行和产权保护的比较分析 [J]. 南方经济，2024，43（3）：19-37。

地区经济发展水平和微观个体人力资本的情境作用，试图对不同制度的作用机制差异及其影响进行深入辨析。图4-1呈现了子研究一的理论框架。

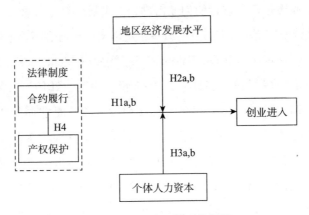

图4-1 子研究一的理论框架

下面将围绕以下几部分展开：第一部分为理论与假设，将对法律制度维度划分的理论基础进行阐述，并基于制度作用情境效应提出具体假设；第二部分为研究设计，对数据选择和设计的变量测量进行详细介绍；第三部分为实证检验，即运用分层线性模型检验假设，并对检验结果进行讨论；第四部分为本章小结，对本章研究结论和理论启示进行总结。

4.1 理论与假设

4.1.1 法律制度与创业进入选择

正如许多制度研究文献所强调的，一个完善的正式制度环境的关键在于能够促进私人契约的履行，同时避免政府和其他既得利益者对私人利益的掠夺（North，1990；Cuervo-Cazurra et al.，2019）。而以保障合约履行和私有产权为核心的法律制度既界定了政府在市场交易行为中所扮演的角色，又构成了其他正式制度有效运行的基础①（Whitley，1999；Troilo，2011）。毫无疑

---

① 例如，如果产权不明确或合同得不到有效的执行，新创企业将难以获得银行、天使投资等外部融资支持。

问，完善的正式制度是释放地区创业活力的重要驱动因素（Busenitz et al.，2000；Bruton et al.，2010；Valdez and Richardson，2013；Su et al.，2016）。无论是对于已有企业还是正在进行的创业活动，正式制度都尤为重要，因为完善的制度环境能够带来较低的交易成本，减少市场活动的风险和不确定性（McMullen et al.，2008；Aidis et al.，2012；Estrin et al.，2013a；Webb et al.，2020）。

然而，制度是多层次、多维度的（希特、徐凯，2019），即使在单一国家、经济体内部，不同正式制度间的发展程度也往往是非同步的，甚至可能存在着巨大的差异（Shi et al.，2019）。特别是，受有限资源限制，发展中国家政府往往只能选择在不同制度建设上有所倾斜。而由于不同制度将为创业者提供不同的激励（McMullen et al.，2008；Young et al.，2018），旨在促进创业的制度设计可能会以不同的方式产生影响。因此，即使逐步完善的正式制度均将提高市场效率视为目标，在特定的情境下，不同制度对潜在创业者的影响也会有所差异（Begley et al.，2005；Aidis et al.，2012），从而导致企业家对机会的识别和追求机会的过程产生不同结果（McMullen et al.，2008）。

尽管现有文献对创业选择中制度改善的积极作用已达成共识，但对不同制度的具体作用机制差异却仍缺乏足够的认识。一方面，部分研究将"正式制度"视为单一变量，探究整体制度变化对个体创业决策的影响。在实证检验上，采用"正式制度完善性""经济自由"等对一个国家或地区的正式制度环境进行整体评估的案例亦比比皆是（Fuentelsaz et al.，2018；Eesley et al.，2018；Boudreaux and Nikolaev，2018）。另一方面，已有文献仍习惯于将不同的正式制度视为同质、相互关联的（Aidis et al.，2012；Estrin et al.，2013a）。如 Aparicio 等（2016）、Tanas 和 Audretsch（2011）便指出更高的准入监管往往与更大的腐败、非民主政府紧密联系在一起。即使现有创业研究围绕进入管制、交易契约、产权保护、腐败控制等多种制度的影响展开分析（Djankov et al.，2002；Lu and Tao，2010；Aidis et al.，2012），但却并未就不同子制度间的作用差异进行充分的讨论。正是由于缺少这种区分，我们难以回答为何整体制度改善会在不同地区、对于不同个体会表现出如此显著的作用差异（Urbano et al.，2019）。

鉴于此，有别于以往研究对正式制度整体作用的强调，本章试图将对话深入到对不同制度作用差异的讨论之中,这就要求进行更为细度的制度解析（Zhai et al.，2019）。在这方面，Acemoglu 和 Johnson（2005）的制度解绑（Unbundling Institutions）观点为本章提供了较好的理论借鉴。与 North（1990）的观点一致，Acemoglu 和 Johnson（2005）将合约履行制度（Contracting Institutions）和产权保护制度（Property Rights Institutions）视为组成国家法律制度的两个主要维度。然而，他们认为，尽管合约履行制度和产权保护制度间存在很多重叠，但也存在着明显的不同。其中，合约履行制度界定了私人之间、企业与企业之间的横向关系，旨在确保私人合同的合法性和有效执行。与之不同，对私有产权的保护则强调国家与个体间的纵向关系，旨在约束权力所有者对企业的盘剥。更为重要的是，即使企业可以通过非正式渠道、签订替代性契约等方式来弥补合约履行制度的缺失，却难以构建替代性渠道以逃避产权保护缺失时监管机构和既得利益者对其收益的随意征用（Acemoglu and Johnson，2005）。

遵循上述逻辑，本章试图将制度解绑思维引入对创业活动的分析之中。围绕合约履行和产权保护这两大核心制度，本章认为，国家法律制度将主要通过两种方式影响个体创业进入决策：一是影响短期经营成本，体现为创业企业在经营活动中所需支付的直接交易成本主要与合约履行制度相关；二是影响长期经营收益，体现为对产权所有者利益的保障、防止行政机构对预期利益的盘剥主要与产权保护制度相关。虽然二者的完善都有助于促进创业进入，但其内在作用机制的不同却将导致其在不同情境下表现出作用差异。

4.1.2　制度解绑：合约履行与产权保护

（1）合约履行制度与创业进入选择

契约是市场交易行为的基石。在合约履行制度不完善的地区，由于签订和实施合同的高昂成本，欺诈和违约所带来的收益将大于合约行为的收益。而完善的合约履行制度则有助于减少市场行为中的交易成本，确保已签订契约的按时履行，避免产品和服务质量受到损害。由于大型公司往往有一个专门的内部法律部门来处理契约冲突，而对于小企业创办者而言，合同纠纷及低效司法效率所带来的成本可能要昂贵得多（Garcia-Posada and Mora-Sanguinetti, 2015)。因此, 合约履行制度决定了潜在创业者对创业意图能否得到有效实施及能否获取平等市场资源的判断。不少研究便发现确保合同实施的司法保障能够明显促进创业活动。例如, Desai 等 (2005) 发现繁杂的司法程序及其所带来的高额交易成本与更低的新企业进入率相关, 这种影响在新兴市场中尤为显著。Chemin (2009) 发现, 法官处置合同纠纷效率和公平性的提高, 提高了巴基斯坦近乎一半的新企业进入率, 尽管相关司法改革耗费了相当于该年度巴基斯坦 0.1% 的 GDP, 却带来了 0.5% 的 GDP 增幅收益。

然而, 对创业者而言, 不完善合约履行制度所造成的约束可能仅仅是短期的。大量研究表明, 在合约履行制度缺失的新兴国家和转型经济体, 建立在关系网络上的非正式契约往往可以起到替代作用 (Johnson et al., 1999; McMillan and Woodruff, 2002)。创业者将可能通过社会关系网络来满足融资需求, 借助私人信任以确保合同履行、解决合同纠纷, 并且在很大程度上可以依赖这一关系网络与供应商和分销商建立非正式关系以弥补正式制度的缺失 (Ge et al., 2019)。但与此同时, 这种非正式关系的建立也并非一蹴而就。作为市场新进入者, 创业者往往需要在前期消耗一定的时间和资源来建立与已有企业、潜在客户间的社会关系网络。正如 Peng (2003) 所指出的, 在制度不完善的地区, 新创企业需要将大量的前期成本用于非正式关系的构建之上, 而随着企业间交易规模的扩大和信任的确立, 签订非正式契约的成本将逐步下降。换言之, 即使不完善合约履行制度会带来短期的高额交易成本, 但随着私人信任和非正式契约的逐步确立, 其对创业者的长期约束将削弱。

(2) 产权保护制度与创业进入选择

产权是指关于如何使用资源以及从该资源产生收入的合法权利 (North, 1990)。经济学文献将产权保护视为经济制度的核心, 强调建立强有力的产权保护制度是国家经济增长的关键 (North, 1990; Williamson, 2000)。相似地, 创业文献认为, 产权保护可能是影响创业行为的首要制度指标 (Aidis et al., 2008)。薄弱的产权保护制度会增加企业家对创业预期收益被行政机构或大型企业剥夺的担忧, 降低他们将资源配置于生产性、再投资活动之中的可能性 (Johnson et al., 2002)。而关注创业认知的研究则认为, 完善的产权保护制度能在心理层面增强创业者对创业企业实施内部控制和个人能动性的感知, 从而提高其创业警觉（Harper，2003）。正如 Rodrik（2000）所指出的，"企业家没有财富积累和创新的动力，除非他/她对其创造的资产回报有足够的控制"。同时，产权保护的另一关键在于界定了所有者与其劳动产品是相互分离的，即产品产权是可转让的，这对参与市场创造、涉及知识产权的创业过程尤为重要（Harper，2003；Troilo，2011）。

与合约履行制度影响短期经营成本不同，产权保护制度对创业活动的影响则主要体现在长期收益保障之上。一方面，缺乏产权保护并不会直接增加短期交易成本，而是会带来严重的潜在被征收威胁。尽管部分文献认为私有产权也可通过非正式制度得到部分保护（Puffer et al.，2010），但这一渠道却难以完全消除创业收益被征收的风险。由于政府是私有产权的界定者和仲裁人，当产权制度无法约束行政机构及其代理人时，就不可能通过非正式制度和替代性合同来防止未知的征用及随之而来的各种问题（Acemoglu and Johnson，2005）。另一方面，对于谋求高成长的新创企业而言，由于其预期的长期收益更高，也更可能在成功后吸引征收者的注意，成为不完善产权制度的主要受害者（Desai and Acs，2007；Hunt and Laszlo，2012）。而由于大部分新创企业的初始价值有限，至少在短期内，"小企业和个体经营者基本可以在腐败官员的雷达屏幕下飞行"（Estrin et al.，2013a）。因此，不完善的产权保护制度将主要表现为对创业者长期收益保障的削弱，进而降低潜在创业者的创业进入意愿。

综上，本章提出以下假设：

假设 1a：合约履行制度的完善有助于促进个体创业进入。

假设 1b：产权保护制度的完善有助于促进个体创业进入。

4.1.3　机制差异分析：地区经济发展水平与个体人力资本的情境作用

本章认为，虽然两种法律制度都能促进创业活动，但其作用机制的差异却将导致不同制度在特定情境下表现出不同的作用程度，甚至方向差异。具体而言，将宏观层面的地区经济发展水平、微观层面的个体人力资本视为制度作用的关键情境，由于上述两者将决定潜在创业者的可用资源和应对不同类型制度缺失的能力（McMullen et al.，2008；Chowdhury et al.，2019），因此将导致不同地区、不同禀赋的个体在面临特定制度约束时表现出鲜明的差异。

而对这一情境作用的解析,也将有助于我们进一步直观考察制度间作用机制的潜在影响(贾良定等,2017)。逻辑具体展开如下。

(1) 法律制度、地区经济发展水平与创业进入选择

长期以来,围绕制度建设与经济发展间关系所展开的讨论一直是新制度经济学的核心议题。遵循 North (1990) 的理论观点,制度被视为经济发展的内在动因,强调制度与经济发展的同步性,即制度建设助力经济发展,同时也受后者的反馈促进(Przeworski,2004)。然而,尽管部分文献将经济发展水平与制度完善度等同起来(赵向阳等,2012),新近的研究则提醒我们忽视经济发展水平这一重要情境可能会削弱制度影响创业选择研究的理论解释力(Bruton et al.,2013; Langevang et al.,2012; Thai and Turkina,2014; Shantz et al.,2018)。

与制度建设相比,受国际贸易、短期需求等内外部环境的影响,国家经济发展水平的变化通常更为迅速(Chowdhury et al.,2019),而经济发展水平既决定了区域内可识别、利用的创业类型,也改变了不同类型资源的需求和供给,从而将对创业选择产生复杂影响。首先,经济发展往往伴随着工资水平的提高、社会福利保障体系的完善。合益集团(Hay Group)的一项全球薪资调查报告便显示,受益于长期稳定的经济快速增长,2008—2015 年间我国真实工资年均增长率高达 10.6%,位居全球首位[①]。实际工资的上涨将使得进入劳动力市场谋求职业岗位对劳动者而言更具吸引力,在增加个人储蓄的同时也增加了选择创业的机会成本(Amit et al.,1995)。其次,繁荣的经济也会带动更多新兴产业的发展。财富的增加会导致消费者需求日益多元化和差异化,不仅削弱了规模经济的重要性、降低了行业壁垒,也扩大了新创企业的灵活性和创新性优势。最后,由于劳动力成本、创业机会成本的上涨,以及对更高效率和差异化产品的需求,经济发展也使得缺乏竞争力的创业变得更加难以生存,催生更高的创业质量(Serviere,2010)。

因此本章认为,由于地区经济发展水平决定了区域内民众可利用潜在社

[①] 搜狐网. 中国近八年工资涨幅 10.6%,https://www.sohu.com/a/114604634441292,访问时间:2024-07-26。

会财务资本和需求的差异（Amoros et al., 2019; Chowdhury et al., 2019），不同类型的法律制度建设可能会在不同经济发展水平地区表现出显著的效力差异。一方面，在经济发展水平较低的地区，较低的劳动力市场回报率将使得具备企业家精神的个体更愿意选择实施创业行为，即使风险较高。正如Prahalad（2005）的经典论述，低收入地区对高性价比产品的需求为出售各种商品和服务提供了巨大的潜在市场机会，企业家将可以通过满足这一需求从中获利。然而，受社会财务资本约束，由于难以在职业生涯前期或私人关系网络中获取足够的创业储备基金，对这一类型地区内的创业者而言，受不完善合约履行制度所造成短期成本的阻碍将更为明显（Garcia-Posada and Mora-Sanguinetti, 2015; Darnihamedani, 2018）。另一方面，在经济发展水平较高的地区，由于较高的劳动力市场收入，潜在创业者通常具备较强的跨越短期成本障碍的能力。对于这类型地区内的创业者而言，可用的商业机会往往来源于日益多元化的消费者需求（Anokhin and Wincent, 2012）。此时，产权保护便显得尤为重要，其对长期收益的保障不仅能鼓励创业者投入较高的前期资本以克服创业进入障碍，也将是新创企业在与成熟企业竞争中实施差异化创新、抢占细分市场、避免受既得利益者盘剥的关键（Autio and Acs, 2010）。

综上，本章提出以下假设：

假设 2a：在经济发展水平较低的地区，合约履行制度对个体创业进入的促进作用更明显。

假设 2b：在经济发展水平较高的地区，产权保护制度对个体创业进入的促进作用更明显。

（2）法律制度、个体人力资本与创业进入选择

创业经济学认为创业决策是个人基于机会成本、收益和风险后的权衡选择（Lévesque et al., 2002; Buera, 2009）。当创业的预期收益超过个人留在劳动力市场的机会成本时，潜在创业行为就有可能发生（Parker, 2004; Gohmann, 2012）。然而，尽管在理论上机会成本的概念是明确定义的，在实践中却难以直接衡量。Amit 等（1995）建议，可用个人理想职业道路上的未来收入折现值对创业机会成本进行衡量。基于此，本章将人力资本（受教育水平）视为个人能力的显性体现，这既决定了潜在创业者进行创业决策时所需

面对的机会成本和风险收益曲线,也决定了创业者所拥有的创业知识、技能及其对新机会的警觉能力(Kirzner, 1979; Boudreaux et al., 2019)。

由于低人力资本个体不易在劳动力市场上获得高回报工作,因此与高人力资本个体相比,低人力资本个体对潜在创业目标规模的预期通常较低,一旦潜在创业机会的预期回报高于现有就业回报,其创业行为就可能发生。与之相反,对于高人力资本拥有者而言,创业进入决策往往伴随着较高的机会成本(Poschke, 2013; Eesley, 2016),对潜在创业机会长期稳定收入的预期是决定他们是否投入创业长期承诺的关键考量(Eberhart et al., 2017)。同时,由于人力资本所带来的资源优势难以克服产权保护缺失所带来的系统性风险和不确定性障碍,高人力资本拥有者也将更为关注制度对创业收益的长期保障。由此出发,本章认为,人力资本水平将导致个体的创业进入决策框架差异,并使得不同类型的法律制度可能会对不同人力资本个体表现出显著的效力差异。

一方面,合约履行制度的完善对于低人力资本个体的创业进入决策尤显重要。正如上文所述,由于低人力资本个体机会成本较低,且难以在职业生涯前期积累足够的储蓄,因此不完善合约履行制度所带来的短期高额交易成本是阻碍其创业进入的重要因素。遗憾的是,低人力资本个体往往难以建立克服这一制度缺失的有效网络关系。Aidis 等(2008)便发现,在法治不完善的俄罗斯经济体制转型初期,人力资本较高的个体更可能克服薄弱的法治环境进行创业。由于高等教育本身便是网络效应的一种代表,受教育程度较高的人更有可能与当地商业环境中的其他关键角色建立更好的联系。同时,随着受教育年份的增加,高人力资本个体将可能拥有更多更高质量的同学、同事和朋友关系,其社会网络的支持作用将得以增强(张云武,2009)。正如 Fogel 等(2006)所指出的,建立在社会网络基础上的长期信任对已建立的人来说是一种优势,但对新贵来说却是一种障碍。缺乏确保合同执行的法律制度,新兴企业家将"只能从特权阶层和老牌阶层中突围"(Fogel et al., 2006)。

另一方面,高人力资本个体则更为关注强有力产权保护制度对其长期预期收益的保障。首先,相对于低人力资本个体,由于机会成本较高,高人力资本个体往往仅在优质创业机会存在且具备较高增长潜力时才选择进入创业。这通常伴随着更大的资金投入、更复杂的交易活动、更高的风险承担以及更多依赖于超越现有关系网络的社会交往（Fogel et al., 2006；Estrin et al., 2009）。其次，与低人力资本拥有者的创业更可能涉及物质资本不同，高人力资本拥有者的创业则更可能涉及不易保护的知识产权。对于这类创业者而言，缺乏明确的产权保护意味着创业活动的收益更易受到他方的盘剥，导致创业活动的预期回报存在较大的不确定性（Estrin et al., 2009；2013a）。最后，尽管薄弱的产权保护会为企业带来更高的风险，但与新创企业相比，已有老牌企业在利用制度缺失时更具优势和经验，反而可能通过制度漏洞谋取更大利润，并阻碍新企业的进入（Johnson et al., 2002）。此时，对潜在的高人力资本创业者而言，与冒险进入市场成为弱势新兴创业者相比，利用既有资源服务于现有市场占据者无疑是更具吸引力的选择。

综上，本章提出以下假设：

假设 3a：对于低人力资本个体，合约履行制度对个体创业进入的促进作用更明显。

假设 3b：对于高人力资本个体，产权保护制度对个体创业进入的促进作用更明显。

4.1.4 制度共同作用：替代、叠加还是抵消？

以往持整体制度观点的研究认为，整体制度的改善将表现出对创业选择的明显促进作用。即使认识到整体制度是由多元子制度构成的，也倾向于将不同子制度视为同质、相互关联的（Aidis et al., 2012；Estrin et al., 2013a）。这些观点暗示，不同制度之间可能存在潜在的替代或叠加关系，即一种制度的缺失可能通过另一种制度进行替代，而多元制度间的直接累加效应将共同构建制度的整体效应（McMullen et al., 2008；Amoros et al., 2019）。然而，本章认为，由于制度作用机制的差异，对于创业行为，合约履行和产权保护制度可能存在潜在的相互抵消关系。这将体现在两种可能的机制之上。

一方面，合约履行制度对创业进入的促进作用主要表现为对短期经营成本的影响，有助于降低创业进入门槛，促进禀赋资源不足个体的进入行为。对于这类型创业者，其创业机会往往来源于现有企业忽视的缝隙市场或对现有产品的简单模仿（Alvarez and Barney, 2014），此时，过度强调产权保护将可能导致潜在创业机会的丧失，削弱合约履行制度的作用。另一方面，产权保护制度对创业进入的促进作用则主要表现为对长期经营收益的影响，有助于保障创业预期收益，促进禀赋资源较高个体的进入行为。对于这类型创业者，其创业决策往往表现为对高质量机会的追求。此时，完善的合约履行制度将可能引发更多禀赋资源不足个体的创业进入，导致创业拥挤并挤压新创企业所能获得的资源支持和市场空间（Van Stel and Storey，2004），削弱潜在创业者利用机会的意愿。

综上，本章提出以下假设：

假设4：随着合约履行制度的完善，产权保护制度对个体创业进入的促进作用削弱，反之亦然。

4.2 研究设计

4.2.1 样本选择与数据来源

为丰富样本内部差异，本章以国别数据进行分析。选取2010—2015年全球创业观察（Global Entrepreneurship Monitor，GEM）数据作为个体样本数据来源[①]。通过对全球不同国家的创业活动进行长期调查，GEM是当前创业领域认可度最高的综合性数据库之一。同时，本章采用世界银行营商建立的环境指数（Ease of Doing Business Index，EDBI）、经济自由度指数（IEF）对制度环境进行衡量，采用世界银行建立的世界发展指数（World Development Indicators，WDI）、世界经济论坛发布的全球竞争力报告（Global Competitiveness Report，GCR）以及GEM国别创业环境指数对其他宏观影响因素进行控制。以上数据库[②]均受到战略管理和创业领域学者的广泛应用（Stenholm et al.，2013；Chowdhury et al.，2019）。

特别是，本章仅选取发展中国家作为研究对象。一方面，与发展中国家

---

① 由于世界银行建立的营商环境指数（EDBI）在2016年更换了"Enforcing Contract"指标的衡量方式，为确保数据的可比性，同时规避金融危机的潜在影响，本章选取2010—2015年为样本年限。

② 本书研究所采用的数据均不包含港澳台地区。

相比，发达国家各方面制度的发展均较为完善，其组内差异较小，将发达国家纳入研究样本可能会弱化本章实证检验结果中不同制度的影响差异。另一方面，尽管当前大部分创业研究仍立足于发达国家情境（Bruton et al., 2008），但现有研究显示，有别于发达国家个体创业决策更多受个人因素驱动，发展中国家个体创业选择受制度的影响将更为明显（Lu and Tao, 2010；Chowdhury et al., 2019）。因此，为避免共线性问题并确保数据与理论逻辑的一致性，本章仅选取发展中国家作为研究样本，即根据国际货币基金组织的国别分类，将发达国家样本剔除。

以上，本章对数据进行匹配整合，并从几个方面对数据进行清理：①剔除因数据匹配缺失或变量测量缺失的样本；②剔除受访者工作状态为学生或已退休的样本；③将样本年龄限定为 18—64 岁。最终样本包含 2010—2015 年、54 个国家、355 769 个受访个体。

4.2.2 变量界定

（1）因变量：个人创业选择

基于全球创业观察（GEM）数据库，本章对受访者是否正在进行早期创业活动进行识别。特别是，GEM 不仅对个体创业行为进行衡量，也进一步区分这种创业行为是生存驱动的生存型创业、还是机会驱动的机会型创业。制度通过决定不同决策的相对收益进而影响个体创业进入选择（Baumol, 1990），而生存型创业是个体缺乏替代性选择情况下的被动决策，机会型创业是个体在识别到创业机会时基于个人风险收益效用所做出的理性决策，是制度作用的直接体现（Fuentelsaz et al., 2015；Cullen et al., 2014）。因此，本章聚焦于机会型创业进行分析（Boudreaux and Nikolaev, 2019），即若个体正在从事由机会识别所导致的早期创业活动，则赋值为 1；若个体并未从事创业行为，或创业行为仅是受迫的生存型创业，则赋值为 0。此外，本章也采用同时考虑机会型、生存型创业的方式进行稳健性检验，即若个体正在进行早期创业行为，则赋值为 1，若个体并未进行早期创业行为，则赋值为 0。

（2）自变量：法律制度

① 合约履行制度：理想的合约履行制度测量是衡量签订和执行契约所需

的直接成本。学界常用世界银行营商环境指数 EDBI 中的"合约履行"（Enforcing Contract）指标进行替代性衡量，该指标根据确保合同执行所需法律程序的时间（天数）、金额（占索赔金额的比例）和程序（数量）综合衡量计算而得，能够有效地体现解决契约争端所需的成本，并与执行合同所需的直接成本相对应（Acemoglu and Johnson，2005；Stenholm et al.，2013）。

② 产权保护制度：借鉴现有研究（Estrin et al.，2009；Stenholm et al.，2013），本章采用经济自由度指数（IEF）中的产权保护（Property Rights）指标进行衡量。该指标旨在衡量国家法律保护私有产权的程度以及国家法律框架允许个人获得、持有和利用私人财产的程度。通过以下五个子因素的平均得分计算而得：实物产权、知识产权、投资者保护力度、征地风险和土地管理质量。

（3）调节变量

① 地区经济发展水平：以受访者所在国该年度人均 GDP 取对数进行衡量。数据来源为 WDI。

② 个体人力资本：通过受访者受教育水平进行衡量（Boudreaux et al.，2019），即根据受访者受教育水平从低到高进行赋值，分值 1—5 分别对应：无受教育经历、中等教育经历以下、中等教育经历、高等教育经历、高等教育经历以上。数据来源为 GEM。

（4）控制变量

借鉴已有研究（Boudreaux et al.，2019；Boudreaux and Nikolaev，2019；郑馨等，2019；王博、朱沆，2020），本章对可能影响个体创业选择的诸多变量进行控制。

首先，基于 GEM 的数据，对两个人口统计学因素进行了控制：①性别，与男性不同，女性可能更关注与家庭—工作冲突相关的制度因素（Thébaud，2015），本章将女性赋值为 0，男性赋值为 1；②年龄及年龄的平方。

其次，本章也对可能影响创业决策的个体禀赋因素进行控制，包含①社会资本；②自我效能；③失败恐惧等三个具体变量（Boudreaux et al.，2019；Boudreaux and Nikolaev，2019）。

再次，对可能影响创业的国家层面诸多因素进行控制，包括 GDP 增长率、失业率、国家类型、创业文化等。其中，国家类型数据来源为全球竞争力报告（GCR），即将国家分为要素驱动、由要素驱动向效率驱动转型、效率驱动、由效率驱动向创新驱动转型、创新驱动等五类（Anokhin and Wincent, 2012），进行虚拟变量控制。创业文化旨在衡量创业者所在国社会和文化规范对创业行为的认可和鼓励程度，采用 GEM 国别创业环境指数中的文化和社会规范（Cultural and Social Norms）指标进行衡量。

最后，本章也对时间固定效应进行了控制，以避免跨年份未观察特征的影响（Wooldridge, 2002）。表 4-1 对本章变量的定义与测量进行了总结呈现。

表 4-1 子研究一的变量定义与测量

变量类型	变量名称	变量符号	变量测量
因变量	创业选择	Entrepreneurship	根据受访者是否正进行初期机会型创业活动进行 0—1 赋值
自变量	合约履行	Contracts	世界银行营商环境指数中的合约履行指标
	产权保护	Property Rights	经济自由度指数中的产权保护指标
调节变量	经济发展水平	GDP-per	受访者所在国人均 GDP 取对数
	人力资本	Human Capital	受访者受教育水平，从低到高进行 1—5 赋值
控制变量	性别	Gender	根据性别进行 0—1 赋值
	年龄	Age	受访者年龄及其平方
	社会资本	Social Capital	根据"你认识过去两年创业的人吗"赋值
	自我效能	Self-efficacy	根据"你是否具备创业所需的知识、技能和经验"赋值
	失败恐惧	Fear of Failure	根据"害怕失败会阻止你创业吗"赋值
	GDP 增长率	GDP-growth	所在国人均 GDP 增长率（%）
	失业率	Unemployment Rate	所在国失业人数占比（%）
	创业文化	Cultural	所在国社会和文化规范鼓励创业的程度

(续表)

变量类型	变量名称	变量符号	变量测量
	国家类型	Cat-GCR	所在国经济发展驱动类型分类，虚拟变量控制
	年份	Year	根据调查年份进行虚拟变量控制

4.2.3 描述性统计

图 4-2 呈现了样本国家合约履行和产权保护制度的发展情况，表 4-2 呈现了样本变量的描述性统计和相关系数分析。为了便于分析和比对，本章对合约履行和产权保护制度进行了 0—1 离差标准化处理，0 表示制度环境最差，1 表示制度环境最优。个体层面上，13.9%的受访者正在进行创业行为，平均年龄为 37.5 岁，其中男性占比为 50.1%。而在相关性方面，合约履行、产权保护均与个体创业选择呈负相关关系，这为后续实证检验提出了一定的挑战。此外，尽管作为构成国家法律制度的两个主要维度（North，1990；Acemoglu and Johnson，2005），但合约履行和产权保护制度的相关系数仅为 0.16，这也凸显了本章对法律制度进行解绑分析的必要性。

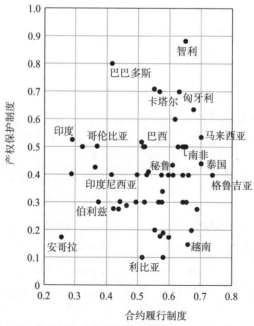

图 4-2　样本国家合约履行和产权保护制度的发展情况

表 4-2 子研究一的变量描述性统计和相关系数

变量	均值	标准差	1	2	3	4	5	6	7	8	9	10	11	12	13
1. Entrepreneurship	0.139	0.345	1												
2. Contracts	0.551	0.119	-0.04***	1											
3. Property Rights	0.452	0.193	-0.00*	0.16***	1										
4. GDP-per	8.740	0.905	-0.06***	0.23***	0.53***	1									
5. Human Capital	2.768	1.120	0.05***	0.07***	0.14***	0.30***	1								
6. Gender	0.501	0.500	-0.07***	-0.02***	-0.01***	-0.03***	-0.06***	1							
7. Age	37.485	11.922	-0.06***	0.06***	0.06***	0.10***	-0.12***	0.02***	1						
8. Social Capital	0.445	0.497	0.18***	-0.03***	-0.08***	-0.15***	0.070***	-0.099***	-0.07***	1					
9. Self-efficacy	0.625	0.484	0.20***	-0.09***	-0.03***	-0.11***	0.06***	-0.11***	-0.02***	0.24***	1				
10. Fear of Failure	0.347	0.476	-0.09***	0.06***	-0.03***	0.05***	0.01***	0.07***	0.04***	-0.05***	-0.17***	1			
11. GDP-growth	2.825	2.872	-0.01***	0.11***	0.07***	-0.08***	0.02***	-0.02***	0.01***	-0.00***	-0.04***	-0.01***	1		
12. Unemployment Rate	7.934	5.696	-0.06***	0.05***	0.08***	0.14***	0.08***	0.01***	0.03***	-0.07***	-0.02***	-0.01***	-0.20***	1	
13. Cultural	0.139	0.345	0.04***	-0.08***	-0.07***	-0.14***	0.00***	-0.03***	-0.03***	0.07***	0.03***	-0.02***	0.15***	-0.40***	1

注：$N = 355\,769$；***、**、* 分别表示 1%、5%、10% 的显著性水平。

4.3 实证检验

4.3.1 假设检验

由于本章旨在探索宏观制度环境对微观个体创业行为的影响，因此采用分层二值选择 logistic 模型（即 STATA 中的 melogit 命令）进行计量分析（Autio et al., 2013）。实证检验中各模型的对数似然比检验（LR Test vs Logistic Model）结果表明，采用分层 logistic 回归显著提高了模型的解释力度。同时，为避免多重共线性问题，本章对交互项检验进行了对中处理。各个模型的 VIF 检验结果显示，模型的 VIF 值最大为 2.43，属于可接受区间，表明模型不存在明显共线性问题。

如表 4-3 中的模型 1-0 所示，对控制变量的分析表明，个人层面的人力资本、社会资本和自我效能感知均会对其创业进入决策产生积极影响。而与男性相比，女性选择进行创业的可能性较低。随着年龄的增长，个体选择进入创业的可能性呈先升后降的倒 U 形关系。以上结果均与前人研究结论一致（Verheul et al., 2002; Simoes et al., 2015）。在国家层面，区域创业文化有助于提高个体创业可能性，经济发展水平与 GDP 增长率则均与创业选择呈显著的负相关关系，这可能是因为国家经济发展为劳动者提供了更具竞争力的就业岗位，从而降低了其选择创业的可能性。

表 4-3 中的模型 1-1 和 1-2 为纳入制度变量的主效应检验结果，与预期一致，合约履行制度与产权保护制度的改善均将有助于提高区域内个体实施创业行为的可能性（Beta = 1.244，$p<0.01$；Beta = 0.736，$p<0.01$）。这一结果在后续模型中保持稳健，支持了本章的假设 1a 和假设 1b。

表 4-3 合约履行、产权保护与创业选择：直接效应

变量	Entrepreneurship			
	1-0	1-1	1-2	1-3
Individual Level				
Gender	-0.249***	-0.249***	-0.249***	-0.249***

(续表)

变量	Entrepreneurship			
	1-0	1-1	1-2	1-3
Age	0.043***	0.043***	0.043***	0.043***
Age^2	-0.001***	-0.001***	-0.001***	-0.001***
Social Capital	0.752***	0.752***	0.752***	0.752***
Self-efficacy	1.219***	1.218***	1.219***	1.219***
Fear of Failure	-0.366***	-0.366***	-0.365***	-0.366***
Human Capital（HC）	0.164***	0.164***	0.164***	0.165***
Country Level				
GDP-per	-0.288**	-0.324***	-0.343***	-0.366***
GDP-growth	-0.013***	-0.015***	-0.013***	-0.014***
Unemployment Rate	-0.043***	-0.040***	-0.042***	-0.040***
Cultural	0.052	0.052	0.045	0.046
Cat-GCR	Control	Control	Control	Control
Year	Control	Control	Control	Control
（H1a）Contracts		1.244***		1.123***
（H1b）Property Rights			0.736***	0.640**
Intercept	-1.009	-0.620	-0.514	-0.250
Variance of Random Intercept	0.292***	0.311***	0.293***	0.306***
Model Fit Statistics				
Log Likelihood	-125 626	-125 621	-125 622	-125 617
Wald chi2	19 377.1***	19 384.7***	19 383.1***	19 389.7***
AIC	251 296.9	251 287.1	251 290.3	251 282.8
LR Test vs Logistic Model	6 398.0***	6 374.4***	5 890.2***	5 863.2***
LR Test vs Model 1-0	—	11.77***	8.62***	18.12***

注：$N=355\,769$；***、**、* 分别表示 1%、5%、10% 的显著性水平；模型随机效应部分含国别数量 54、国别个体观测值最小值为 959、均值为 6 725、最大值为 34 389；AIC（赤池信息准则）$=-2\ln L+2k$，其中 $\ln L$ 为模型最大对数似然值，k 为参数估计量，较小的 AIC 值对应较强的模型；无特殊说明下同。

表 4-4 中的模型 2-1 和 2-2 分别对合约履行、产权保护制度与地区经济发展水平的调节效应进行检验。可以发现，尽管合约履行制度和经济发展水平的交互项呈显著的负相关关系（Beta = -2.677，$p<0.01$），而产权保护制度和经济发展水平的交互项则呈显著的正相关关系（Beta = 0.552，$p<0.05$）。以上结果均在后续整体模型 2-5 中得到了进一步的验证。关于模型解释力度的赤池信息准则检验（AIC）也表明，加入制度因素及其与经济发展水平的交互项有效地提高了模型对个体创业选择的解释力度。

表 4-4　合约履行、产权保护与创业选择：机制分析

变量	Entrepreneurship				
	2-1	2-2	2-3	2-4	2-5
Individual Level					
Gender	-0.249***	-0.249***	-0.249***	-0.249***	-0.249***
Age	0.043***	0.043***	0.043***	0.043***	0.043***
Age^2	-0.001***	-0.001***	-0.001***	-0.001***	-0.001***
Social Capital	0.753***	0.752***	0.752***	0.751***	0.752***
Self-efficacy	1.219***	1.219***	1.219***	1.219***	1.219***
Fear of Failure	-0.366***	-0.365***	-0.366***	-0.366***	-0.366***
Human Capital（HC）	0.165***	0.164***	0.163***	0.166***	0.165***
Country Level					
GDP-per	-0.342***	-0.289**	-0.324***	-0.337***	-0.342***
GDP-growth	-0.015***	-0.013***	-0.015***	-0.013***	-0.015***
Unemployment Rate	-0.038***	-0.041***	-0.040***	-0.042***	-0.037***
Cultural	0.057*	0.052	0.053*	0.044	0.056*
Cat-GCR	Control	Control	Control	Control	Control
Year	Control	Control	Control	Control	Control
（H1a）Contracts	1.419***		1.273***		1.169***
（H1b）Property Rights		0.637**		0.700***	0.718***

(续表)

变量	Entrepreneurship				
	2-1	2-2	2-3	2-4	2-5
Interaction					
(H2a) Contracts×GDP-per	-2.677***				-2.756***
(H2b) Property Rights×GDP-per		0.552**			0.545**
(H3a) Contracts×HC			-0.101**		-0.116***
(H3b) Property Rights×HC				0.125***	0.131***
Intercept	-3.449***	-3.817***	-0.620	-0.588	-3.757***
Variance of Random Intercept	0.432***	0.288***	0.310***	0.291***	0.426***
Model Fit Statistics					
Log Likelihood	-125 594	-125 619	-125 617	-125 611	-125 573
Wald chi2	19 415.5***	19 387.3***	19 390.5***	19 392.0***	19 440.3***
AIC	251 236.9	251 287.3	251 283.8	251 270.1	251 202.2
LR Test vs Logistic Model	6 388.3***	5 779.2***	6 316.5***	5 835.6***	5 646.0***
LR Test vs Model 1-N	52.25***	4.99**	5.29**	22.20***	88.59***

注：$N=355\ 769$；***、**、*分别表示1%、5%、10%的显著性水平。

由于在二值选择模型中，被解释变量的条件均值是解释变量的一个非线性函数，其真实的交互作用系数取决于模型中所有假定变量的值（Ai and Norton，2003）。因此，为对上述实证检验结果进行准确的直观呈现，我们采用STATA软件中的margins命令绘制效应的真实边际效用图（图4-3、图4-4）。可见，尽管制度改善对不同地区内个体创业均呈明显的促进作用，但合约履行制度的改善能大幅度提升经济发展水平较低地区的个体创业行为，而与之相反，产权保护制度则在经济发展水平较高地区中表现出更大的积极效应。以上，本章的假设2a、2b均得到支持。

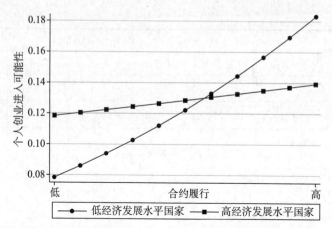

图 4-3　合约履行制度、地区经济发展水平与个体创业选择

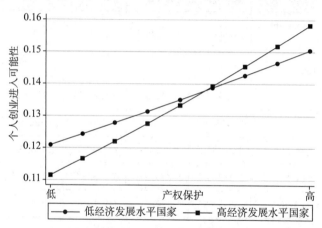

图 4-4　产权保护制度、地区经济发展水平与个体创业选择

表 4-4 中的模型 2-3 和 2-4 分别对合约履行、产权保护制度与个体人力资本的调节效应进行检验。其中，合约履行制度与个体人力资本的交互项显著为负（Beta=-0.101，$p<0.05$），产权保护制度与个体人力资本的交互项显著为正（Beta=0.125，$p<0.01$）。图 4-5 与图 4-6 同样对这一结果进行了直观呈现。可以发现，尽管制度改善对各类型个体创业的促进作用均较为明显，但合约履行制度对低人力资本个体（无高等教育经历）的积极效应更为明显，而产权保护制度则对高人力资本个体（具备高等教育经历）表现出更大的促进作用。以上，本章的假设 3a、3b 均得到支持。

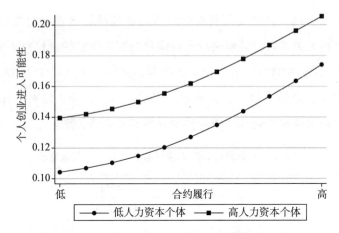

图 4-5　合约履行制度、个体人力资本与创业选择

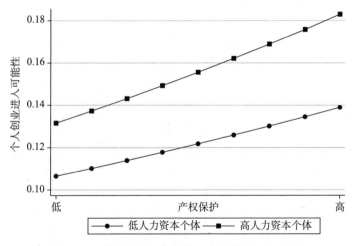

图 4-6　产权保护制度、个体人力资本与创业选择

表 4-5 进一步考察合约履行和产权保护制度的共同作用。模型 3-1 的结果表明，尽管合约履行和产权保护制度在单一效应上均表现出对个体创业选择的促进作用（Beta = 0.733，$p<0.1$；Beta = 0.644，$p<0.05$），但其交互项却呈显著的负相关关系（Beta = -3.245，$p<0.1$）。图 4-7 对这一效应进行直观呈现，其中横坐标表示国家产权保护制度的发展水平，纵坐标表现不同产权保护水平下，合约履行制度对个人创业进入选择的边际效应。可见，尽管合约履行制度在整体上表现出显著的正向促进作用，但随着产权保护制度的完善，合约履行制度对个体创业选择的促进作用将逐步降低，甚至当产权保护

发展到较高水平时，合约履行制度对个体创业选择将表现出消极作用。当交互项呈现负相关关系时，表明两种变量间可能存在潜在的替代或抵消（冲突）关系（贾良定等，2017），由于前文已在理论和实证检验上对合约履行和产权保护制度的机制差异进行了充分辨析，因此，本文认为，这种作用机制的差异将导致两种制度的共同作用表现出潜在的相互抵消关系。

表 4-5 合约履行、产权保护与创业选择：复杂效应

变量	Entrepreneurship				
	3-1	3-2	3-3	3-4	3-5
	整体样本	低收入国家	高收入国家	低教育个体	高教育个体
Individual Level					
Gender	-0.249***	-0.197***	-0.323***	-0.228***	-0.297***
Age	0.043***	0.045***	0.041***	0.048***	0.032***
Age^2	-0.001***	-0.001***	-0.001***	-0.001***	-0.001***
Social Capital	0.752***	0.651***	0.871***	0.706***	0.841***
Self-efficacy	1.218***	1.118***	1.326***	1.191***	1.276***
Fear of Failure	-0.365***	-0.333***	-0.406***	-0.352***	-0.400***
Human Capital（HC）	0.165***	0.149***	0.194***	0.147***	0.081***
Country Level					
GDP-per	-0.386***	-1.771***	-0.367	-0.315**	-0.145
GDP-growth	-0.014***	-0.020***	-0.022***	-0.013***	-0.018***
Unemployment Rate	-0.040***	-0.022**	-0.063***	-0.051***	-0.025***
Cultural	0.043	-0.035	-0.035	0.0440	0.003
Cat-GCR	Control	Control	Control	Control	Control
Year	Control	Control	Control	Control	Control
（H1a）Contracts	0.733*	2.604**	0.040	0.853*	0.432
（H1b）Property Rights	0.644**	0.918	1.127***	0.436	0.727**
Interaction					
（H4）Contracts×Property Rights	-3.245*	-9.685***	-1.821	-5.004*	-0.765

（续表）

变量	Entrepreneurship				
	3-1	3-2	3-3	3-4	3-5
	整体样本	低收入国家	高收入国家	低教育个体	高教育个体
Intercept	-0.030	-2.642**	-3.358***	-3.500***	-3.548***
Variance of Random Intercept	0.313***	1.651**	0.185***	0.337***	0.261***
Model Fit Statistics					
Log Likelihood	-125 615	-71 124	-54 308	-85 476	-40 030
Wald chi2	19 391.8***	8 907.7***	10 646.9***	11 835.9***	6 137.4***
AIC	25 1281.3	142 296.4	108 666.9	171 002.9	80 111.2
LR Test vs Logistic Model	5 833.7***	2 953.6***	1 086.8***	3 990.8***	1 665.6***
N	355 769	180 526	175 243	256 260	99 509

注：N = 355 769；***、**、* 分别表示 1%、5%、10%的显著性水平。

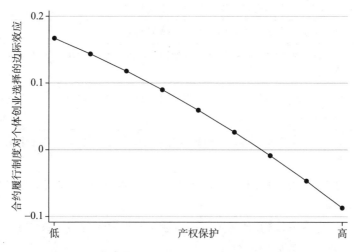

图 4-7　合约履行、产权保护制度的共同作用效应

而后续模型基于地区经济发展水平（模型 3-2、3-3）和个人人力资本（模型 3-4、3-5）的分组分析显示，低收入国家和低教育个体创业选择主要受合约履行制度改善的促进作用（Beta = 2.604，$p < 0.05$；Beta = 0.853，$p < 0.1$），其受产权保护制度的作用并不显著（Beta = 0.918，$p > 0.1$；Beta =

0.536，$p>0.1$）；与之相反，高收入国家和高教育个人则主要受产权保护制度改善的促进作用（Beta = 1.127，$p<0.01$；Beta = 0.727，$p<0.05$），而受合约履行制度的作用并不显著（Beta = 0.040，$p>0.1$；Beta = 0.432，$p>0.1$）。这进一步验证了本章关于作用机制引导下不同法律制度效应差异的论述。同时，这种合约履行和产权保护制度的潜在抵消关系将主要表现在低收入国家和未受过高等教育的个体之上（Beta = −9.685，$p<0.01$；Beta = −5.004，$p<0.05$）。以上，本章的假设4得到支持。

表4-6对本章研究假设检验情况进行总结。其中，旨在检验合约履行、产权保护制度主效应的假设1a、假设1b均得到支持。同时，在关于地区经济发展水平、个人人力资本的情境作用，以及制度共同作用的检验中，假设2a、2b、3a、3b、4也均得到支持。

表4-6　子研究一假设的检验情况

假设	内容	结论
假设1a	合约履行制度的完善有助于促进个体创业进入	支持
假设1b	产权保护制度的完善有助于促进个体创业进入	支持
假设2a	在经济发展水平较低的地区，合约履行制度对个体创业进入的促进作用更明显	支持
假设2b	在经济发展水平较高的地区，产权保护制度对个体创业进入的促进作用更明显	支持
假设3a	对于低人力资本个体，合约履行制度对个体创业进入的促进作用更明显	支持
假设3b	对于高人力资本个体，产权保护制度对个体创业进入的促进作用更明显	支持
假设4	随着合约履行制度的完善，产权保护制度对个体创业进入的促进作用削弱，反之亦然	支持

4.3.2　稳健性检验

为确保研究结论的稳健性，本章采用以下方式进行稳健性检验：①考虑到大样本数据可能受国家聚类异常值的影响，参考Autio等（2013）的建议，本章对个人层面控制变量的国家聚类异常值进行检查，即包含社会资本、自我效能、失败恐惧等三个变量。数据分析发现，在塞内加尔，92.3%的个体报告了高自我效能水平，而在瓦努阿图，85.3%的个体报告了高社会资本水平，以上数据与其他国家样本存在较大的差异。因此，为避免异常值影响，本章删除了以上国家样本后进行再检验。② 为避免样本选择偏误以及受访者主观认知偏误，本章对因变量测量方式进行替换，即同时考虑机会型创业和生存型创业，若受访者正在进行初期创业行为，则界定为创业进入行为。③ 增加国家层面控制变量以避免潜在误差的产生，包括国家人口结构、商业基础设施完善度、市场开放度以及创业扶持水平。其中，国家人口结构指18—64岁人口所占比例，数据来源为WDI，其余变量的数据来源为GEM。表4-7、表4-8和表4-9分别对以上检验结果进行呈现，除部分模型显著性水平发生变化，其余结果均与上文高度一致。

表4-7 删除异常国家样本的替代检验

变量	Entrepreneurship					
	4-1	4-2	4-3	4-4	4-5	4-6
Education	0.166***	0.165***	0.164***	0.167***	0.166***	0.166***
GDP-per	-0.342***	-0.290**	-0.326***	-0.344***	-0.338***	-0.389***
(H1a) Contracts	1.382***		1.218***		1.136***	0.680
(H1b) Property Rights		0.601**		0.677***	0.694***	0.630**
(H2a) Contracts×GDP-per	-2.651***				-2.716***	
(H2b) Property Rights×GDP-per		0.593**			0.570**	
(H3a) Contracts×HC			-0.114**		-0.129***	
(H3b) Property Rights×HC				0.124***	0.131***	
(H4) Contracts×Property Rights						-3.273*

（续表）

变量	Entrepreneurship					
	4-1	4-2	4-3	4-4	4-5	4-6
Control Variables	控制	控制	控制	控制	控制	控制
Intercept	-3.441***	-3.825***	-0.596	-0.499	-3.762***	0.003
Variance of Random Intercept	0.396***	0.251***	0.277***	0.260***	0.388***	0.282***
Model Fit Statistics						
Log Likelihood	-123 771	-123 795	-123 793	-123 787	-123 749	-123 792
Wald chi2	19 274.9***	19 250.3***	19 252.4***	19 253.5***	19 300.6***	19 252.6***
AIC	247 590.5	247 638.6	247 635.3	247 622.6	247 554.4	247 634.1
LR Test vs Logistic Model	6 049.5***	5 418.3***	5 979.4***	5 530.3***	5 271.6***	5 534.1***

注：$N = 352\,716$；***、**、*分别表示1%、5%、10%的显著性水平；对控制变量和时间固定效应进行控制。

表4-8 基于生存型和机会型创业的替代检验

变量	Entrepreneurship					
	5-1	5-2	5-3	5-4	5-5	5-6
Education	0.043***	0.042***	0.042***	0.043***	0.042***	0.043***
GDP-per	-0.449***	-0.433***	-0.458***	-0.461***	-0.453***	-0.516***
(H1a) Contracts	1.179***		1.164***		1.042***	0.705*
(H1b) Property Rights		0.494**		0.526**	0.435*	0.437*
(H2a) Contracts×GDP-per	-0.441				-0.468	
(H2b) Property Rights×GDP-per		0.322			0.235	
(H3a) Contracts×HC			-0.070*		-0.089**	

(续表)

变量	Entrepreneurship					
	5-1	5-2	5-3	5-4	5-5	5-6
(H3b) Property Rights×HC				0.071***	0.077***	
(H4) Contracts× Property Rights						-2.805*
Intercept	-3.371***	-3.587***	0.655	0.607	-3.514***	1.220
Variance of Random Intercept	0.366***	0.347***	0.362***	0.350***	0.356***	0.370***
Model Fit Statistics						
Log Likelihood	-156 012	-156 015	-156 011	-156 011	-156 002	-156 010
Wald chi2	22 326.0***	22 322.4***	22 327.6***	22 326.0***	22 340.8***	22 329.3***
AIC	312 073.2	312 079.5	312 071.7	312 071.8	312 061.1	312 070.1
LR Test vs Logistic Model	9 006.0***	8 415.5***	8 971.5***	8 485.0***	8 319.3***	8 466.2***

注：$N = 355\,769$；***、**、*分别表示1%、5%、10%的显著性水平；对控制变量和时间固定效应进行控制。

表4-9 增加国家层面控制变量的替代检验

变量	Entrepreneurship					
	6-1	6-2	6-3	6-4	6-5	6-6
Education	0.166***	0.165***	0.164***	0.166***	0.166***	0.165***
GDP-per	-0.254*	-0.274**	-0.272**	-0.327**	-0.263*	-0.354**
(H1a) Contracts	1.705***		1.471***		1.463***	0.931**
(H1b) Property Rights		0.621**		0.678***	0.639**	0.586**
(H2a) Contracts× GDP-per	-2.730***				-2.805***	

(续表)

变量	Entrepreneurship					
	6-1	6-2	6-3	6-4	6-5	6-6
(H2b) Property Rights×GDP-per		0.500**			0.514**	
(H3a) Contracts×HC			-0.095**		-0.110**	
(H3b) Property Rights×HC				0.122***	0.127***	
(H4) Contracts×Property Rights						-3.362*
Intercept	0.913	-1.845	-0.738	-1.790	0.410	1.896
Variance of Random Intercept	0.395***	0.261***	0.276***	0.264***	0.395***	0.279***
Model Fit Statistics						
Log Likelihood	-125 545	-125 573	-125 568	-125 564	-125 525	-125 566
Wald chi2	19 488.5***	19 461.7***	19 468.6***	19 466.4***	19 508.9***	19 470.2***
AIC	251 146.1	251 202.4	251 193.9	251 185.2	251 115.7	251 191.6
LR Test vs Logistic Model	4 587.6***	3 982.0***	4 538.3***	4 004.4***	3 941.4***	3 939.6***

注：$N=355\ 769$；***、**、* 分别表示 1%、5%、10% 的显著性水平；对控制变量和时间固定效应进行控制。

4.4 本章小结

比较制度分析认为，完整的市场制度是由对应经济活动不同方面的多元制度组成的。因此，有别于以往研究对整体制度的强调，辨析不同制度的作用机制差异是深化研究的关键。借鉴 Acemoglu 和 Johnson（2005）的制度解绑思维，本章将合约履行和产权保护制度视为组成国家法律制度的两个主要维度，探索了不同维度法律制度对个体创业进入选择的作用差异。2010—2015年54个发展中国家、355 769个劳动力个体样本的分层logistic检验结果与传统观点一致，合约履行和产权保护制度的改善均有助于促进个体的创业进入行为。然而，作用机制的差异将导致制度在不同情境下表现出差异化的效力水平。一方面，合约履行制度主要与创业短期经营成本相关，将在经济发展水平较低地区、对低人力资本个体产生更显著的促进作用。另一方面，产权保护制度则主要与创业长期收益保障相关，将在经济发展水平较高地区、对高人力资本个体产生更显著的促进作用。进一步地，这种作用机制的差异也将导致不同法律制度对创业决策的共同作用产生潜在抵消效应。在变量层面上，本章识别了不同维度法律制度对创业选择的"净效应"及其机制差异；在理论层面上，本章验证了比较制度分析关于完整制度是由具备特定内在逻辑的不同制度共同构成的观点，为深化多元制度复杂效应研究构建了基础。

具体而言，本章内容可提供以下理论贡献。首先，本研究将创业进入中的正式制度影响理解为一种多维现象（Acemoglu and Johnson, 2005），解析了不同维度法律制度的相对作用差异。尽管制度是影响地区创业活跃度的关键要素，但现有研究往往从制度同质性的假设出发探索正式制度的影响（Stenholm et al., 2013; Batjargal et al., 2013）。然而，制度是多维的。本研究的核心贡献在于，通过理论分析和实证检验，证实对影响创业进入的多维制度进行划分是有价值和有必要的。尽管制度改善有助于减少创业行为的交易成本和不确定性，但不同维度制度所产生的激励机制将存在内在差异。正是这种潜在的机制差异，使得我们得以分析不同正式制度对不同地区、不同个体所产生的差异性影响。特别是，本研究验证了合约履行和产权保护制度的作用机制差异将导致其共同作用产生潜在的抵消效应。这一结论对以往过于宽泛、单薄的整体制度视角提出了挑战。

其次，本研究揭示了地区经济发展水平作为制度作用情境的独特意义。受制度经济学观点影响，学界长期以来将地区制度建设与经济发展水平视为同步的，而忽视了两者对创业的共同作用。尽管近年来已有部分文献证实，制度与创业活动间关系的强度和方向将随着国家经济发展水平的变化而变化，但我们仍不清楚为何不同制度在不同经济发展水平地区表现出不同的效力

(Amoros et al., 2019; Chowdhury et al., 2019)。缺乏这种辨析，将极大损害制度影响创业选择研究为不同地区政府设计、提供有效制度建议的可行性(Urbano et al., 2019)。通过将地区经济发展水平视为决定潜在创业者资源和需求差异的社会财务资本，本研究的经验证据表明，旨在减少短期经营成本的合约履行制度将对低经济发展水平地区的创业活动表现出更大的促进作用，而旨在保障长期收益的产权保护制度将对高经济发展水平地区的创业活动表现出更大的促进作用。这一结论揭示了将地区经济发展水平视为制度作用情境和边界条件的重要价值。

最后，通过提炼不同人力资本拥有者寻求创业机会的主要障碍，本研究建立了宏观制度环境和微观个人特质交互作用下个体创业决策的理论框架。当前创业研究仍有待解决的核心问题是：①为何一些人选择成为创业者，而另一部分人选择留在就业市场；②为何不同国家、地区间的创业活跃度存在着明显不同(Peroni et al., 2016)。尽管已有部分学者认识到宏观、微观因素的交互可能对创业决策产生复杂影响(De Clercq et al., 2013; Eesley, 2016; Estrin et al., 2013a)，却仍鲜见有学者对这一内在机制进行分析。现有创业研究往往强调低人力资本个体出于生存需要而创业(Out of Necessity)，高人力资本个体基于对更美好生活和更好职业发展的谋求而进行机会型创业(Boudreaux and Mikolaev, 2019; Simos et al., 2016)。与之不同，本章则强调不同人力资本持有者均可能进行机会型创业，关键在于其机会成本和创业机会效用感知不同所带来的创业障碍差异。对于低人力资本持有者而言，尽管禀赋劣势使其可能难以识别到优质的创业机会，但弱势的劳动力市场竞争力却降低了其创业决策的机会成本并导致更高的创业机会效用感知。因此，他们将更关注与基础经营成本相关的制度改善是否有助于克服资源障碍。而对于高人力资本持有者而言，较高的机会成本和资源优势，则使其在进行创业长期承诺时，将更关注与收益分配相关的制度改善是否有助于克服系统性的风险和不确定性障碍。通过整合影响创业决策的宏观和微观因素，本章揭示正是由于个体禀赋的异质性，不同正式制度的改善将对不同个体创业决策产生作用差异。

第 5 章
CHAPTER5

二元制度复杂效应：金融支持制度、集体/个人主义与个人创新型创业

> 市场治理的整体性安排呈现多样性的一个源泉是各机制元素之间存在的相互支持的互补关系。互补性的存在意味着整体性制度安排的结构可以是内在一致和刚性的。
>
> ——青木昌彦（2001）

上一章围绕法律制度及制度机制差异进行了深入讨论，本章将转向聚焦于另一关键制度——金融支持制度，旨在识别不同金融支持制度影响创业选择的具体作用机制，并着重辨析两种类型制度间共同作用的潜在机制。不同制度间作用机制差异的存在，意味着多元制度的组合效应将比单一制度效应更为复杂。然而，学界对于不同制度间如何产生共同作用的潜在机制的认识却仍较为模糊。由于金融支持制度是影响创业者获取外部资源支持以实现高质量发展的关键，因此，借鉴比较制度分析和经济学理论观点，本章构建了一个金融支持制度影响个人创业类型选择的理论模型。具体而言，将国家金融支持制度划分为以资本市场为基础和以信贷市场为基础的两种主要类型，在辨析其作用机制差异的基础上，进一步讨论集体/个人主义这一主导性非正式制度与不同类型金融支持制度间的共同作用机制。此外，本章还将进一步讨论这种制度间共同作用关系在外部激烈竞争环境下的变化情况。图 5-1 呈现了子研究二的理论框架。

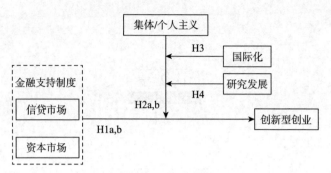

图 5-1 子研究二的理论框架

下文将围绕以下几部分展开：第一部分为理论与假设，将对金融支持制度维度划分的理论基础进行阐述，并基于制度互补性观点提出具体假设；第二部分为研究设计，对数据选择和变量测量进行详细介绍；第三部分为实证检验，即运用分层线性模型检验假设，并对检验结果进行讨论；第四部分为本章小结，对本章研究结论和理论启示进行总结。

5.1 理论与假设

5.1.1 创新型创业及其制度支持

创新型创业（Innovative Entrepreneurship）指创业者向市场中引入新产品或服务，从而带来技术变革和提高生产率的活动（Ardichvili et al., 2003；McMullen and Shepherd, 2006）。在以往文献中，创业常被视为更具创新导向的活动，是社会技术变革和长期经济增长的内在驱动力（Schumpeter, 1961；Landes et al., 2010）。然而，创新往往需要大量资源投入，也伴随着较高的困难和风险，现实中大多数创业活动可能仅是以非常简单的形式展开（Autio, 2007）。考察创业对社会经济的整体影响不仅要看新创企业的数量，更应观察创业者利用其创造力为客户提供产品和服务的新颖程度（Audretsch et al., 2006；Baumol and Strom, 2007；Anokhin and Wincent, 2012）。因此，关注追求成长与创新的高质量创业活动，其重要性要远大于对创业数量的简单分析（Acs, 2010；Stenholm et al., 2013）。

鉴于创新型创业在促进就业、技术进步和经济增长等方面的重要作用，

第5章 二元制度复杂效应：金融支持制度、集体/个人主义与个人创新型创业

近年来学界对制度环境如何影响创新型创业的关注亦方兴未艾（Autio et al.，2014；Guerrero and Urbano，2019；Audretsch et al.，2020）。学者们从腐败（Anokhin，2009）、政府规模（Yoon，2018）、产权保护（Autio and Acs，2010）、劳动力监管（Burke et al.，2020）、历史文化（Fritsch and Wyrwich，2018）等不同角度讨论了制度环境与创新型创业间的关系，表明有效运作的市场机制和资源支持结构是创新型创业涌现的基础前提条件（Ali et al.，2020）。特别是，有助于促进创新型创业的制度环境可能与促进创业数量的制度环境有所不同。例如，Darnihamedani（2018）探索了监管成本与不同类型创业活动间的关系，发现非创新型创业主要与进入管制等一次性成本相关，而创新型创业则主要受税收等经常性成本的影响。类似地，Young（2018）将正式制度分解为与创业风险相关的稳定性制度以及与创业不确定性相关的灵活性制度，指出稳定性制度的完善有助于促进模仿型创业，与之相反，灵活性制度的完善则对促进创新型创业更有效。而Stenholm等（2013）的研究则表明，尽管完善的监管环境与更高的国家创业率密切相关，但却与创新型创业的形成无关，对于后者，充满知识溢出和资源支持的制度环境更为关键。

特别是，由于创新型创业需要更多的资源投入和外部支持，在多元制度环境中，金融支持制度尤其得到强调（Khavul，2010；Andrea et al.，2013；Haddad and Hornuf，2019）。一个国家金融支持制度的发展水平将决定创业者获取外部金融支持以克服进入壁垒、财务约束的可能性（Kerr and Nanda，2009）。尽管创业者可以通过个人非正式关系网络（如朋友、家人、同学等）获取财务资源支持（Davidsson and Honig，2003），但由于缺乏合法性和信息不对称，落后的金融支持制度将导致他们在谋求更大的外部资源支持时面临额外困难（Black and Strahan，2002），这对于创新型创业而言尤为明显（Sobel，2008；Bowen，2008）。因此，金融支持制度被视为影响创新型创业的关键制度指标（Levie and Autio，2008；Schumpeter，1961），将影响创业者从风险投资者（Vanacker et al.，2014）、天使投资人（Zachary and Mishra，2013）、银行（Deloof et al.，2019）等渠道获取外部资源支持的数量和质量。

实际上，大量基于全球创业观察（GEM）的经验证据证实，完善的金融支持制度及其引导的外部资源可得性，不仅与创业机会和创业意愿的形成密

切相关，也将对国家层面的创业质量产生积极影响（Popov and Roosenboom，2013；Chowdhury et al.，2019）。然而，当研究人员试图围绕金融支持制度进行更深入考察时，这一普适性结论却并未在所有研究中得到经验证据支持。例如，MuMullen 等（2008）基于 37 个国家数据的分析发现，国家整体金融制度发展水平与各类型创业数量间的关系并不显著。Cole 等（2016）比较了银行和风险投资等两种主要创业融资来源对小企业形成和成长的影响，发现尽管风险投资在刺激新企业创建和新岗位增长方面会表现出显著的经济和统计效应，但却无法在银行信贷上找到类似的证据。而 Ghio 等（2019）的研究则指出，尽管本地银行具备信息不对称情境下的优越监管能力，能有效促进高机会主义地区的创业者将知识溢出应用于创新型活动的可能性，但这一效应在机会主义较低的地区并不明显。这些研究暗示，虽然完善的金融支持制度是创新型创业涌现的必要前提，但金融支持制度却会在不同地区表现出差异化效力水平。同时，以银行、风险投资等为代表的不同金融体系也可能存在着鲜明的内在区别。

因此，基于比较制度分析观点，本章试图深化对创新型创业中金融制度作用的理解，旨在辨析：①不同国家间的金融支持制度是否存在性质差异，这种差异是否将是导致金融支持制度表现出差异化效应的关键；②不同金融支持制度的效应是否取决于其与国家内其他制度，特别是与非正式制度间的共同作用关系。

5.1.2 金融支持制度与创新型创业

现有研究表明，金融支持制度至少会通过两种机制对个体的创新型创业选择产生积极影响（Samila and Sorenson，2011；Kolokas et al.，2020）。第一，发达的金融支持制度引导的客观融资作用，将直接增加创业者进行更具生产力创新活动的可能性。更大的外部融资可得性，将赋予创业者最大化利用个体资源、能力、知识的动力，增加高质量创业活动开展的可能性（Sobel，2008；Bowen and De Clercq，2008）。同时，当获取外部融资较容易时，创业成本下降，相对而言，劳动者利用个人资源进行创新型创业以外其他职业选择的机会成本将增加（Autio and Acs，2010；De Clercq et al.，2013）。而缺乏发达的金融支持制度，则可能使缺乏财务资源的个体难以开展创新活动，导致创业成为少数既得利益者扩大收益的方式，限制创业的社会效应（Alvarez and Barne，2014）。第二，发达金融支持制度也将起到主观信号传递作用（Connelly et al.，2010），对潜在创业者的创新型创业决策起积极影响。当潜在创业者对可行机会进行评估时，感知到的资源可得性将影响个体的资源和精力投入程度（Ardichvili et al.，2003；Begley et al.，2005）。例如，基于中国大学生的抽样调查证据，张苏和杨筠（2010）的研究便发现，更大的外部融资可得性感知将改变大学生的价值观和学习方向，引导他们在求学期间更有针对性地培养创业型人力资本。而当新创企业员工观察到外部融资对其所处企业的积极支持作用时，也将起到示范效应，吸引员工离职并开展独立的创新型创业活动（Samila and Sorenson，2011）。

然而，有别于以往研究对金融支持制度发展水平与创新型创业间关系的关注，比较制度分析认为，国家间的金融支持制度不仅在发展水平上存在差异，更在许多方面存在着性质上的不同。基于不同的金融资本获取和定价过程，Whitley（1999）将国家金融支持制度划分为两种主要的类型，即以信贷市场为基础的金融支持制度（Credit-Based Financial Systems），以及以资本市场为基础的金融支持制度（Equity-based Financial Systems）[①]。由于不同性质的金融支持制度具备其内在的独特逻辑和规范，因此将可能导致他们对创新型创业活动产生不同的影响结果，并在特定情境下表现出不同的效力水平（Ueda，2004；Winton and Yerramilli，2008；de Bettignies and Brander，2007；Kolokas et al.，2020）。

一方面，在以信贷市场为基础的金融支持制度中（下文简称为"信贷市场"），国家内的金融资本将主要依靠"银行或通过行政程序"进行分配（惠特利，2004）。此时，创业者获取外部金融支持的主要来源是由国家协调的商业银行或长期信贷银行的组合，并主要通过贷款的方式进行。在这一过程中，

[①] 在英文文献中，对金融制度类型划分的常见表述为 Bank-based Financial Systems（银行主导的金融制度）和 Market-based Financial Systems（市场主导的金融制度）或 Bank Finance（银行融资）和 Venture Capital（风险投资）。同时，不同类型划分的内涵高度一致。因此，为与国内相关表述保持一致，本书采用信贷市场、资本市场进行命名。

银行将根据创业者的抵押品和偿还债务能力进行借贷决策,创业者将可以保持对新创企业的完全控制。然而,由于银行借贷的数量主要取决于创业者的可用抵押品价值,因此往往仅能提供有限的金融资源支持(Ueda, 2004; Winton and Yerramilli, 2008; de Bettignies and Brander, 2007)。

另一方面,在以资本市场为基础的金融支持制度中(下文简称为资本市场),国家内的金融资本将主要通过"大规模的流动市场"来进行分配(惠特利,2004)。此时,创业者获取外部金融支持的主要来源是自由竞争的商业银行、风险投资、天使投资人等市场机制,并主要通过股权融资的方式进行(Ueda, 2004; Winton and Yerramilli, 2008)。在这一过程中,投资者将根据创业企业的潜在发展和盈利能力进行投资决策,而创业者则往往需要通过放弃部分股权以获取外部融资支持。同时,与银行借贷相比,资本市场不仅将为新创企业提供金融资源支持,也会提供更多的增值服务,如战略、管理、人力资源、营销和财务建议等(Cole et al., 2016)。然而,基于资本市场的融资方式也具备较高的不确定性(Drover et al., 2017),由于创业者无法预知投资者是否将为其提供充分有效的增值支持,而投资者也无法预知创业者是否将为企业成长付出绝对的努力,因此,基于资本市场的融资往往存在"双重道德风险问题",可能会削弱其对创新行为的激励(de Bettignies and Brander, 2007)。

鉴于目前金融支持制度与创新型创业间不一致的证据,本章认为,解析不同国家金融制度的作用差异可能是深化认识的关键。在以信贷市场为基础的金融制度中,尽管创业者可以凭借抵押品获取稳定的外部融资支持,但这一方式的有效性也取决于创业者可提供的抵押品价值。而在以资本市场为基础的金融制度中,富有创新性的创业者将可能获得更大价值的金融和增值资源支持,但股权干预和双重道德风险问题的存在则可能会稀释创业努力。因此,不同金融支持制度的作用机制差异将导致不同的结果,并在特定情境下得以具体体现。本章试图对此进行深入分析。

综上,本章提出以下假设:

假设1a:发达的信贷市场有助于促进个体的创新型创业。

假设1b:发达的资本市场有助于促进个体的创新型创业。

5.1.3　金融支持制度、集体/个人主义与创新型创业

比较制度分析的制度互补性观点认为，一种制度的作用至少会受另一种制度的出现而强化。换言之，制度的有效性将取决于多元制度间的相互支持作用。特别是，正式制度的作用将尤其取决于其与非正式制度间的互补程度（Hayton et al.，2002；Cumming et al.，2009；Welter，2011；Damaraju et al.，2021）。由于社会规范和文化价值观等非正式制度不仅影响人们的认知和解释系统、塑造他们的需求、偏好和动机（Mitchell et al.，2000；Hofstede et al.，2004；Taras et al.，2010；Yang et al.，2012），也作为一个参考框架，界定了社会成员之间及其与周围环境间的互动机制（Kreiser et al.，2010），因此，非正式制度可能是影响不同性质金融支持制度作用的关键。

本章着眼于关注不同金融支持制度与集体/个人主义的共同作用。集体/个人主义界定了社会中人际关系的角色及与他人相互联系的紧密程度，被视为地区间文化差异的"深层结构"（Triandis and Suh，2002；Greenfield，2000），不仅在概念和经验上与其他文化维度（如权力距离、风险规避）密切相关（Blondel and Inoguchi，2006；Hofstede et al.，2010），也对国家经济发展和创业活动产生重要影响（Tiessen，1997）。根据 Hofstede 等（2010）的定义，集体主义社会指个人从出生起就融入强大、有凝聚力的内部群体中，这个群体为个人提供保护以换取个人的绝对忠诚。在这些社会中，自我身份认同源于个体对其所处群体的归属感，个人与群体间不仅在物质上，也在心理上存在着紧密的相互依赖关系，与群体成员间保持和谐关系并致力于群体利益最大化被视为优先事项。而个人主义社会则指人与人之间联系松散的社会，每个人都只对自己和核心家庭负责。在个人主义社会中，自我身份的构建是基于个人而非群体身份，独立、自我实现和个人幸福优先于群体利益，每个人都有权自由选择并确定自己的目标。

（1）信贷市场、集体/个人主义与创新型创业

本章认为，与个人主义社会相比，信贷市场将对集体主义社会中的创新型创业活动表现出更明显的促进作用。首先，在集体主义社会，创业者将更可能从信贷市场获取高额度的金融借贷。以地方银行为主要金融中介的信贷

市场通常遵循更安全的策略，寻求更低的贷款损失、回报波动率和违约风险，其借贷决策很大程度上取决于创业者所能提供的抵押品价值及其偿还担保的可信度（Hesse and Cihak, 2007; Ghio et al., 2019）。在集体主义社会中，个人与群体间的相互依赖、群体之间的资源共享使得创业者往往能通过整合群体网络中的资源来支持创新创业行为。同时，集体主义社会也代表了一种风险共担机制（Autio et al., 2013），由于个人利益与群体利益密切一致，而成功的创业者也倾向于将个人收益共享为群体利益，因此群体也更愿意付出额外的资源和努力以鼓励创业企业成长（Dheer et al., 2017）。一方面，紧密的家族式组织和关系连接所带来的有形资源共享（如土地、房屋等家族财产），将为创业者提供更高价值的借贷抵押品，成为创业者获取更高额度外部信贷支持的"翘板"。另一方面，群体无形资源，如内部关系网络和信任，则将为创业者获取外部信贷支持提供可信的偿还担保，降低新创企业的信贷成本（Avery et al., 1998; Ghio et al., 2019）。Chua 等（2011）便发现，家族社会资本的参与将改善创业者与地方银行间的关系，增加新创企业获得第三方担保的可能性，进而帮助其获取更高水平的银行债务融资。而在个人主义社会，个体间的松散联系则将导致创业者难以获取群体抵押品支持和他人担保，这将极大限制其从信贷市场中获取金融借贷的份额。

其次，在集体主义社会，创业者也将更倾向采用信贷市场作为外部融资的主要手段。有别于资本市场，信贷市场的另一关键特征是，建立在抵押品基础上的借贷合同不仅使得创业者可以保留创业企业的全部股权，也降低了外部融资的交易不确定性（Kwok and Tadesse, 2006）。这对于集体主义社会中的创业者而言是至关重要的。在集体主义社会中，个体与群体间的紧密联系不仅意味着资源共享，也意味着个体需要对其所处的群体负责。特别是，当一个大家庭为创业行为提供资源支持时，也将期待成功后的创业者能承担起家庭培育者和保护者的角色（Hofstede et al., 2010）。因此，当创业者寻求外部资源支持时，往往将倾向于保留对企业的绝对控制，并避免外部干预和交易不确定性对群体利益保障的潜在威胁。例如，有关家族企业的研究便表明，基于对失去家族控制和潜在风险的担忧，与非家族企业相比，家族企业在进行外部融资时将更倾向于低杠杆率的银行借贷，这在家族创始人仍担任

CEO 的企业中表现尤为明显（Ampenberger et al., 2013）。

最后，在集体主义社会，信贷市场提供的金融借贷也将更可能促进创新型创业行为的产生。由于信贷市场仅能提供有限的金融资源支持，因此也有学者质疑其对创新型创业的作用可能不那么明显（Cole et al., 2016）。然而，在集体主义社会中，创业者求助于群体的内部融资或家庭自举，将在很大程度上满足初始资金需求，降低创业面临的早期财务约束（Winborg and Landstrom, 2000; Paulson and Townsend., 2004; Edelman et al., 2016）。同时，这种群体资产也将进一步作为"翘板"助力创业者获取更多的银行信贷支持。这意味着，对于很多创业者，信贷市场的金融资源支持可能已经足够。而在个人主义社会，创业者不仅难以获取网络资源支持，也将难以提供获取高额信贷的抵押品，两者双重叠加下，将极大限制信贷市场对创新型创业的促进作用。

基于此，本章提出以下假设：

假设 2a：在集体主义社会，发达的信贷市场对个体创新型创业的促进作用更明显。

（2）资本市场、集体/个人主义与创新型创业

有别于信贷市场，资本市场则将对个人主义社会中的创新型创业活动表现出更明显的促进作用。首先，在个人主义社会，创业者将更可能从资本市场中获取高价值的资源支持。以风险投资机构为主要金融中介的资本市场通常更具激进性、谋求更高的投资回报，其投资决策往往取决于被投企业的潜在增长潜力（Fried and Hisrich, 1994; Ueda, 2004）。然而，由于新创企业较低的透明度和信息不对称问题，风险投资者也常对创业者是否能付出全部努力、创造更高的市场价值和投资回报产生疑惑，阻碍投资行为的产生（de Bettignies and Brander, 2007）。现有研究表明，一个国家内更高的个人主义水平与有利于风险投资产生的条件密切相关（Gantenbein et al., 2019）。例如，Griffin 等（2014）和 Zhang 等（2013）的研究发现，个人主义社会对个体间平等和独立的重视，将引导企业向外部提供更高的透明度以减少信息不对称问题，并通过增强少数股东的投票权以保护外部投资者利益。同时，这种对个人权利的保障也将引导新创企业构建更完善的公司治理机制，从而降低投

资者与创业者间利益冲突产生的代理成本（Haxhi and Van Ees, 2010）。换言之，在个人主义社会中，投资者与创业者间的双重道德风险问题将削弱，创业者将更可能从资本市场中获得资源支持。与之相反，在集体主义社会，家庭成员涉入将导致新创企业的透明度较低，对群体利益的强调则可能导致创业者将家庭利益置于企业利益之上（Gómez-Mejía et al., 2007；Berrone et al., 2012），此时投资者可能会担心其投入被用于家庭财富创造而非企业成长，阻碍向新创企业投资行为的产生。

其次，在个人主义社会，创业者也将更倾向采用资本市场作为外部融资的主要手段。与信贷市场不同，建立在股权交易基础上的资本市场不仅将为创业者提供更高价值的金融资源支持，也将为其提供战略建议、资源协调等增值服务，助力创新型创业的快速成长（Cassamatta, 2003；Croce et al., 2013）。在个人主义社会，自我实现被视为优先事项（Chen et al., 1998），创业者致力于追求个人成功和财富增长的最佳路径，并对创业回报有着更高的期望（Mitchell et al., 2000；Dheer, 2017）。正如 Suzuki 等（2002）所指出的，个人财富积累的愿望是个人主义社会中创业者的关键驱动力。此时，风险投资所提供的金融和增值资源支持，将最大化创业者实现自身创新想法和提升自我价值的可能性，而创业者也更可能将这种支持应用于高增长潜力的创新活动之中（Gartner, 1985）。同时，由于对包括陌生人在内的其他人有着较高的信任水平（Uslaner, 2002），个人主义社会中的创业者也将更愿意接受来自外部投资者的管理建议并将其视为企业优势，推动创新想法的形成、迭代和完善（Colombelli, 2016；Kneeland et al., 2020）。而与之相反，在集体主义社会，严格的群体界限以及对群体外部人员较低的信任水平，则使得创业者更倾向于将风险投资的股权交易及其不确定性视为对群体利益的威胁，削弱创业企业对创新的长期投资行为（Lee and Peterson, 2001）。

综上，本章认为，资本市场所提供的财务和管理资源支持将为个人主义社会中的创业者提供实现个体利益增长和自我实现的最优途径，助力创新行为的产生。而在集体主义社会，家族干预和对外部成员的低信任度则将提高投资者与创业者之间的交易成本，此时，资本市场对创新型创业的促进作用将受到限制。基于此，本章提出以下假设：

假设 2b：在个人主义社会，发达的资本市场对个体创新型创业的促进作用更明显。

5.1.4 国际化和研究发展的情境

制度间互补性的存在，意味着信贷市场和资本市场将在不同集体/个人主义社会中表现出差异化的效力水平。然而，也有部分观点认为，随着当前世界经济一体化和技术变革的深化，经济行为的协调方式将日益被一种新的全球化体制所主导，而国家和地区层面的制度差异将被削弱。换言之，对国家/地区特定制度模式的强调将"不再具有重要的经济意义"（惠特利，2004）。一方面，地区经济国际化程度的加深将为创业者带来更多的国外市场机会，鼓励资源的跨地区流动和更多国际创业行为的产生（Kneller and Pisu，2007；田毕飞等，2018）。此时，创业活动不仅会受邻近地区"制度溢出"及业务活动所在国制度环境的影响（Hoppmann and Vermeer，2020），也更可能通过"制度逃离"来规避国内制度环境的不利影响（Wu and Peng，2020）。另一方面，地区研究发展的深化则增加了创业者进行技术变革和商业创新的不确定性，导致更高的进入技术壁垒和外部竞争（Fleming，2001），要求更高的外部资源支持。当拒绝潜在的外部融资会导致严重后果时（例如资金短缺、破产威胁），创业者可能会妥协并不加区分地对所有可用外部资源进行利用（Drover et al.，2014）。这些观点暗示，制度间的互补关系可能仅存在于封闭、竞争不激烈的环境之中，而在当前情境下将不再适用。

因此，本章试图进一步讨论制度间的互补性关系是否将在激励竞争的外部环境下发生改变。有别于以上观点，本章认为，由国际化和研究发展所引发的外部环境变化将不会导致地区间制度作用的趋同，反而会进一步强化金融支持制度和集体/个人主义间的互补性关系。事实上，国际化和研究发展并不会改变集体/个人主义这一文化价值观对个人决策的影响，而文化价值观却将反过来决定创业者对外部环境变化的认识和利用（Whitley，1999；Aoki，2001）。例如，Suzuki 等（2002）对硅谷和日本企业家的比较分析表明，尽管第二次世界大战后的国际化和研究发展深化了企业间的合作和交流，但日本创业者仍更追求社会认可，而硅谷创业者则更受个人成就、个人财富积累等个性化动机驱动。因此，尽管外部环境会影响创业具体决策，如改变产品、降低成本、寻求新市场、引进新技术等，但创业者适应新环境的方式仍会反映出其所处制度环境，特别是集体/个人主义等文化价值观的影响并表现出独特的商业特征（Aoki，2001）。此外，这一影响也可能会在外部竞争加剧时表现得更为明显。有关家族企业的研究便表明，当外部环境变化导致企业绩效下降甚至威胁企业生存时，重视群体利益的企业家将加剧对群体利益损失的担忧，并将倾向于采用强化家族控制的方式应对挑战（Gómez-Mejía et al.，2007；贺小刚等，2013）。可以预期，这种文化价值观主导下的战略反应也将体现在创业企业的融资选择之上。

综上，本章提出以下假设：

假设3：国家国际化程度会强化信贷市场对集体主义社会中个体创新型创业的促进作用、强化资本市场对个人主义社会中个体创新型创业的促进作用。

假设4：国家研究发展水平会强化信贷市场对集体主义社会中个体创新型创业的促进作用、强化资本市场对个人主义社会中个体创新型创业的促进作用。

5.2 研究设计

5.2.1 样本选择与数据来源

本文通过对以下数据进行匹配构建研究样本，包含：个体层面的全球创业观察（GEM）数据，国家层面的经济自由度指数（IEF）、世界发展指数（WDI）及霍夫斯泰德文化价值观指数，同时根据以下标准对数据进行清理，即（1）剔除数据匹配缺失或变量测量缺失的样本；（2）剔除受访者工作状态为学生或已退休的样本；（3）将样本年龄限定为18—64岁。

有别于子研究一仅选取发展中国家进行检验，由于当前几乎所有发达国家的个人主义指数得分都很高，而几乎所有贫困国家都表现出更高的集体主义倾向（霍夫斯泰德等，2019），因此为避免样本选择偏误，本文选取所有国家样本进行实证检验。为规避金融危机的潜在影响，本文选取2010—2017年

GEM 数据构建初步研究样本，共包含 58 个国家，881 129 个个体。同时，由于本文旨在探索制度环境对创业者创业类型选择的影响，因此将样本范围进一步缩小为正在参与早期创业活动的个体（Young et al.，2018）。最终构建了包含 58 个国家，105 025 个创业者样本的数据库。这些国家包含 31 个发展中国家、27 个发达国家，呈现广泛的地域分布：亚洲（15），欧洲（27），北美洲（6），南美洲（9），大洋洲（1）。

5.2.2 变量界定

（1）因变量：创新型创业

参考 Young 等（2018），本章根据创业活动在客户需求、市场竞争和前沿技术采用等方面的表现对创新型创业活动进行识别。具体来说，根据 GEM 数据库中的相关题项对创业活动的创新性水平进行衡量，包括：

① 根据题项"您的潜在客户是否认为这种产品或服务是新的和不熟悉的？"进行赋值。若所有客户均认为产品新颖，则赋值为 2；若部分客户认为产品新颖，则赋值为 1；若没有客户认为产品新颖，则赋值为 0。

② 根据题项"是否有其他企业向您的潜在客户提供相同的产品或服务？"进行赋值。若不存在竞争对手提供相同产品或服务，则赋值为 2；若存在较少竞争对手提供相同产品或服务，则赋值为 1；若存在较多竞争对手提供相同产品或服务，则赋值为 0。

③ 根据题项"本产品或服务所应用的技术是否较为新颖？"进行赋值。若创业企业采用的技术是新近 1 年内出现的技术，则赋值为 2；若企业采用的技术是最近 1—5 年内出现的技术，则赋值为 1；若企业采用的技术是至少 5 年前已出现的旧技术，则赋值为 0。

上述题项分别从产品、市场、技术等三个方面对创业企业的创新性进行衡量，受到学界的广泛应用（Szerb et al.，2020；Estrin et al.，2020；Tang et al.，2021）。在此基础上，进一步将以上三个变量进行汇总求和，进而得到一个创业类型的代理变量，其范围为 0—6。若得分越高，则表示创业企业创新性越强；得分越低，则表示创业企业的创新性越弱、模仿性越强。与简单的创业进入与否或是否为创新型创业的 0—1 变量划分不同，该指标不仅能有效区分创新型创业与非创新型创业，同时也能有效识别不同创业企业的创新水平差异。

(2) 自变量：金融支持制度

如何精准识别、划分不同类型的金融支持制度是本章实证检验的关键。以往研究常使用国家金融部门提供的国内信贷总额占 GDP 之比，及国家股票市场总额占 GDP 之比分别对以信贷市场为基础的金融支持制度水平、以资本市场为基础的金融支持制度水平进行衡量（Judge et al., 2014；Taussig and Delios, 2015）。然而，这一测量方式常被用于对国家宏观层面变量或大型上市公司相关变量的讨论，而由于创业企业规模较小，不太可能在早期活动中涉及上市股票市场交易，因此采用股票市场规模对影响创业类型选择的资本市场进行衡量可能是不可靠的。同时，也有学者采用全球竞争力报告中的相关指标对不同金融支持制度进行衡量（Chowdhury et al., 2019；Cumming and Zhang, 2016）。如采用信贷可得性指标（"在您的国家，企业获得银行信贷的难易程度如何？"）衡量信贷市场发达程度，采用风险投资可得性指标（"在您的国家，新创企业获得股权融资的难易程度如何？"）衡量资本市场发达程度。尽管这些题项的内涵与本章的概念高度一致，但由于全球竞争力调查采用面向各国管理者发放问卷的形式进行，这一方式也常被批评存在主观测量和幸存者偏差问题，即管理者感知到的金融支持可得性很可能无法体现实际可得性（Kolokas et al., 2020）。而由于主观测量问题，受访者也往往难以对不同指标题项的实际内涵进行区分，这导致信贷可得性和风险投资可得性指标间存在较强的相关关系，特别是当本章试图对不同金融支持制度进行区分时，这一缺陷将是无法忽视的（在本章样本中，上述两个指标间的相关性超过 0.75）。

鉴于此，本章采用以下方式对不同国家金融支持制度进行衡量，以区分信贷市场和资本市场的发展水平：

① 信贷市场：通过国家财政部门和存款银行等金融部门向国内私营经济提供的信贷金额与国家 GDP 之比进行衡量（Judge et al., 2014；Taussig and Delios, 2015），这些信贷方式包括贷款、贸易信贷、购买非证券类股权等方

式，通常要求具有明确的抵押品、具备明确的还款要求[①]。国家内创业者可通过借贷获得资源支持的数量越高、可能性越大，说明该国以信贷市场为基础的金融支持制度发展水平越高。数据来源为 WDI。

② 资本市场：采用经济自由度指数（IEF）中的金融自由（Financial Freedom）指标进行衡量（McMullen et al.，2008；Young et al.，2018）。该指标旨在体现国家股权交易、风险投资、天使投资等金融和资本市场的发展程度，及其免受政府监管干预的独立性。在一个完善的金融自由环境中，资本市场高度发达，商业金融机构将根据市场竞争逻辑，自由地为个人和企业提供各类型的金融服务。同时，国外金融机构可以与国内竞争者一样自由运作，而不受监管偏见约束。此时，新兴创业者将更可能获得资本市场支持，而即使国内资源受限，自由竞争的市场逻辑也将使得富有创新性的创业者能获取国外资源支持（Miller et al.，2019）。

（3）调节变量

① 集体/个人主义：遵循霍夫斯泰德等（2019）的观点，本章将集体主义和个人主义视为一个维度的两端，即根据霍夫斯泰德文化价值观维度中的个人主义指数进行赋值，取值范围为 0—10，得分越接近 10，则该地区个人主义倾向越强；越接近 0，则该地区集体主义倾向越强。

② 国家国际化程度：借鉴现有研究（Vujakovic，2010），本章采用国家外商直接投资流入（Inward Foreign Direct Investment，IFDI）与国家对外直接投资（Outward Foreign Direct Investment，OFDI）占 GDP 之比的总和对国家贸易国际化程度（%）进行衡量。数据来源为 WDI。

③ 国家研究发展水平：采用国家研发投入占 GDP 之比（%）进行衡量，这些投入的来源包含商业企业、政府、高等教育和私人非营利组织等四个主要经济参与部门，能有效体现国家对研究发展的重视程度及其发展水平。在现行评价体系中，国家研发投入占 GDP 之比是否超过 2% 是衡量其是否为创新型国家的关键指标。数据来源为 WDI。

---

① 世界银行世界发展指数数据库，https://databank.worldbank.org/reports.aspx?source=world-development-indicators，访问时间：2024-07-26。

（4）控制变量

借鉴已有研究（Boudreaux et al., 2019; Boudreaux and Nikolaev, 2019; 郑馨等, 2019; 王博、朱沆, 2020），对个人层面的性别、年龄、人力资本、社会资本、失败恐惧、自我效能等变量进行控制，对国家层面的GDP、GDP增长率、失业率进行控制（详细说明见第四章及表5-1）。同时，对样本所在国是否为发达国家（IMF标准）及样本观察年份进行虚拟变量控制。

表5-1 子研究二的变量定义与测量

变量类型	变量名称	变量符号	变量测量
因变量	创新型创业	Innovative	参考Young等（2018）进行衡量，0—6分数赋值
自变量	信贷市场	Credit	国家金融部门向私营经济提供的信贷与GDP之比（%）
	资本市场	Capital	世界经济自由度指数中的金融自由指标
调节变量	集体/个人主义	IDV	霍夫斯泰德国家个人主义指数
	国际化程度	International	国家IFDI和OFDI占GDP之比的总和（%）
	研究发展水平	R&D	国家研发投入占GDP之比（%）
控制变量	人力资本	Human Capital	受访者受教育水平
	性别	Gender	根据性别赋值
	年龄	Age	受访者年龄及其平方
	社会资本	Social Capital	根据"你认识过去两年创业的人吗"赋值
	失败恐惧	Fear of Failure	根据"害怕失败会阻止你创业吗"赋值
	自我效能	Self-efficacy	根据"你是否具备创业所需的知识、技能和经验"赋值
	GDP	GDP	所在国GDP总额取对数
	GDP增长率	GDP-growth	所在国人均GDP增长率（%）
	失业率	Unemployment Rate	所在国失业人数占比（%）
	发达国家	Developed	根据国家是否为发达国家进行虚拟变量控制
	年份	Year	根据调查年份进行虚拟变量控制

5.2.3 描述性统计

图 5-2 报告了样本国家信贷市场和资本市场的发展情况。可见,不同国家金融支持制度在性质和发展水平上均存在较大差异。其中,以加拿大、卢森堡等为代表的部分西方国家呈现出发达资本市场、不发达信贷市场的情况,而在以日本、越南、中国为代表的东亚国家中,则呈现出信贷市场发展水平明显高于资本市场的情况。同时,正如 Whitley(1999)所提到的,虽然不同国家的金融支持制度会朝不同方向发展,但不同类型的金融支持制度并非相互排斥,经济体可能同时表现出两者的优势,这在以英国、美国、丹麦等为代表的发达国家表现尤为明显。

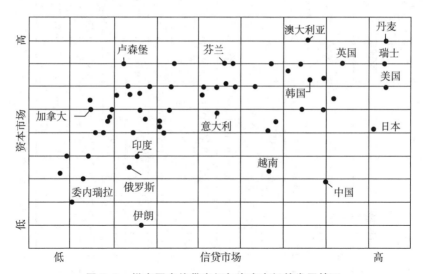

图 5-2 样本国家信贷市场与资本市场的发展情况

表 5-2 呈现了本章模型所涉及变量的描述性统计和相关性分析。其中,样本创业企业的平均创新性指数为 1.662;与子研究一的整体劳动力样本相比,基于创业者构建的样本显示男性占比更高(58.1%),同时创业者也表现出更高的社会资本(Mean = 0.625)和自我效能(Mean = 0.812)水平,以及较低的失败恐惧感知(Mean = 0.301)。在变量相关性方面,创新型创业与信贷市场、资本市场均呈显著的正相关关系,这初步支持了本章的基础假设。调节变量方面,国家个人主义倾向、国际化程度、研究发展水平均与更高的信

表 5-2 子研究二的变量描述性统计和相关系数

变量	均值	标准差	1	2	3	4	5	6	7	8	9	10	11	12	13	14	15
1. Innovative	1.662	1.432	1														
2. Credit	0.822	0.443	0.03***	1													
3. Capital	6.086	1.551	0.07***	0.39***	1												
4. IDV	3.808	2.328	−0.07***	0.40***	0.37***	1											
5. International	0.071	0.118	0.06***	0.15***	0.29***	0.21***	1										
6. R&D	0.011	0.01	−0.09***	0.52***	0.27***	0.61***	0.08***	1									
7. Human Capital	3.174	1.045	0.08***	0.19***	0.17***	0.23***	0.10***	0.19***	1								
8. Gender	0.581	0.493	0.02***	0.02***	0.02***	0.06***	0.01***	0.05***	0.05***	1							
9. Age	37.85	11.302	−0.02***	0.11***	0.10***	0.09***	0.04***	0.11***	−0.05***	−0.01***	1						
10. Social Capital	0.625	0.484	0.05***	0.05***	0.01***	0.04***	0.03***	0.06***	0.14***	0.06***	−0.06***	1					
11. Fear of Failure	0.301	0.459	−0.05***	0.02***	−0.04***	0.02***	−0.03***	0.04***	−0.03***	−0.05***	0.01***	−0.06***	1				
12. Self-efficacy	0.812	0.391	0.06***	−0.02***	0.05***	0.02***	0.02***	−0.06***	0.09***	0.06***	0.03***	0.14***	−0.18***	1			
13. GDP	26.916	1.551	−0.07***	0.47***	−0.05***	0.37***	−0.08***	0.47***	0.03***	0.00	0.05***	0.02***	0.03***	−0.06***	1		
14. GDP-growth	3.241	2.991	0.10***	−0.22***	−0.23***	−0.29***	0.07***	−0.15***	−0.05***	−0.00	−0.04***	0.02***	−0.02***	−0.04***	−0.00	1	
15. Unemployment Rate	8.007	5.452	−0.03***	0.26***	0.19***	0.25***	−0.04***	0.05***	0.10***	0.04***	0.04***	−0.02***	0.01***	0.06***	0.09***	−0.36***	1

注：$N=105\,025$；***、**、* 分别表示 1%、5%、10% 的显著性水平。

贷市场、资本市场正向相关。此外，所有变量间的相关性系数最大值为 0.61（国际化和研究发展水平），小于共线性判断标准阈值 0.7（Dormann et al.，2013），表明本章变量设定上不存在明显的共线性问题。

5.3 实证检验

5.3.1 回归结果

由于本章旨在衡量宏观制度变量对微观个体创业类型选择的影响，而因变量创业类型选择是分布在 0—6 上的定距变量，因此采用分层混合效应模型（即 STATA 中的 mixed 命令）进行检验分析（Young et al.，2018）。同时，本章对假设 3、假设 4 的检验需考察金融支持制度、集体/个人主义分别与国际化、研究发展的三重交互效应，因此采用以下方式以避免模型共线性问题的产生：①对模型中所有交互项进行对中处理（谢宇，2012）；②对所有模型进行方差膨胀因子 VIF 检验，结果显示模型整体 VIF 值最大为 3.25，小于常用的共线性判断阈值 5；③采用逐步回归进行分析（Aiken et al.，1991），若新变量及交互项的加入未改变原有结果，则可判断模型不存在明显的共线性问题。此外，本章也采用模型间比较的对数似然比检验（LR test）观察新加入变量及交互项是否提高了模型对结果变量的解释力度。

在围绕个人创新型创业选择展开分析之前，表 5-3 首先就不同前因变量与个人创业进入和创新型创业选择间的影响差异进行比较。结果表明，尽管男性创业进入的可能性较高，但不同性别在创业的创新型水平上并未表现出显著差异。同时，有别于年龄与创业进入间呈现出先上升后下降的倒 U 形关系，年龄与创新型创业间则主要表现为线性的负相关关系。在宏观层面，更高的国家经济发展水平（GDP）与创业进入负相关，与创新型创业正相关。特别是，更高的国家失业率水平与创业进入负相关、与创新型创业正相关。而基于生物技术和医疗设备行业的分析，Conti 和 Roche（2021）的新近研究便指出，以高失业率为表征的劳动力市场化状况恶化将使得高技术人才难以找到提供有吸引力的工资的工作，降低其创业机会成本，并导致更多高技术创新公司的创建。此外，个人主义与个人创业进入和创新型创业选择间均表现为不显著的负相关关系。

在金融支持制度效应方面，模型1-1和模型1-2的检验结果表明，不同的金融支持制度发展水平均与个人创业进入表现出负相关关系，这与以往研究对金融支持制度主要影响高质量创业产生的强调一致。而模型1-4和模型1-5的主效应检验表明，与假设1a预期一致，较发达的信贷市场有效促进了个体的创新型创业选择（Beta = 0.152，$p<0.01$），然而，与假设1b预期相反，较发达的资本市场反而会抑制个体创新型创业的产生（Beta = -0.052，$p<0.01$），这一结果在后续各模型中均保持稳健。

表5-3 金融支持制度与创业选择：直接效应

变量	Entrepreneurship			Innovative Entrepreneurship			
	1-0	1-1	1-2	1-3	1-4	1-5	1-6
Individual level							
Human capital	0.049***	0.049***	0.049***	0.057***	0.057***	0.057***	0.057***
Gender	0.206***	0.206***	0.206***	-0.005	-0.005	-0.006	-0.005
Age	0.036***	0.036***	0.036***	-0.026***	-0.026***	-0.026***	-0.026***
Age2	-0.001***	-0.001***	-0.001***	0.000***	0.000***	0.000***	0.000***
Social capital	0.903***	0.902***	0.902***	0.081***	0.081***	0.080***	0.081***
Fear of failure	-0.378***	-0.378***	-0.378***	-0.071***	-0.071***	-0.071***	-0.071***
Self-efficacy	1.353***	1.353***	1.353***	0.110***	0.109***	0.110***	0.109***
Country level							
IDV	-0.039	-0.045	-0.036	-0.049	-0.039	-0.044	-0.022
GDP	-0.083***	-0.060**	-0.083***	0.166***	0.128***	0.179***	0.111***
GDP-growth	0.003*	0.001	0.003	0.027***	0.030***	0.024***	0.029***
Unemployment Rate	-0.005*	-0.004	-0.006**	0.024***	0.022***	0.020***	0.015***
Developed	控制	控制	控制	控制	控制	控制	控制
Year	控制	控制	控制	控制	控制	控制	控制
（H1a）Credit		-0.103**			0.152***		0.276***
（H1b）Capital			-0.017			-0.052***	-0.077***

（续表）

变量	Entrepreneurship			Innovative Entrepreneurship			
	1-0	1-1	1-2	1-3	1-4	1-5	1-6
Intercept	-1.916***	-2.552***	-1.909***	-3.002***	-1.967**	-3.335***	-1.485*
Variance of random intercept	0.147***	0.147***	0.148***	0.187***	0.173***	0.219***	0.202***
Model fit statistics							
Log likelihood	-271 103	-271 100	-271 101	-179 479	-179 475	-179 471	-179 460
Wald chi2	57 131.3***	57 137.5***	57 133.9***	1 169.3***	1 176.4***	1 187.8***	1 208.6***
AIC	542 248.1	542 244.6	542 247.6	359 001.8	358 995.3	358 988.6	358 968.2
LR test vs logistic model	8 801.3***	8 666.3***	8 498.4***	10 916.0***	9 789.9***	10 063.3***	9 370.8***
LR test vs M-(N-0)	—	5.45**	2.45	—	8.0***	15.4***	37.5***
N	881 129	881 129	881 129	105 025	105 025	105 025	105 025

注：***、**、*分别表示1%、5%、10%的显著性水平。其中，模型1-0至模型1-2为所有个体样本；模型1-3至模型1-6为创业者样本。

表5-4对集体/个人主义的调节效应进行检验。模型2-1的结果表明，信贷市场与个人主义的交互项呈显著的负相关关系（Beta=-0.046，$p<0.1$），而模型2-2的结果表明，资本市场与个人主义的交互项则呈显著的正相关关系（Beta=0.036，$p<0.01$），以上结果均在后续模型中保持稳健（见表5-4中的模型2-3以及表5-5和表5-6）。为清晰呈现这一调节效应，本章采用STATA中的margins命令对不同集体/个人主义水平下信贷市场、资本市场的边际作用进行图示绘制。如图5-3和图5-4所示，发达的信贷市场将对个体创新型创业起积极的促进作用，且这一效应将在集体主义（即低个人主义得分）社会中表现得更为明显。而发达的资本市场则仅在个人主义社会中表现出对个体创新型创业的促进作用，在集体主义社会甚至会表现出强烈的抑制作用。这一结果并不意外，正如上文所述，由于以风险投资为主要金融中介的资本市场通常更重视被投企业的透明度和信息不对称问题，在集体主义社

会中，资本市场将不太可能向新创企业投资，并会转而表现出对大型上市公司的偏好，这种选择将可能反过来挤压创业生存空间，抑制创新型创业的产生（Norrman and Bager-Sjögren, 2010）。以上，假设 2a 和假设 2b 均得到支持。

表 5-4 金融支持制度与创新型创业：集体/个人主义的调节效应

变量	Innovative Entrepreneurship		
	2-1	2-2	2-3
Individual Level			
Human Capital	0.057***	0.057***	0.057***
Gender	-0.005	-0.005	-0.005
Age	-0.026***	-0.026***	-0.026***
Age2	0.000***	0.000***	0.000***
Social Capital	0.081***	0.081***	0.081***
Fear of Failure	-0.071***	-0.071***	-0.071***
Self-efficacy	0.109***	0.110***	0.109***
Country Level			
IDV	-0.016	-0.051	-0.042
GDP	0.105***	0.122***	0.110***
GDP-growth	0.029***	0.029***	0.029***
Unemployment Rate	0.015***	0.018***	0.019***
Developed	Control	Control	Control
Year	Control	Control	Control
(H1a) Credit	0.314***	0.221***	0.278***
(H1b) Capital	-0.078***	-0.055***	-0.054***
Interaction			
(H2a) Credit× IDV	-0.046*		-0.075***
(H2b) Capital× IDV		0.036***	0.040***
Intercept	-1.307	-1.865**	-1.509*
Variance of Random Intercept	0.206***	0.212***	0.209***
Model fit			
Log Likelihood	-179 458	-179 446	-179 442
Wald chi2	1212.4***	1237.8***	1246.3***

（续表）

变量	Innovative Entrepreneurship		
	2-1	2-2	2-3
AIC	358 966.4	358 941.7	358 935.0
LR Test vs Logistic Model	9 292.1***	9 291.0***	9 075.0***
LR Test vs M 1-N	32.9***	50.1***	36.7***

注：$N = 105\ 025$；***、**、*分别表示1%、5%、10%的显著性水平。

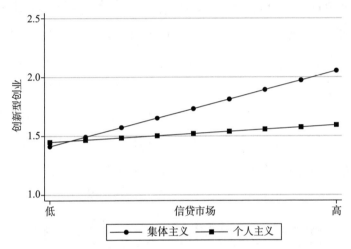

图5-3 信贷市场与创新型创业：集体/个人主义的调节

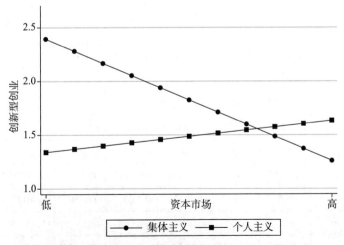

图5-4 资本市场与创新型创业：集体/个人主义的调节

进一步考察国际化和研究发展情境下金融支持制度与集体/个人主义间的互补关系。为便于呈现，表5-5和表5-6分为围绕信贷市场和资本市场进行检验。在对调节变量二次交互项进行控制的基础上，表5-5中模型3-3的结果表明，地区国际化程度与信贷市场、集体/个人主义间的三重交互项呈显著的负相关关系（Beta=-0.164，$p<0.1$）；模型3-6的结果表明，地区研究发展水平与信贷市场、集体/个人主义间的三重交互项同样呈显著的负相关关系（Beta=-18.506，$p<0.1$），这一结果在后续模型3-7的整体检验中保持稳健。通过比较图5-5和图5-6、图5-7和图5-8可以发现，随着地区国际化程度和研究发展水平的提高，信贷市场将对集体主义社会中的创新型创业表现出更显著的促进作用，而对个人主义社会的促进作用则变化不明显。特别是，随着国际化、研究发展的深化，集体主义社会中的个人创新型创业选择将大幅度降低（比较图5-5与图5-6、图5-7与图5-8的左侧）。此时，集体主义社会将尤其依赖发达信贷市场的拉动作用。换言之，信贷市场与区域集体主义间的互补性将进一步强化。

表5-5 信贷市场、集体/个人主义与创新型创业：国际化、研究发展的情境

变量	Innovative Entrepreneurship						
	3-1	3-2	3-3	3-4	3-5	3-6	3-7
Individual Level							
Human Capital	0.057***	0.057***	0.057***	0.057***	0.057***	0.057***	0.057***
Gender	-0.005	-0.005	-0.005	-0.005	-0.005	-0.005	-0.005
Age	-0.026***	-0.026***	-0.026***	-0.026***	-0.026***	-0.026***	-0.026***
Age2	0.000***	0.000***	0.000***	0.000***	0.000***	0.000***	0.000***
Social Capital	0.081***	0.081***	0.081***	0.081***	0.081***	0.080***	0.080***
Fear of Failure	-0.071***	-0.071***	-0.071***	-0.071***	-0.071***	-0.070***	-0.070***
Self-efficacy	0.109***	0.109***	0.109***	0.109***	0.109***	0.109***	0.109***
Country Level							
IDV	-0.015	-0.015	-0.012	-0.016	-0.013	0.049	0.055
GDP	0.105***	0.102***	0.103***	0.103***	0.092***	0.077**	0.074**

第5章 二元制度复杂效应：金融支持制度、集体/个人主义与个人创新型创业

（续表）

变量	Innovative Entrepreneurship						
	3-1	3-2	3-3	3-4	3-5	3-6	3-7
GDP-growth	0.029***	0.030***	0.030***	0.029***	0.028***	0.029***	0.030***
Unemployment Rate	0.015***	0.015***	0.015***	0.015***	0.019***	0.016***	0.016***
Developed	Control	Control	Control	Control	Control	Control	Control
Year	Control	Control	Control	Control	Control	Control	Control
（H1a）Credit	0.3139***	0.3202***	0.3295***	0.305***	0.218***	0.328***	0.3456***
（H1b）Capital	-0.078***	-0.078***	-0.080***	-0.078***	-0.061***	-0.052***	-0.054***
Inter	-0.015	-0.212	-0.2703*				-0.310**
R&D				2.25	-5.142	-13.874***	-13.710***
Interaction							
（H2a）Credit×IDV	-0.047*	-0.050*	-0.052**	-0.045*	-0.070***	-0.023	-0.028
Inter×IDV		0.069	0.080*				0.090**
Inter×Credit		0.114	0.593*				0.737*
（H3）Inter×Credit×IDV			-0.164*				-0.214**
R&D×IDV					1.234	5.126***	5.175***
R&D×Credit					36.194***	31.452***	31.851***
（H4）R&D×Credit×IDV						-18.506***	-18.964***
Intercept	-1.305	-1.246	-1.276	-1.262	-1.09	-0.755	-0.714
Variance of Random Intercept	0.206***	0.205***	0.209***	0.209***	0.212***	0.186***	0.191***
Model Fit							
Log Likelihood	-179 458	-179 456	-179 455	-179 458	-179 442	-179 421	-179 417
Wald chi2	1 212.4***	1 215.1***	1 218.3***	1 213.0***	1 243.7***	1 283.9***	1 292.6***
AIC	358 968.3	358 969.6	358 968.7	358 968.1	358 941.9	358 901.9	358 901.8
LR Test vs Logistic Model	9 227.4***	9 079.7***	9 008.1***	8 902.1***	8 452.1***	8 484.7***	8 340.0***
LR Test vs M-(N-1)	—	2.7	2.9*	—	30.2***	42.0***	74.9***

注：$N=105\,025$；***、**、*分别表示1%、5%、10%的显著性水平。

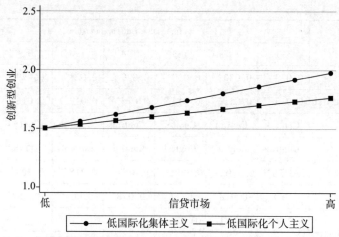

图 5-5　低国际化国家中信贷市场与创新型创业：集体/个人主义的调节

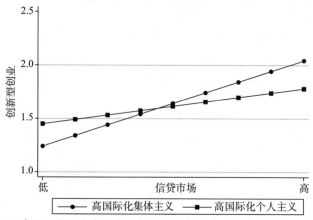

图 5-6　高国际化国家中信贷市场与创新型创业：集体/个人主义的调节

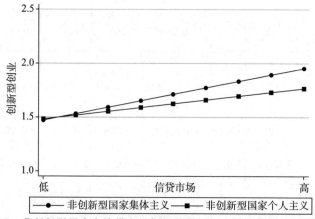

图 5-7　非创新型国家中信贷市场与创新型创业：集体/个人主义的调节

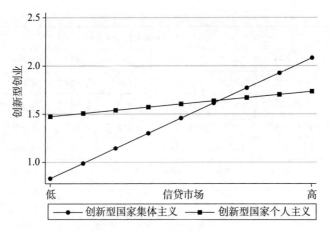

图 5-8 创新型国家中信贷市场与创新型创业：集体/个人主义的调节

而表 5-6 的结果表明，无论是国际化程度还是研究发展水平，其与资本市场、集体/个人主义间的三重交互项均呈不显著的相关关系。同时，模型间比较的似然比检验结果表明（LR test vs M-（N-1）），加入国际化程度、研究发展与资本市场、集体/个人主义的三重交互项，对整体模型解释力度的提升仅为不显著的 0.1。这意味着随着国际化程度和研究发展水平的提高，资本市场与个人主义间的互补关系将不会出现变化（如图 5-4 所示）。以上，假设 3 和假设 4 均得到部分支持。

表 5-6 资本市场、集体/个人主义与创新型创业：国际化、研究发展的情境

变量	Innovative Entrepreneurship						
	4-1	4-2	4-3	4-4	4-5	4-6	4-7
Individual Level							
Human Capital	0.058***	0.058***	0.058***	0.057***	0.058***	0.058***	0.058***
Gender	-0.005	-0.005	-0.005	-0.005	-0.005	-0.005	-0.005
Age	-0.026***	-0.026***	-0.026***	-0.026***	-0.026***	-0.026***	-0.026***
Age2	0.000***	0.000***	0.000***	0.000***	0.000***	0.000***	0.000***
Social Capital	0.081***	0.081***	0.081***	0.081***	0.081***	0.081***	0.081***
Fear of Failure	-0.071***	-0.071***	-0.071***	-0.071***	-0.072***	-0.072***	-0.072***
Self-efficacy	0.110***	0.109***	0.109***	0.110***	0.110***	0.110***	0.110***
Country Level							
IDV	-0.051	-0.051	-0.050	-0.051	-0.026	-0.026	-0.025

(续表)

变量	Innovative Entrepreneurship						
	4-1	4-2	4-3	4-4	4-5	4-6	4-7
GDP	0.122***	0.120***	0.119***	0.121***	0.125***	0.126***	0.123***
GDP-growth	0.029***	0.030***	0.030***	0.029***	0.029***	0.029***	0.029***
Unemployment Rate	0.018***	0.018***	0.018***	0.018***	0.017***	0.017***	0.017***
Developed	Control	Control	Control	Control	Control	Control	Control
Year	Control	Control	Control	Control	Control	Control	Control
(H1a) Credit	0.223***	0.220***	0.220***	0.215***	0.239***	0.239***	0.237***
(H1b) Capital	-0.055***	-0.052***	-0.052***	-0.055***	-0.056***	-0.057***	-0.054***
Inter	0.032	-0.195	-0.199				-0.240
R&D				1.894	0.340	-0.016	0.346
Interaction							
(H2b) Capital×IDV	0.036***	0.035***	0.035***	0.036***	0.024***	0.024***	0.024***
Inter×IDV		0.041	0.054				0.051
Inter×Capital		0.091	0.101				0.090
(H3) Inter× Capital×IDV			-0.012				-0.001
R&D×IDV					-5.509***	-5.714***	-5.796***
R&D×Capital					6.555***	6.705***	6.670***
(H4) R&D× Capital×IDV						0.154	0.107
Intercept	-1.862**	-1.821**	-1.805**	-1.825**	-1.888**	-1.898**	-1.826*
Variance of Random Intercept	0.211***	0.211***	0.210***	0.214***	0.232***	0.232***	0.232***
Model Fit							
Log Likelihood	-179 445	-179 444	-179 444	-179 445	-179 432	-179 432	-179 431
Wald chi2	1 237.9***	1 240.5***	1 240.6***	1 238.3***	1 266.0***	1 266.1***	1 269.2***
AIC	358 943.5	358 944.9	358 946.8	358 943.5	358 921.8	358 923.8	358 928.6
LR Test vs Logistic Model	9 244.0***	9 200.2***	9 142.5***	8 820.6***	8 334.2***	8 332.9***	8 199.3***
LR Test vs M-(N-1)	—	2.4	0.1	—	25.7***	0.1	26.2***

注：$N=105\ 025$；***、**、*分别表示1%、5%、10%的显著性水平。

表 5-7 对本章研究假设检验情况进行总结。其中，旨在检验信贷市场主效应的假设 1a 得到支持，而旨在检验资本市场主效应的假设 1b 并未得到支持，甚至呈现了相反的证据。集体/个人主义调节效应方面，假设 2a 和假设 2b 均得到支持。而假设 3 和假设 4 均得到部分支持，即国家国际化/研究发展水平与信贷市场、集体/个人主义的三重交互项支持了预期假设，而国家国际化/研究发展水平与资本市场、集体/个人主义的三重交互项并未得到支持。

表 5-7 子研究二假设的检验情况

假设	内容	结论
假设 1a	发达的信贷市场有助于促进个体的创新型创业	支持
假设 1b	发达的资本市场有助于促进个体的创新型创业	不支持
假设 2a	在集体主义国家，发达的信贷市场对个体创新型创业的促进作用更明显	支持
假设 2b	在个人主义国家，发达的资本市场对个体创新型创业的促进作用更明显	支持
假设 3	国家国际化程度会强化信贷市场对集体主义社会中个体创新型创业的促进作用、强化资本市场对个人主义社会中个体创新型创业的促进作用	部分支持
假设 4	国家研究发展水平会强化信贷市场对集体主义社会中个体创新型创业的促进作用、强化资本市场对个人主义社会中个体创新型创业的促进作用	部分支持

5.3.2 稳健性检验

为确保研究结论的稳健性，本章采用以下方式进行稳健性检验：①在因变量测量上，借鉴 Stephan 等（2010），仅采用产品新颖性和市场竞争两个指标构建创新型创业的测量。②为与 Young 等（2018）的做法保持一致，本章保留所有创业样本（即包含机会型创业和生存型创业）构建数据集和变量测量，而正如第四章所提到的，由于生存型创业决策是劳动力缺乏替代选择的被迫行为，可能无法体现制度的激励作用。因此，本章对仅保留机会型创业的样本进行再检验。③为与子研究一保持样本一致，本章也采用 2010—2015

年数据进行再检验。表 5-8、表 5-9 和表 5-10 分别对以上检验结果进行呈现①，除部分模型显著性水平发生变化，其余结果均与上文高度一致。

表 5-8 更换因变量测量方式的替代检验

变量	Innovative Entrepreneurship				
	5-1	5-2	5-3	5-4	5-5
IDV	-0.000	-0.004	0.011	-0.004	-0.001
(H1a) Credit	0.108***		0.184***	0.141***	0.168***
(H1b) Capital		-0.020**	-0.036***	-0.026**	-0.025**
(H2a) Credit× IDV			-0.024		-0.038**
(H2b) Capital× IDV				0.015***	0.018***
Control Variables	控制	控制	控制	控制	控制
Intercept	-0.732	-1.448**	-0.403	-0.576	-0.489
Variance of Random Intercept	-1.249***	-1.184***	-1.193***	-1.214***	-1.199***
Model Fit					
Log Likelihood	-154 437	-154 438	-154 431	-154 427	-154 425
Wald chi2	1 100.5***	1 098.5***	1 113.4***	1120.3***	1 124.6***
AIC	308 920.6	308 923.6	308 912.7	308 905.4	308 903.4
LR Test vs Logistic Model	9 703.4***	9 851.6***	9 055.1***	9 056.6	8 911.0***

注：$N=105\,025$；***、**、* 分别表示 1%、5%、10% 的显著性水平；对控制变量和时间固定效应进行控制。

表 5-9 基于机会型创业样本的替代检验

变量	Innovative Entrepreneurship				
	5-1	5-2	5-3	5-4	5-5
IDV	-0.041	-0.035	-0.019	-0.053	-0.047
(H1a) Credit	0.028		0.196***	0.116*	0.152**
(H1b) Capital		-0.082***	-0.099***	-0.067***	-0.067***
(H2a) Credit× IDV			-0.016		-0.051*
(H2b) Capital× IDV				0.043***	0.045***
Control Variables	控制	控制	控制	控制	控制

---

① 为缩减文章篇幅，仅对部分主要结果进行呈现，其余稳健性检验结果留存备索。

（续表）

变量	Innovative Entrepreneurship				
	5-1	5-2	5-3	5-4	5-5
Intercept	-2.209**	-2.812***	-1.589	-2.205**	-1.953*
Variance of Random Intercept	-0.855***	-0.729***	-0.754***	-0.720***	-0.733***
Model Fit					
Log Likelihood	-130 114	-130 128	-130 110	-130 095	-130 094
Wald chi2	773.1	740.3	779.6	811.0	813.5
AIC	260 274.3	260 302.7	260 270.9	260 241.1	260 240.1
LR Test vs Logistic Model	7 517.9	7 262.8	7 027.4	7 034.8	6 929.2

注：$N=75\,782$；***、**、*分别表示1%、5%、10%的显著性水平；对控制变量和时间固定效应进行控制。

表5-10　基于2010—2015年数据的替代检验

变量	Innovative Entrepreneurship				
	5-1	5-2	5-3	5-4	5-5
IDV	0.002	-0.018	0.017	-0.020	-0.012
（H1a）Credit	0.451***		0.554***	0.446***	0.526***
（H1b）Capital		-0.019	-0.029*	-0.009	-0.005
（H2a）Credit×IDV			-0.059**		-0.102***
（H2b）Capital×IDV				0.033*	0.041**
Control Variables	控制	控制	控制	控制	控制
Intercept	1.578*	-0.373	1.950**	1.444	1.604*
Variance of Random Intercept	-0.948***	-0.974***	-0.899***	-0.881***	-0.854***
Model Fit					
Log Likelihood	-136 885	-136 906	-136 881	-136 875	-136 870
Wald chi2	953.9	910.2	961.1	974.4	985.9
AIC	273 812.5	273 855.6	273 810.0	273 797.2	273 788.3
LR Test vs Logistic Model	7 553.1	7 547.2	7 016.9	7 079.1	6 879.9

注：$N=80\,443$；***、**、*分别表示1%、5%、10%的显著性水平；对控制变量和时间固定效应进行控制。

5.4 本章小结

有别于以往研究对单一制度的关注，比较制度分析认为制度是由不同领域的互补制度共同构成的组合。由于金融支持制度是决定创业者获取外部资源支持的关键制度指标，本章探索了金融支持制度与非正式制度间互补关系对个体创新型创业选择的影响。立足于 Whitley（1999）和经济学相关理论观点，将国家金融支持制度划分为以信贷市场为基础和以资本市场为基础的两种主要类型，提出由于不同性质的金融支持制度具备其内在的独特逻辑和规范，因此将与不同非正式制度表现出互补关系进而共同促进创新型创业。

基于 2010—2017 年 58 个国家、105 025 个创业者的样本，采用分层线性模型的检验结果表明：在整体效应上，发达的信贷市场与个体创新型创业选择正相关，而发达的资本市场则负相关。特别是，这一效应将取决于国家的非正式制度。通过将集体/个人主义视为地区间文化差异的"深层结构"，本研究发现，在集体主义社会，信贷市场对创新型创业的促进作用更为明显，而资本市场则仅在个人主义社会中表现出对创新型创业的促进作用。即信贷市场/资本市场将分别与集体主义/个人主义呈现出互补性关系以共同促进个体的创新型创业选择。进一步地，这种二元制度间的互补性关系将随着外部环境竞争的加剧而强化。具体而言，随着国家国际化程度和研究发展水平的提高，在集体主义社会，信贷市场对个体创新型创业的促进作用将加强。在变量层面上，本章识别了不同类型金融支持制度对创业选择的"净效应"及其作用机制差异；在理论层面上，本章辨析了两种类型制度间共同作用的潜在机制，验证了比较制度分析关于制度间相互依赖、相互强化的制度互补性观点，以及制度互补性将长期存在的制度变迁观点。

具体而言，本章内容可提供以下理论贡献。首先，本研究深化了对国家金融支持制度如何影响创业活动的作用机制认知。创业，尤其是创新型创业活动的展开往往需要跨越人际关系的外部资源支持（Paulson and Townsend, 2004; Ho and Wong, 2007），然而，尽管金融支持制度对创业活动的积极影响在理论内涵上似乎是明确的，这一关系却并未在以往研究中得到充分的经

第5章 二元制度复杂效应：金融支持制度、集体/个人主义与个人创新型创业

验证据支持。基于比较制度分析和经济学观点（Whitley，1999；de Bettignies and Brander，2007），本章认为国家金融支持制度不仅在水平上存在差异，更在性质上存在显著不同。一方面，以信贷市场为基础的金融支持制度通常更重视创业者提供抵押品和可信担保的能力；另一方面，以资本市场为基础的金融支持制度则更重视创业企业的增长潜力和透明度，并将提供更多的增值资源支持。正是这种内在规范、逻辑的差异，将导致金融支持制度在不同情境下表现出有差异的效力水平，而由于缺乏这种细度辨析，前人冲突性研究结论的产生也就不足为奇了。

其次，通过研究金融支持制度与集体/个人主义的共同作用，本研究也深化了对多元制度间相互作用的认识。比较制度分析认为，多元制度是以相互补充、相互强化的方式存在的，某些制度的存在将会强化另外一些制度的收益。尽管现有大量研究关注正式制度和非正式制度对创业活动的直接影响，却很少有研究同时考察正式制度、非正式制度的共同作用（Webb et al.，2020）。本研究表明，由于不同金融支持制度的内在逻辑差异，而创业资源和约束也将在集体主义社会和个体主义社会中表现出显著的不同，因此以信贷市场为基础的金融支持制度将与集体主义社会形成相互补充，而以资本市场为基础的金融支持制度则将与个人主义社会形成相互补充，进而表现出对创新型创业的共同促进作用。这一制度互补性的观点将为我们理解制度作用提供更富解释力的理论框架。例如，Young 等（2018）与本章采用同一测量指标的研究结论表明，发达的资本市场与创新型创业活动间存在显著的正向关系。本章结果则显示，在整体效应上资本市场与创新型创业负相关，而仅在个人主义社会中会表现出积极作用。通过分析数据可以发现，Young 等（2018）采用 2002—2009 年 GEM 数据构建研究样本，而本章则采用 2010—2017 年 GEM 数据构建研究样本。事实上，受资助方和机构所在地影响，早期的 GEM 调查更多集中在个人主义倾向明显的欧美国家，并在随后才逐步涉及不同文化形态的多元国家①。换言之，本章的研究结论与 Young 等（2018）并

---

① 例如，Young 等（2018）的研究样本并不包括中国、越南等集体主义代表国家。而根据 GEM 报告，1999 年第一次 GEM 调查仅涵盖加拿大、丹麦、芬兰、法国、德国、以色列、意大利、英国、日本和美国等 10 个发达经济体。

不冲突，相反，本章的结论进一步凸显了非正式制度情境，及制度互补性对于解释制度作用的重要价值。

再次，本研究也深化了对创业活动中非正式制度影响力的认知。受早期创业特质论影响，部分学者认为非正式制度将决定地区内个体是否拥有创造力、创新性和冒险性等企业家精神属性，进而对国家创业活动起关键性影响（Stephan and Uhlaner, 2010; Stephan and Pathak, 2016）。而另一部分学者则认为，与正式制度相比，非正式制度的作用将更多表现在对正式制度缺失的补充及对正式制度作用的调节之上（De Clercq et al., 2013; Damaraju et al., 2021）。例如，Whitley（1992, 2012）便认为，正式制度将对经济组织性质和运行起直接影响，而非正式制度则主要通过塑造更深层次的价值观念产生间接影响。通过聚焦于集体/个人主义这一关键非正式制度，本章的实证结果发现，没有任何证据表明集体/个人主义将对个体创业类型选择起直接的促进或抑制作用，然而，集体/个人主义却将决定不同性质金融支持制度的作用效力，甚至改变其作用方向。这一结论支持了非正式制度将作为正式制度作用背景而产生更深远影响的理论观点。

最后，本研究也深化了对制度变迁的认知。推崇自由市场经济的学者认为，随着全球经济一体化所带来的国际交流和竞争加剧，世界各国的制度建设将逐步向市场化制度靠拢，并最终表现为高度一致的趋同形式。与之不同，比较制度分析观点则认为，由于国家间的文化、政治、资源和地理差异，不同制度间互补性的存在将导致国家的制度变迁呈现出历史路径依赖，并最终走向不同的分叉。本章的结论便显示，对于集体主义社会，随着国家国际化和研究发展水平的深化，创业决策受资本市场的负向影响并未改变，并将表现出对信贷市场的更大依赖性，即国家间的制度作用差异将持续存在，而不同制度间的互补性甚至将随着外部环境竞争的加剧而强化。这一结论从侧面验证了比较制度分析将制度变迁视为国家长期协调的历史产物，而不会轻易改变的路径依赖观点。

第 6 章
CHAPTER6

多元制度复杂效应与国家创业形态

> 对于各个商业体制之间差异的解释……显然有赖于对所有关键制度的分析，同时还需要分析这些制度是如何相互依赖、共同构建了已确立的经济组织的特定模式的。
>
> ——惠特利（2004）

前两个研究识别了影响创业选择的不同关键制度的作用机制，探索了不同类型制度间产生共同作用的潜在机制。在此基础上，本章将整体考察多元制度对国家创业形态的共同影响。正如前文所述，以往研究常基于单一、同质的制度假定，通过对特定单一制度或整体制度的评估衡量制度影响。尽管新近部分研究关注多元外部环境对创业选择的共同作用，然而，一方面部分研究立足于创业生态系统视角（Acs et al., 2014；杜运周等，2020），关注制度、政治、经济等多元外部环境，而缺乏对制度的聚焦及对关键制度的识别；另一方面，即使部分研究关注多元制度的作用（Stenholm et al., 2013；Chowdhury et al., 2019），也仍基于传统定量分析思维将多元制度的影响视为等效、可加的，而缺乏对制度间相互作用复杂关系的关注。因此，本章将基于比较制度分析的理论观点，运用 fsQCA 方法，探索由法律制度、金融支持制度、技能发展和管理制度、文化价值观等四类关键制度及其复杂关系组成的不同制度组态（制度多样性）对国家创业形态（国家创业活跃度、创新型创业）的影响。图 6-1 呈现了子研究三的具体理论框架。

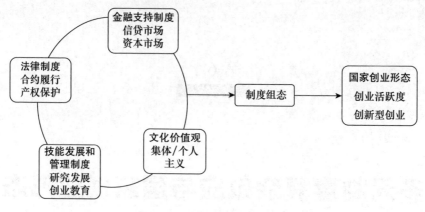

图 6-1 子研究三的理论框架

下文将围绕以下几部分展开：第一部分为理论与假设，着重阐述国家创业形态和制度多样性的理论基础和识别依据，并基于比较制度分析观点提出核心假说；第二部分为研究设计，对研究方法、数据选择和变量测量进行详细介绍；第三部分为结果分析，即运用 fsQCA 进行国家间案例比较分析，并对分析结果进行讨论；第四部分为本章小结，对本章研究结论和理论启示进行总结。

6.1 理论与假设

6.1.1 国家创业形态

长期以来，对国家创业形态的关注源于创业将产生更多的创新和就业机会、创造更多的社会经济财富这一基本假设，并通常采用国家创业人数占总人口的比例进行衡量（Lee et al., 2011; Valdez and Richardson, 2013; Cullen et al., 2014; Kim and Li, 2014）。在概念上，创业与创新往往是等同的。例如，Schumpeter（1961）便将创业者视为创造性破坏的代理人，暗示一个国家的创业率越高，便越可能带来创新和推动前沿技术发展。在他看来，"出资建设铁路的人，通常不会是驿路马车的所有者"（熊彼特，2019）。由于创新机会、"新组合"的出现往往会破坏和侵蚀现有企业赖以生存的产业结构和可持续竞争优势，在位老牌企业几乎没有追求新机会的动机。因此，这使得追求创新机会成为新兴创业者的特权，他们将发现或创造机会，并通过创办新企业利用这些机会。由此出发，大量研究试图通过明晰制度在促进国家创业活跃度中所扮演的关键角色，以期构建完整的"制度—创业—经济增长"逻辑链条（Bjornskov and Foss, 2016; Aparicio et al., 2021）。

然而，这一基本假设却并未得到经验证据的充分支持。例如，Blanchflower（2000）便发现在经济合作与发展组织国家中，更高的自我雇佣率甚至与更低的经济增长率密切相关。类似地，Anokhin 和 Wincent（2012）基于 1996—2002 年 35 个国家样本的研究结果表明，国家创业率和创新产出之间将表现为微弱的负相关关系，且这一关系在发展初期国家中将更为明显。而 2009 年全球创业研究奖（the 2009 Global Award for Entrepreneurship Research）得主 Shane（2009）便警告，对国家创业活跃度的简单关注可能是一场危险的"数字游戏"。由于初创企业不太可能拥有从事创新活动或开发高质量技术机会所需的能力，也没有足够的资本在要素市场上获得所需的资源，这导致大多数创业活动可能是以非常简单的形式展开的（Autio, 2007）。尽管个人层面上的创新型创业例子比比皆是，但就国家层面的创业形态而言，创新型创业所占的比例过小将对国家整体创新和生产力产生不利影响。因此，对于关注技术升级和经济增长的政策制定者和学者而言，有必要将注意力从创业活跃度转向创业类型，特别是创新型创业之上（Acs, 2006）。

此外，对创新型创业的强调也并不意味着对创业活跃度的忽视。正如部分学者所意识到的，创业对国家的重要意义不仅体现在经济绩效层面，而且也体现为促进包容性增长、提高社会流动和减贫等社会效应（Alvarez and Barney, 2014; Bruton et al., 2013）。在许多国家，创业被视为解决高失业率、降低贫富差距的关键手段（Langevang et al., 2012; Bruton et al., 2021），而对处在社会边缘、先天禀赋资源不足的个体而言，可行的创业机会则将带来潜在的阶层上升渠道（范晓光、吕鹏，2017）、更高的社会融入（Aparicio et al., 2021）和主观幸福感知（叶文平等，2018；于晓宇等，2018）。例如，Kimhi（2010）的研究便指出，通过鼓励更多的农村创业，即使这些创业的创新性水平和增长潜力较低，也将有效促进低收入、低财富、缺乏受教育经历群体的家庭收入，并带来更高的社会财富平均分配水平。

对于国家而言，创业的经济效应和社会效应同等重要。一方面，过度强调创业的经济效应将可能导致创业活动成为禀赋资源较高的既得利益者扩大自身财富优势的方式。而即使这些活动有效地促进了社会经济增长，贫富差距的扩大也将导致社会不稳定、动荡的产生（Knack and Keefer, 1995; Judge et al., 2014）。另一方面，仅关注创业的社会效应则将导致经济体无法有效地创造新财富，阻碍国家技术变革的产生并造成大型企业在社会经济生活中的长期主导地位（Chang and Wu, 2014; Tran, 2019），而这又可能反过来限制创业在促进社会流动和包容性增长中的作用。

鉴于此，本章将同时从创业活跃度和创新型创业两方面对国家创业形态进行考察（Stenholm et al., 2013; Chowdhury et al., 2019），并关注国家间的整体制度配置多样性在塑造不同国家创业形态上的作用。诚然，最有效的制度模式应该能同时诱发更高的创业活跃度和创新型创业，兼顾创业的社会效应和经济效应。然而，正如以往研究所发现的，创业数量和创业质量往往不可兼得（Anokhin and Wincent, 2012），经济体必须根据其社会和经济发展趋势将着力点放置于不同的目标之上。

6.1.2 制度多样性

毫无疑问，"制度重要"的观点在创业研究中已经得到明确。然而，学界对于多元制度如何对创业活动产生具体影响却仍存在争论（Su et al., 2017; Zhai et al., 2019）。尽管现有大量研究试图明确哪一类，甚至哪一个具体制度是影响创业活动国家分布差异的关键（Bowen and De Clercq, 2008; Estrin et al., 2013a; Valdez and Richardson, 2013; Chowdhury et al., 2019），而比较制度分析则认为多元制度是以相互依赖、相互强化的方式存在的，这种制度间的互补性将使不同国家间形成多样的整体制度配置并塑造出不同的国家商业体制特征（Hall and Soskice, 2001; Whitley, 1999）。换言之，一种制度的作用将很大程度上取决于其与国家内其他制度间是否能形成有效的系统性协同关系。因此，为深化对创业活动中制度影响力的理解，我们应将注意力转向对由多元制度及其相关关系组成的国家多样制度配置的关注之上，而不应陷入对特定制度作用的无休止争论之中（Jackson and Deeg, 2019）。

本章将基于 Whitley（1999）的商业体制比较框架对影响创业选择的多元关键制度进行识别，并进一步辨析国家间的整体制度配置多样性。作为比较制度分析的经典观点，Whitley（1999）的研究旨在对世界各国为何普遍存在商业体制特征差异进行解释[①]。在他看来，在任何一个经济体中，占主导地位的经济组织模式都会反映出所有主流制度的影响。而对这些差异的解释，显然有赖于对所有关键制度以及这些制度如何相互依赖产生作用的分析。虽然他并不否认跨国和国家内地区层面其他因素的影响，但由于国家在界定规则、维护秩序上的主导地位，这些因素的作用仍将取决于国家层面的制度约束（惠特利，2004）。因此，由多元制度及其相互关系构成的国家间制度多样性将是导致世界各国商业模式产生系统性差异的根源。近年来，Whitley（1999）的框架已被逐步应用于对不同国家经济成果的解释之中，如国家是否能实现公平财富创造（Judge et al., 2014）、国家间企业在社会责任表现上为何存在系统性差异等（Ioannou and Serafeim, 2012）。立足于创业活动在国家间存在普遍差异这一事实，本章试图对 Whitley（1999）的理论运用进行扩展，探索国家间的制度多样性如何影响不同国家创业形态差异的产生。

具体而言，Whitley（1999）认为，尽管有很多重要的制度会对创业活动产生影响，但只有那些对关键资源的获得进行管理的制度安排才是关键的，这些关键制度由以下四个方面组成：法律制度、金融支持制度、技能发展和管理制度、文化价值观。

首先，影响创业活动的首要制度指标与"政府角色"相关，这将体现在国家法律制度对政府参与市场经济运行的程度和性质界定之上，可通过两个具体的制度特征进行概括（Fukuyama, 2004；Acemoglu and Johnson, 2005；Dau and Cuervo-Cazurra, 2014）：①合约履行制度，合约履行制度反映了政府对创业行为进行有效监管和协调的程度，在合约履行制度完善的地区，私人契约的合法性和履行将得到有力保障；②产权保护制度，产权保护制度反映了政府对创业行为的直接干预程度，完善的产权保护制度将限制政府和其他

[①] 对 Whitley（1999）观点的详细阐述见"2.2.1 比较制度分析代表性观点回顾"部分。

权力所有者对创业行为的干预及对创业长期收益的盘剥[①]。

其次,金融支持制度决定了创业者获取外部资源支持以克服财务约束的可能性。基于不同的金融资本获取和定价过程,Whitley(1999)将国家金融支持制度划分为两种主要的类型:①以资本市场为基础的金融支持制度;②以信贷市场为基础的金融支持制度。在以信贷市场为基础的金融支持制度中,国家内的金融资本将主要依靠银行或通过行政程序进行分配。此时,创业者获取外部金融支持的主要来源是由国家协调的商业银行或长期信贷银行,并主要通过贷款的方式进行。而在以资本市场为基础的金融支持制度中,国家内的金融资本将主要通过大规模的商品市场流动来进行分配。此时,创业者获取外部金融支持的主要来源是自由竞争的商业银行、风险投资、天使投资人等市场机制,并主要通过股权融资的方式进行[②]。同时,不同类型的金融支持制度并不是相互排斥的,国家将可能同时表现出两者的优势和劣势。

再次,技能发展和管理制度则反映了创业者从劳动力市场获取能力和技能的过程差异。在对已有企业商业模式的分析中,Whitley(1999)着重强调了公共培训、劳资谈判、工会力量等与雇员技能获取紧密相关的制度。与之不同,本章认为,影响新兴创业活动产生的技能发展和管理制度将主要表现在与创业机会识别和创业实施相关的知识传递之上,并可通过以下两方面进行概括:①国家研究发展水平;②国家创业教育水平。一方面,国家研究发展水平反映了不同国家对技术变革的重视和投入程度,将决定生产性、创新性技术的发明和传播,为创业者从社会中获取创新专用知识、识别潜在商业机会提供可能(Acs et al., 2008);另一方面,国家创业教育水平则反映了不同国家对创业活动的重视程度,决定了创业者从社会培训中获取一般性创业知识的可能性(Walter and Block, 2016)。尽管以往研究常将国家研究发展和创业教育视为影响创业活动的其他社会因素,比较制度分析则强调这种知识体系的不同本质上反映了国家教育和培训制度的系统性差异(Judge et al., 2014)。类似地,Stenholm 等(2013)便将这些因素归纳为"促进性制度"

---

① 详细内容见本书第四章。
② 详细内容见本书第五章。

(Conducive Dimension)，认为其将与管制、规范、认知性制度一起共同影响创业活动的产生。

最后，文化价值观指塑造信任和权威关系的习俗和价值观。文化价值观不仅构建了创业者与交易伙伴及所处社群间的非正式互动方式，也将对创业者的认知、需求、偏好和动机产生影响。在不同的文化价值观中，集体/个人主义尤其得到了强调。正如第五章所述，集体/个人主义界定了社会中人际关系的角色及人与人相互联系的紧密程度，被视为地区间文化差异的"深层结构"（Triandis and Suh，2002；Greenfield，2000），不仅在概念和经验上与其他文化维度（如风险规避、权力距离、长期导向等）密切相关（Blondel and Inoguchi，2006；Hofstede et al.，2010），也会对国家经济发展和创业活动产生重要影响（Tiessen，1997）。

总的来说，法律制度、金融支持制度、技能发展和管理制度、文化价值观等四类关键制度间将相互协调，共同构建国家间的整体制度配置多样性。这种制度多样性将决定潜在创业者在可用资源和协调方式上产生鲜明的地区性差异，并使得他们在创业进入及其类型选择上形成独特的偏好，进而汇总导致国家间形成不同的创业形态。尽管本章对多元制度特征的识别并非详尽无遗，但它们共同涵盖了可能影响创业的制度变量关键部分，同时也避免了选取过多变量而导致的分析臃肿烦琐问题（里克豪斯、拉金，2017）。综上，本章提出核心假说：

核心假说：法律制度、金融支持制度、技能发展和管理制度、文化价值观等四种类型的关键制度将共同影响国家创业形态，不同的制度组态将产生更高或更低水平的国家创业活跃度和创新型创业。

6.2 研究设计

6.2.1 研究方法

本章采用模糊集定性比较分析（fsQCA）方法进行检验。定性比较分析是一种基于布尔代数的集合分析方法，通过运用组态思维，定性比较分析允许对一组前因条件构成的多样组态和相关结果之间的因果关系进行案例比较分析（里克豪斯、拉金，2017；杜运周、贾良定，2017）。近年来，定性比较分析方法被广泛运用于经济和管理领域（Bell et al., 2013；Crilly, 2011；Fiss, 2011；杜运周等，2020；王凤彬等，2014），尤其是对比较制度分析的讨论之中（Schneider et al., 2010；Judge et al., 2014；Cui et al., 2017）。根据描述案例的变量类型，定性比较分析可划分为清晰集定性比较分析（csQCA）、多值定性比较分析（mvQCA）和模糊集定性比较分析（fsQCA）等三种方法。鉴于fsQCA在分析程度/水平差异变量和运用比较制度分析理论上的独特优势（Jackson and Ni, 2013；Witt and Jackson, 2016），本章选择fsQCA进行探索。

首先，定性比较分析允许对多元前因条件的组合效应进行评估，并承认多重并发和非对称因果关系（拉金，2019）。一方面，尽管传统回归分析有助于我们识别单个变量的"净效应"及两个和三个变量间的简单交互效应，但却难以识别更多变量之间的复杂交织效应。而定性比较分析则关注多个前因条件组合对结果的影响，且认为不同的条件组合可能产生同样的结果，这将为本章识别国家创业形态背后的制度多样性提供可靠手段。另一方面，非对称因果关系意味着导致高水平结果产生的前因条件组合可能与导致低水平结果产生的前因变量组合完全不同。换言之，特定条件集合与预期结果之间的关系并不意味着缺少这种条件集合会导致预期反面结果的产生（Crilly, 2010；Fiss, 2011）。因此，当我们假定国家创业形态并不存在绝对的好坏之分，并试图对决定不同国家创业形态（即高创业活跃度、非高创业活跃度、高创新型创业、非高创新型创业）的制度组态进行考察时，定性比较分析是较为合适的分析方法（Jackson and Deeg, 2019）。

其次，与其他定性比较分析方法相比，fsQCA允许研究者使用模糊集识别案例集合的隶属程度差异（拉金，2019）。例如，通过设定定性锚点，案例不再被简单划分为高创业国家和非高创业国家，而将被校准为从0.0（完全不隶属）、0.5（交叉点）、到1.0（完全隶属）之间的连续模糊集。这一做法结合了定性和定量研究思维，不仅有助于我们识别相关和不相关变异，也避免了简单二分法对案例间差异普遍存在的忽视。这对于比较制度分析的理论深化尤为重要，正如上文所述，以 Hall 和 Soskice（2001）为代表的比较制度分析研究常被批评对制度分类的单一化或将国家分组到有限的制度类型之中，而 fsQCA 则有效避免了前提类型假定对案例分析的约束，将赋予我们捕捉国家间多元制度差异及识别制度多样性的能力。

最后，与传统分析方法相比，基于布尔代数的 fsQCA 不假设特定的概率分布，因此对异常值不敏感，也不需要对控制变量进行额外控制（Fiss，2011；Vis，2012；Fainshmidt et al.，2020）。

6.2.2 样本选择与数据来源

本章旨在探索国家层面的多样制度组态对不同国家创业形态的影响，在这里，"国家"构成了进行定性比较分析的案例对象。通过对以下数据的匹配收集案例信息，即基于世界银行世界发展指数（WDI）、世界银行营商环境指数（EDBI）、经济自由度指数（IEF）、霍夫斯泰德文化价值观指数等获取国家制度相关数据；基于全球创业观察（GEM）数据获取国家创业活动相关初始数据。同时，由于世界银行营商环境指数（EDBI）在 2016 年更改了相关关键制度指标的测量方式，为保证数据可比性并与前两个研究进行有效对话，本章采用 2015 年国家数据构建案例指标。此外，鉴于 GEM 并未在所有年份保持国家样本一致，为扩大案例涵盖范围，借鉴 Judge 等（2014，2020）的做法，本章采用 2013、2014 年数据对缺乏 2015 年数据的国家进行替代[①]。最终，本章研究对象包含 57 个国家案例，这 57 个国家涵盖世界各大主要经济体，其 GDP 总量占据 2015 年世界 GDP 总量的 88%[②]，具备较高的代表性。

6.2.3 变量界定

（1）结果变量：国家创业形态

正如上文所述，国家创业形态不仅体现在创业数量之上，也体现为创业

[①] 例如，若国家案例仅存在于 2014 年 GEM 调查样本中，而在 2015 年 GEM 调查样本中缺失，则采用 2014 年 GEM 数据及其他制度指标对案例进行衡量。
[②] 作者根据世界银行世界发展指数数据计算而得。

质量的差异，前者关乎创业的社会效应，而后者则决定了创业活动是否能产生更大的经济效应。因此，借鉴 GEM 相关数据、Young 等（2018）、Chowdhury 等（2019），本章构建以下指标同时从创业数量和创业质量两方面对国家创业形态进行衡量。

① 国家创业活跃度：采用国家内正在从事由机会识别所导致的早期创业活动的个体占 18—64 岁劳动人口的比例进行衡量。

② 国家创新型创业：从产品、市场、技术等三方面对创业活动的创新性程度进行衡量（详见第五章），并对国家整体创业的创新性程度取均值。

以上两个指标均受到当前学界的广泛认可，并与第四、五章的因变量测量形成对应关系，综合前文结论，这些变量将为我们呈现制度影响国家层面创业形态和个人层面创业选择的完整视角。而统计结果显示，国家创业活跃度和创新型创业间的相关性仅为 -0.029，这一结果与 Anokhin 和 Wincent（2012）关于国家创业率与创新间将表现为微弱负相关关系的发现一致，意味着更多的创业活动并不会产生更高的创业质量，凸显本章从两个角度对国家创业形态进行衡量的必要性。例如，尽管智利等国家同时表现出较高的创业活跃度和创新性水平，但秘鲁、墨西哥、巴西等国家则表现出较高的创业活跃度和较低的创新性水平。相比之下，法国、意大利、比利时等国家尽管创业活跃度较低，但这些创业活动似乎都表现出较高的创新性水平。

（2）前因条件：制度多样性

如何选择具体的前因条件是展开严谨的定性比较分析研究的一大挑战（里克豪斯、拉金，2017）。如上文所述，本章综合理论视角法和文献归纳法（张明、杜运周，2019），首先基于 Whitley（1999）的商业体制比较框架对四种关键制度进行界定，并进一步综合以往研究，识别了 7 个可能对创业活动产生影响的具体制度维度。具体而言，采用以下方式对多元前因制度进行衡量。

首先，基于 Acemoglu 和 Johnson（2005）的制度解绑观点及子研究一的研究结论，本章采用合约履行和产权保护制度对界定政府角色的法律制度进行衡量。其中，**合约履行制度**采用世界银行营商环境指数（EDBI）中的"合约履行"指标进行衡量；**产权保护制度**采用经济自由度指数（IEF）中的产权保护指标进行衡量（详见子研究一）。

其次，基于 Whitley（1999）的观点及子研究二的研究结论，采用信贷市场和资本市场对国家金融支持制度进行衡量。其中，**信贷市场**通过国家财政部门和存款银行等金融部门向国内私营经济提供的信贷金额与国家 GDP 之比进行衡量；**资本市场**采用经济自由度指数（IEF）中的金融自由指标进行衡量（详见子研究二）。

再次，通过国家研究发展和创业教育水平对技能发展和管理制度进行衡量，这种知识体系的不同本质上反映了国家教育和培训制度的系统性差异。其中，**研究发展**采用国家研发投入占 GDP 之比（%）进行衡量，这些投入的来源包含商业企业、政府、高等教育和私人非营利组织等四个主要经济参与部门，能有效体现国家对研究发展的重视程度及其发展水平。**创业教育**通过对 GEM 国别创业环境指数中的学校创业教育和培训（Basic School Entrepreneurial Education and Training）、社会创业教育和培训（Post School Entrepreneurial Education and Training）两个指标取均值而得，旨在衡量国家在多大程度上为学生及职业人员提供创建或管理中小企业的教育培训。

最后，将**集体/个人主义**视为区域文化价值观的核心，并通过霍夫斯泰德文化价值观维度中的个人主义指数进行赋值，取值越高表示该地区个人主义倾向越强，取值越低则表示该地区集体主义倾向越强。

6.2.4 数据校准

在进行分析之前，必须按照 fsQCA 的要求对原始数据进行校准，即将原始数据转换为每个案例的模糊集隶属分数（拉金，2019）。虽然基于理论和现实指引的校准方法是相对理想的（拉金，2019；张明、杜运周，2019），然而，当前创业和制度指标仍缺乏严谨的理论界定标准，正如比较制度分析所强调的，可能并不存在"最优制度"，我们也不清楚"最优制度"的边界值是多少（Jackson and Deeg, 2008；2019）。因此，借鉴杜运周等（2020）、Fiss（2011）、Judge 等（2014），本章采用直接校准法进行校准。具体而言，分别根据条件变量和结果变量的 75% 分位、50% 分位和 25% 分位对完全隶属值、交叉点和完全不隶属值等三个重要定性锚点进行设定，并在 fsQCA3.0 软件中对案例数据进行连续模糊集校准。同时，本章将隶属分数恰好为 0.5 的值手动替换为 0.5001，以避免由于难以分类而导致的案例丢失问题（张明、杜运周，2019）。本章原始数据的描述性统计和校准方式如表 6-1 所示。表 6-2 则对各案例模糊集分析校准结果进行了详细呈现。其中，隶属度为 1 表示国家案例完全隶属于高创业活跃度、高创新型创业或高制度发展水平的目标集合，隶属度为 0 表示国家案例完全不隶属于高创业活跃度、高创新型创业或高制度发展水平的目标集合，隶属度为 0.5 则表示国家案例既是目标集合的隶属又是非隶属。

表 6-1 子研究三的变量描述性统计与校准

变量	描述性统计				模糊集校准		
	均值	标准差	最小值	最大值	完全隶属	交叉点	完全不隶属
创业活跃度	0.091	0.044	0.026	0.235	0.114	0.085	0.058
创新型创业	1.679	0.419	0.880	2.915	1.930	1.679	1.387
合约履行	63.716	12.186	29.040	89.160	73.075	65.880	57.500
产权保护	58.860	25.547	5.000	90.000	87.500	55.000	40.000
信贷市场	81.641	43.781	14.414	179.591	119.548	65.437	48.616
资本市场	61.228	17.678	10.000	90.000	70.000	60.000	50.000
研究发展	1.408	1.090	0.030	4.256	2.075	1.177	0.454
创业教育	2.427	0.392	1.730	3.425	2.700	2.390	2.103
集体/个人主义	44.772	23.900	6.000	91.000	67.500	40.000	20.750

表 6-2 模糊集分析校准表

国家	创业活跃度	创新型创业	合约履行	产权保护	信贷市场	资本市场	研究发展	创业教育	集体/个人主义
阿根廷	1.00	0.03	0.01	0.00	0.00	0.00	0.09	0.41	0.66
爱尔兰	0.36	1.00	0.98	0.94	0.08	0.95	0.48	0.87	0.96
爱沙尼亚	0.97	0.94	0.71	0.96	0.53	1.00	0.71	0.97	0.90
奥地利	0.53	0.08	1.00	0.96	0.77	0.95	1.00	0.37	0.84

(续表)

国家	创业活跃度	创新型创业	合约履行	产权保护	信贷市场	资本市场	研究发展	创业教育	集体/个人主义
澳大利亚	0.96	0.32	0.99	0.96	0.98	1.00	0.92	0.47	1.00
巴拿马	0.22	0.01	0.03	0.01	0.74	0.95	0.01	0.00	0.01
巴西	0.99	0.00	0.01	0.22	0.50	0.27	0.62	0.00	0.42
保加利亚	0.00	0.06	0.36	0.01	0.11	0.27	0.28	0.02	0.17
比利时	0.02	0.99	0.99	0.90	0.26	0.95	0.99	0.88	0.98
波兰	0.15	0.07	0.40	0.56	0.09	0.95	0.31	0.01	0.90
丹麦	0.03	0.90	0.50	0.96	1.00	1.00	1.00	1.00	0.98
德国	0.02	0.64	0.98	0.96	0.66	0.95	1.00	0.03	0.95
俄罗斯	0.00	0.00	0.98	0.00	0.11	0.00	0.37	0.95	0.46
厄瓜多尔	1.00	0.41	0.05	0.00	0.00	0.01	0.05	0.98	0.01
法国	0.02	1.00	0.99	0.90	0.83	0.95	0.98	0.36	0.97
菲律宾	1.00	1.00	0.00	0.01	0.01	0.27	0.02	1.00	0.22
芬兰	0.06	0.01	0.87	0.96	0.83	1.00	1.00	0.56	0.92
哥伦比亚	1.00	0.92	0.00	0.22	0.03	0.95	0.03	0.72	0.01
哥斯达黎加	0.84	0.89	0.01	0.22	0.08	0.05	0.07	0.74	0.02
韩国	0.28	0.51	1.00	0.85	0.98	1.00	1.00	0.03	0.03
荷兰	0.48	0.97	0.98	0.96	0.93	1.00	0.94	1.00	0.99
捷克	0.15	0.56	0.50	0.78	0.06	1.00	0.92	0.02	0.88
克罗地亚	0.05	0.97	0.21	0.05	0.40	0.27	0.19	0.00	0.25
拉脱维亚	0.95	0.02	0.98	0.22	0.04	0.05	0.09	0.98	0.96
立陶宛	0.52	0.93	0.95	0.56	0.01	1.00	0.34	0.96	0.90
卢森堡	0.87	0.99	1.00	0.96	0.84	1.00	0.57	0.95	0.90
罗马尼亚	0.53	0.94	0.52	0.05	0.00	0.05	0.05	0.81	0.17
马来西亚	0.00	0.20	0.80	0.39	0.96	0.27	0.58	0.99	0.10
美国	0.95	0.61	0.64	0.90	1.00	0.95	0.99	0.58	1.00
秘鲁	1.00	0.09	0.05	0.05	0.02	0.27	0.01	0.52	0.02
墨西哥	1.00	0.00	0.32	0.22	0.00	0.27	0.04	0.68	0.17

(续表)

国家	创业活跃度	创新型创业	合约履行	产权保护	信贷市场	资本市场	研究发展	创业教育	集体/个人主义
挪威	0.03	0.00	0.98	0.96	0.98	0.27	0.92	0.67	0.96
葡萄牙	0.45	0.04	0.09	0.78	0.95	0.27	0.54	1.00	0.12
日本	0.00	0.18	0.96	0.90	1.00	0.05	1.00	0.16	0.66
瑞典	0.05	0.37	0.71	0.96	0.97	1.00	1.00	0.40	0.97
瑞士	0.08	0.47	0.56	0.96	1.00	1.00	1.00	1.00	0.95
萨尔瓦多	1.00	0.00	0.08	0.05	0.05	0.95	0.01	0.12	0.04
斯洛伐克	0.03	0.93	0.01	0.56	0.05	0.05	0.97	0.03	0.12
斯洛文尼亚	0.20	0.96	0.06	0.22	0.08	0.95	0.47	0.14	0.79
泰国	0.99	0.49	0.81	0.05	0.99	0.27	0.09	0.60	0.04
特立尼达和多巴哥	1.00	0.01	0.00	0.22	0.00	0.05	0.01	0.09	0.02
土耳其	0.84	1.00	0.52	0.22	0.25	0.27	0.18	0.89	0.39
危地马拉	0.79	0.99	0.00	0.00	0.00	0.05	0.01	0.03	0.00
委内瑞拉	0.95	0.00	0.31	0.00	0.00	0.00	0.01	0.63	0.01
乌拉圭	0.69	0.97	0.02	0.78	0.00	0.00	0.03	0.04	0.35
西班牙	0.01	0.02	0.24	0.78	0.95	0.95	0.52	0.36	0.77
希腊	0.08	0.21	0.00	0.05	0.93	0.05	0.28	0.16	0.31
新加坡	0.82	0.86	1.00	0.96	0.97	1.00	0.95	1.00	0.04
匈牙利	0.09	0.04	0.67	0.39	0.00	0.95	0.64	0.04	0.99
伊朗	0.80	0.00	0.29	0.00	0.23	0.00	0.04	0.00	0.53
以色列	0.86	0.15	0.01	0.85	0.49	0.95	1.00	0.13	0.82
意大利	0.01	0.99	0.00	0.39	0.76	0.27	0.62	0.08	0.98
印度	0.44	1.00	0.00	0.39	0.07	0.01	0.12	0.98	0.71
英国	0.04	0.95	0.65	0.96	0.97	1.00	0.83	0.97	1.00
越南	0.62	0.07	0.50	0.00	0.93	0.00	0.05	0.03	0.04
智利	1.00	1.00	0.42	0.96	0.92	0.95	0.04	0.17	0.07
中国	0.64	0.60	0.61	0.00	0.99	0.00	0.95	0.38	0.04

6.3 结果分析

6.3.1 单个条件的必要性分析

必要性条件的存在意味着某个条件是产生特定结果的必要前提。在进行条件组态的充分性分析之前,有必要先对单个条件的必要性进行分析,这将有助于对充分性分析所出现的逻辑余项处理提供指引,并避免将充分性分析的结果视为必要条件的错误产生(张明、杜运周,2019;Wagemann et al.,2016)。借鉴现有研究(Schneider and Wagemann,2012),本章将单个条件必要性的一致性阈值设定为0.9,并在fsQCA3.0软件中对国家高创业活跃度、非高创业活跃度、高创新型创业、非高创新型创业等四个结果变量是否存在必要前提条件进行分析。分析结果如表6-3所示,从中可见,对于不同的结果变量,所有前因制度条件的一致性水平均低于0.9。其中,一致性水平最高值为0.727,表现在较低研究发展水平和国家高创业活跃度之上。这一结果极大挑战了以往研究对特定单一制度的简单强调以及试图寻找关键制度的努力,意味着不存在产生国家高创业活跃度和高创新型创业的必要制度条件。因此,下文将遵循比较制度分析观点,对多元制度如何相互协同以共同影响国家创业形态进行考察。

表6-3 单个条件变量的必要性检验

条件变量	结果变量			
	高创业活跃度	非高创业活跃度	高创新型创业	非高创新型创业
合约履行	0.444	0.613	0.556	0.518
～合约履行	0.655	0.486	0.560	0.597
产权保护	0.452	0.653	0.614	0.451
～产权保护	0.666	0.465	0.464	0.626
信贷市场	0.416	0.624	0.495	0.520
～信贷市场	0.664	0.456	0.560	0.535
资本市场	0.489	0.641	0.640	0.495

(续表)

条件变量	结果变量			
	高创业活跃度	非高创业活跃度	高创新型创业	非高创新型创业
～资本市场	0.557	0.405	0.410	0.555
研究发展	0.376	0.707	0.556	0.484
～研究发展	0.727	0.396	0.504	0.575
创业教育	0.585	0.483	0.648	0.448
～创业教育	0.502	0.603	0.467	0.666
个人主义	0.433	0.704	0.590	0.512
～个人主义	0.670	0.399	0.478	0.555

6.3.2 组态的充分性分析

本章采用 fsQCA3.0 软件进行组态的充分性分析，旨在揭示导致特定结果（即国家高创业活跃度、非高创业活跃度、高创新型创业、非高创新型创业）产生的不同制度组态，这些制度组态由七个前因制度条件及其相互关系构成。鉴于本章的案例样本量，将案例频数阈值设定为1，即消除不存在于任何国家案例中的组态（Schneider et al., 2012; Judge et al., 2020）。同时，参考张明和杜运周（2019）、杜运周和贾良定（2017）的建议，将原始一致性阈值设定为0.75，将 PRI 一致性阈值设定为0.70。

在 fsQCA 软件给出的三种分析结果（即复杂解、中间解、简约解）中，由于中间解最适用于理论解释（Fiss，2011），因此本章将围绕中间解呈现讨论。同时，不同组态中的前因条件也可能对结果变量产生较弱和更强的影响，本章也通过对比简约解和中间解之间的差异，对每个解的核心条件和边缘条件进行识别（Fiss，2011；杜运周、贾良定，2017）：若前因条件同时出现在简约解和中间解中，则识别为核心条件；若前因条件只出现在中间解中，而不出现在简约解中，则识别为边缘条件。

表6-4至表6-6分别呈现了基于不同结果变量的定性比较分析结果。与现有惯例一致，本章的结果呈现采用"●"表示核心条件存在、"⊗"表示

核心条件缺失、"▲"表示边缘条件存在、"△"表示边缘条件缺失、空格表示"无关紧要"的条件，即在组态中可能存在或不存在。在组态的拟合参数方面，基于不同结果变量的解的覆盖度均高于 0.3，解的一致性均高于 0.8，都高于可接受的最低阈值（张明、杜运周，2019；Witt and Jackson，2016）。下文将对不同国家创业形态的前因制度组态条件进行详细解析。

(1) 产生高创业活跃度的制度组态

首先对产生国家高创业活跃度的制度组态进行分析。结果如表 6-4 所示，即存在 5 种产生高国家创业活跃度的制度组态（H1a～H1c，H2，H3）。其中，H1a～H1c 构成了核心条件一致的二阶等价组态（Fiss，2011），其核心条件是不完善的合约履行制度、不发达的信贷市场，以及较低的研究发展水平。特别是，与"制度重要"观点相反，这一类型组态表现出明显的制度缺失特征。除 H1b 路径存在高创业教育水平外，其他制度均表现出较低的发展水平。这一结果并不意外。正如创业经济学所强调的，创业是个人基于机会成本的权衡选择，当创业的潜在收益超过个体留在劳动力市场的收益时，创业行为就可能发生（Parker，2004；Buera，2009；Gohmann，2012）。而当外部制度环境难以有效支持社会商业发展、导致个体难以在劳动力市场获取预期薪酬收益时，制度缺失及其引导的低经济发展水平则将反过来为销售各种商品和服务提供巨大的金字塔底层潜在市场（Prahalad，2005），为个体通过创业获取更大收益提供机会（Fredstrm et al.，2021）。分析结果显示，这一类型组态主要体现在菲律宾、危地马拉、厄瓜多尔等贫困国家之中。

表 6-4 产生国家高创业活跃度的制度组态

制度特征	高创业活跃度				
	H1a	H1b	H1c	H2	H3
代表国家	秘鲁，菲律宾	危地马拉，乌拉圭	厄瓜多尔，阿根廷	智利	立陶宛，爱尔兰
法律制度					
合约履行	⊗	⊗	⊗	△	▲
产权保护	△		△	●	▲

(续表)

制度特征	高创业活跃度				
	H1a	H1b	H1c	H2	H3
代表国家	秘鲁,菲律宾	危地马拉,乌拉圭	厄瓜多尔,阿根廷	智利	立陶宛,爱尔兰
金融支持制度					
信贷市场	⊗	⊗	⊗	▲	△
资本市场		△	△	▲	●
技能发展和管理制度					
研究发展	⊗	⊗	⊗	⊗	⊗
创业教育		▲		△	●
文化价值观					
个人主义	△	△		⊗	▲
覆盖度	0.418	0.209	0.368	0.057	0.083
唯一覆盖度	0.077	0.020	0.034	0.019	0.049
一致性	0.885	0.806	0.850	0.867	0.891
解的覆盖度	0.542				
解的一致性	0.869				

注：●表示核心条件存在，⊗表示核心条件缺失，▲表示边缘条件存在，△表示边缘条件缺失。

与组态 H1 不同，组态 H2 和组态 H3 则显示出更强的制度驱动特征。其中，完善的产权保护制度、较低的研究发展水平、集体主义构成了组态 H2 的核心条件；发达的资本市场、较低的研究发展水平、较高的创业教育水平构成了组态 H3 的核心条件。同时，组态 H2 也显示出发达的金融支持制度，组态 H3 则显示出了完善的合约履行和产权制度，尽管只是作为边缘条件存在。特别地，通过对 H1、H2、H3 的横向比较可以发现：

首先，较低的研究发展水平始终是国家高创业活跃度的前提核心条件。这意味着研究发展水平的提高将增加创业进入门槛并加剧创业竞争，当研究发展水平较低时，国家层面更多的创业进入活动将更可能产生。

其次，对于创业活跃度，合约履行和集体主义可能存在潜在的替代作用，即在集体主义社会中，即使合约履行制度缺失，更高的创业活跃度也可能产生。这与传统观点对集体主义社会特征的认识一致，由于大部分创业活动的创新性和增长潜力较低（Autio，2007），私人关系网络将为创业者提供充分的资源支持并成为潜在交易对象，能够有效降低交易成本（Aidis et al.，2008；Dheer，2017）。

最后，在发达的资本市场情境下，创业者将更需要产权保护制度的保障。发达的资本市场意味着自由市场竞争和高资本所有者对低资本所有者的可能掠夺行为（Norrman and Bager-Sjögren，2010），此时，新兴创业活动的展开将尤其依赖产权保护（Autio and Acs，2010；Estrin et al.，2013a）。

（2）产生非高创业活跃度的制度组态

表 6-5 呈现了存在 6 种产生非高国家创业活跃度的制度组态。值得注意的是，与产生高创业活跃度的组态相比，产生非高创业活跃度的组态在整体上反而呈现出相对较高的制度发展水平。其中，NH1a～NH1b、NH2a～NH2b、NH3a～NH3b 分别构成了三个核心条件一致的二阶等价组态。

表 6-5　产生国家非高创业活跃度的制度组态

制度特征	非高创业活跃度					
	NH1a	NH1b	NH2a	NH2b	NH3a	NH3b
代表国家	斯洛文尼亚	匈牙利	挪威，日本	德国，法国	马来西亚	葡萄牙
法律制度						
合约履行	△	▲	●	●	▲	△
产权保护	⊗	⊗	●	●	△	▲
金融支持制度						
信贷市场	△	△	▲	▲	▲	▲
资本市场	●	●	△	●	⊗	⊗
技能发展和管理制度						
研究发展	△	▲	▲	▲	●	●
创业教育	△	△	⊗	⊗		

(续表)

制度特征	非高创业活跃度					
	NH1a	NH1b	NH2a	NH2b	NH3a	NH3b
代表国家	斯洛文尼亚	匈牙利	挪威, 日本	德国, 法国	马来西亚	葡萄牙
文化价值观						
个人主义	●	●	▲		△	△
覆盖度	0.091	0.087	0.082	0.174	0.064	0.051
唯一覆盖度	0.031	0.015	0.036	0.123	0.031	0.021
一致性	0.820	0.957	0.955	0.799	0.911	0.901
解的覆盖度	0.358					
解的一致性	0.845					

注：●表示核心条件存在，⊗表示核心条件缺失，▲表示边缘条件存在，△表示边缘条件缺失。

在组态 NH1a~NH1b 中，不完善的产权保护制度、发达的资本市场、个人主义构成了非高创业活跃度的核心条件。这意味着在缺乏产权保护的情况下，发达的资本市场将更有利于在位企业优势扩大，并反过来抑制创业进入活动的产生。

而在组态 NH2a~NH2b 中，完善的合约履行和产权保护制度、较低的创业教育水平构成了非高创业活跃度的核心条件。进一步比较组态 H3、NH1a~NH1b、NH2a~NH2b 可以发现，在个人主义社会，创业教育可能是决定创业活跃度的关键指标。这意味着即使政府对市场的监管、对创业者所有权的保障较为完善，创业通识教育的缺乏也将使得个人更倾向于通过劳动力市场获取收益，而缺乏进行创业的意识和动力。

此外，不发达的资本市场、较高的研究发展和创业教育水平则构成了组态 NH3a~NH3b 的核心条件。这进一步支撑了研究发展会推高创业进入门槛和创业竞争，从而降低创业数量的结论。

以上结果表明，制度质量与国家创业活跃度间并不存在简单的对应关系，相反，制度缺失也可能诱发高创业活跃度，而不同制度对创业活跃度的积极影响也存在潜在的互补和替代关系。特别是，较高的创业活跃度与较低的国家研究发展水平密切相关，表明对于关注国家长期经济发展的政策决定者而言，过分关注创业活跃度将可能产生与预期不一致甚至相反的结果。由于多样的制度组态既对国家创业活跃度产生影响，也将影响国家创新型创业，因此本章将讨论更多聚焦于国家创新型创业，下文将对不同制度组态展开深入的定性分析。

（3）产生高创新型创业的制度组态

表6-6呈现了影响国家创新型创业的多样制度组态。其中，组态S1a～S1b、S2为产生国家高创新型创业的三种组态；组态NS1、NS2、NS3a～NS3b、NS4为产生国家非高创新型创业的五种组态。有别于国家创业活跃度，国家创新型创业与整体制度发展水平呈现出高度的一致性关系。下文将围绕不同组态进行详细解读。

表6-6 产生国家高创新型创业、非高创新型创业的制度组态

制度特征	高创新型创业			非高创新型创业				
	S1a	S1b	S2	NS1	NS2	NS3a	NS3b	NS4
代表国家	爱尔兰，比利时	英国，美国	中国	巴拿马	希腊	拉脱维亚	日本	西班牙
法律制度								
合约履行	▲	▲	▲	△	⊗	●	●	⊗
产权保护	▲	▲	△	⊗	⊗	△	▲	▲
金融支持制度								
信贷市场	△	●		●	△	▲	●	
资本市场	●	●	△			⊗	⊗	
技能发展和管理制度								
研究发展		▲	●	△	⊗	△	▲	▲
创业教育	●	●	△	⊗		▲	△	△
文化价值观								
个人主义	●	●	⊗	⊗	△	●	●	●

(续表)

制度特征	高创新型创业			非高创新型创业				
	S1a	S1b	S2	NS1	NS2	NS3a	NS3b	NS4
代表国家	爱尔兰,比利时	英国,美国	中国	巴拿马	希腊	拉脱维亚	日本	西班牙
覆盖度	0.139	0.285	0.057	0.141	0.128	0.067	0.051	0.093
唯一覆盖度	0.024	0.167	0.037	0.060	0.053	0.047	0.035	0.055
一致性	0.866	0.824	0.870	0.827	0.855	0.757	0.821	0.839
解的覆盖度	0.346262			0.338338				
解的一致性	0.827296			0.847769				

注：●表示核心条件存在，⊗表示核心条件缺失，▲表示边缘条件存在，△表示边缘条件缺失。在非高创新型创业中进行标准分析时，选择"合约履行＊～资本市场＊个人主义"作为质蕴涵项。

第一，个人主义社会中的资本市场—创业教育驱动型创业。

在组态 S1a~S1b 中，发达的资本市场、较高的创业教育水平、个人主义构成了产生国家高创新型创业的核心条件，同时合约履行和产权保护制度的发展水平也相对完善，尽管仅作为边缘条件存在。这一类型组态的代表国家是爱尔兰、比利时、英国、美国等欧美发达国家。具体而言，从分析结果可以得出以下结论：

首先，与子研究二的结论高度一致，组态分析结果表明资本市场将与个人主义形成互补关系，进而共同促进创新型创业的产生。对于个人主义社会中的创业者，以天使投资人、风险投资等为中介的资本市场不仅将为其提供充足的金融资源支持，也将提供信息、管理、网络等增值资源服务，这有助于他们构建实现个人目标的最优渠道。而反过来，个人主义社会中新创企业对创新和个人财富增值的追求以及高度透明的公司治理结构，也将吸引风险投资进入以谋求共同获益。在这一组态中，四个代表国家的资本市场发展水平均位于样本前 25%，同时各国政府也积极制定政策以提高新创企业获得资本支持的可能性。例如，美国小企业管理局（U. S. Small Business Administration）便设立了小企业投资公司（Small Business Investment Company，SBIC），旨在吸纳社会资本并针对初创企业进行股权和资本投资。类似地，英国伦敦证券交易所在已设立创业板的基础上，进一步设立了三板市场专门为更初级的中小企业提供融资服务。尽管有研究表明仅有约1%的新创企业能够获得风险投资支持（Kaplan and Lerner，2010），但在这一环境中，创新型创业企业特别是具备颠覆性概念的新创企业获取资本市场支持并不困难。

在这方面，硅谷为我们呈现了一个典型例子。一方面，相关调查显示，硅谷风险投资家与创新研究人员的数量比例大约为1∶5，这种高度聚集的资本市场不仅使投资者具备专业的行业前沿知识，也使得富有创新想法的新创企业将更容易得到认可并能在初创期甚至概念产生阶段便获得风险投资支持（Ferrary，2017）。另一方面，资本市场也将担任创新网络的关键节点，为个体创业者融入复杂创新网络提供渠道（Ferrary and Granovetter，2009）。例如青木昌彦便观察到，尽管硅谷中的新创企业表现出明显的独立创新倾向，但创投圈内部及其与其他被投企业间的高度信息流动，则赋予了风险投资家独特的"信息中介"角色（青木昌彦，2001），这将与新创企业的独立开发形成相关补充进而促进其创新想法的内生演进。可以说，正是这种资本市场支持，使得大量缺乏本地社会资本的移民、大学生创业个体得以在硅谷中将新想法付诸实践，并在这一过程中逐步完善想法和快速发展。此外，相对于资本市场，信贷市场对个人主义国家创新型创业并未表现出明显作用。即使这一组态中部分国家的信贷市场发展水平也相对较高（如美国、英国），但对于个人主义社会中的创新型创业者而言，"传统的银行业……仿佛存在于另一个世界——还是个旧世界当中"（沃尔夫，2020），资本市场仍将是他们获取外部支持、谋求快速成长的第一选择（Suzuki et al.，2002）。

其次，较高的创业教育水平将与个人主义、资本市场形成互补关系，进而构成这一制度组态的核心条件。换言之，即使资本市场较为发达，创业教育的缺乏也将可能导致个人主义社会中创新型创业的缺位。一方面，创业教育将有助于引导个人主义社会中个体表现出更高的创业和创新倾向。有别于"创业特质论"对个人主义社会中高创业水平的简单强调，越来越多的证据指出个人主义与创新型创业间可能并不存在直接的正向关系（Hayton et al.，

2002），这在本书的子研究二中同样得到体现。事实上，个人主义并不等同于更高的创业倾向，其本质上是对个人独立性、自我利益实现、高质量生活和幸福的追求（Veenhoven，1999；Ahuvia，2002；Hofstede et al.，2004）。此时，通过创业榜样示范效应，或提供与成功创业者的互动机会，创业教育将有助于个体保持更高的创业兴趣、提高创业自我效能感知和创业成功预期（Martin et al.，2013；Bae et al.，2014），进而将这种个人主义倾向引导到创业行动之中。新近研究便表明，在个人主义社会，创业教育将对个人创业倾向表现出更明显的促进作用（Oo et al.，2018）。而即使在部分个人主义倾向明显的社会，创业教育的引导缺失也可能诱发较低的创业活跃度和创新型创业水平（如匈牙利、波兰、西班牙等，见表6-2）。

另一方面，创业教育也将是新生创业者更有效利用资本市场支持的关键。尽管资本市场的资源支持为个人主义社会中的创业者提供了实现个人目标的最优渠道，但其烦琐复杂的运作规则和交易程序也要求创业者必须具备更高的知识水平进行应对。这导致即使资本市场较为发达，缺乏经验和金融知识的新生创业者也往往难以获取资源支持或对这些资源进行有效利用（Zhang，2011）。而通过模拟实际创业实践，传递财务、会计、投资管理等与创业金融相关的知识，创业教育将有助于构建新生创业者的金融心理思维，使得他们能更准确地理解资本市场信息，并指导他们在参与资本市场方面的行动（Drexler et al.，2011；Bischoff et al.，2020；尹志超等，2015）。

最后，作为组成技能发展和管理制度的另一重要特征，研究发展对个人主义社会中创新型创业的影响却并不那么重要。尽管研究发展在组态S1b中作为边缘条件存在，但在组态S1a中却并未显示。这意味着即使社会中缺乏技术知识溢出的有效渠道，个人主义社会内更高的创新型创业也将可能产生。同时，法律制度的支持作用在这一组态中同样不可忽视。一方面，由于创新型创业既需要更多的外部资源支持，也需要进行更广泛的交易以实现创业目标和增长期望，此时，完善的合约履行制度将是实施跨越私人关系网络交易行为的关键，并将与个人主义社会中新生创业者的高外部信任相互强化，助力创业成长。另一方面，完善的产权保护制度则保障了创业者对企业和创新想法/产品的所有权,不仅使创新型创业成为个人获益的有效渠道,也能有效避免个人创业者在与风险投资等大型机构合作中的潜在被盘剥风险。

综上,本章认为,发达的资本市场和较高的创业教育水平将是个人主义社会中更多创新型创业产生的核心前提条件,同时合约履行和产权保护制度的完善也不可或缺。在这一路径中,多元制度以相互补充、相互强化关系共同构建了内在一致的整体制度环境,不仅将提高个人创新创业倾向,也将为这些想法付诸实践提供支持,进而促进国家更多创新型创业的产生。

第二,集体主义社会中的信贷市场—研究发展驱动型创业。

在组态 S2 中,发达的信贷市场、较高的研究发展水平、集体主义构成了产生国家高创新型创业的核心条件,同时合约履行制度也相对完善,尽管仅作为边缘条件存在。中国是这一类型组态的代表国家。特别是,组态 S2 与组态 S1 在核心条件上呈现出明显的差异。具体而言,从分析结果可以得出以下结论:

首先,组态 S2 同样呈现了与子研究二高度一致的结论,即信贷市场将与集体主义形成互补关系,进而共同促进创新型创业的产生,这与组态 S1 形成鲜明对比。在集体主义社会中,紧密的关系网络和群体资源共享将为创业者提供更高价值的借贷抵押品和可信偿还担保,成为他们在信贷市场中获取高额度借贷的翘板。反过来,信贷市场清晰的交易规则和低不确定性则使创业者得以避免外部资本干预并保持对新创企业的绝对控制,能更好地为支持其创业的群体提供反馈性帮扶。根据中国青年创业发展报告(2020),个人或家庭积累、合伙人共同出资以及亲友借贷等群体内部自举资金构成了我国新兴创业者启动资金的主要来源,而银行贷款则构成了外部资源支持的主体(见图 6-2)。类似地,2012 年第十次中国私营企业调查数据则表明,当新创企业试图寻求扩大再生产时,除家庭自有资金外,地方银行等传统借贷渠道始终是其获取外部金融支持的主体,而风险投资、上市融资等渠道则占比较小。特别是,这种对信贷市场的依赖甚至将随企业成立年限的增加而逐渐强化(见图 6-3)。

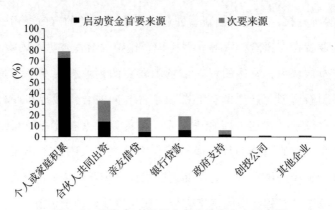

图 6-2　2019 年中国创业者启动资本主要来源

资料来源：中国青年创业发展报告（2020）。

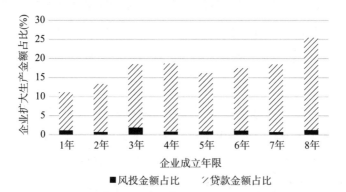

图 6-3　中国新创企业再投资资金来源渠道分布

资料来源：作者根据 2012 年第十次中国私营企业调查数据测算而得。

其次，在组态 S2 中，资本市场则呈现为边缘条件缺失状态。这意味着资本市场对集体主义社会中创新型创业的影响并不明显，甚至将起到负向影响。事实上，尽管近年来我国资本市场发展迅速，但这些活动是否能在社会整体层面有效支持创新型创业仍是一个挑战。由于大量新创企业中家族涉入导致的低透明度和对群体外部人员的低信任水平[1]，当前我国的风险投资活动仍主要集中在处于成熟期、扩张期的企业，而对种子期、初创期的新创企业缺乏关注。相关调查便显示，尽管新近我国的私募股权和风险投资整体规模已超

---

[1] 根据《中国家族企业发展报告 2011》，家族企业占我国民营企业的比重超过 85%，且在新创企业中占比更高。

过美国，但却仅有 5.9% 的投资案例流向种子期初创企业（见图 6-4），这一比例要远小于美国的 11.2%。诚然，发达的资本市场是支持创新型企业成长的关键，但在集体主义社会中，如何使这种金融资本更多地流向创新型初创企业却仍是一个有待解决的问题。总的来说，发达的信贷市场是促进集体主义社会中创新型创业涌现的有效金融支持手段。

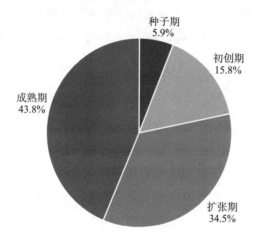

图 6-4　2018 年中国私募股权和风险投资（PE/VC）投资项目阶段占比

资料来源：中国青年创业发展报告（2020）。

最后，较高的研究发展水平与集体主义、信贷市场形成互补关系，进而构成这一制度组态的核心条件。根据世界银行统计数据，自 2015 年以来，我国社会研发投入费用占 GDP 的比例长期超过 2%，已进入创新型国家行列。一方面，较高的社会研究发展水平将是集体主义社会中创业者创新想法产生的关键来源。在个人主义社会，由于对自我表达、独立思想、个人成就的高度追崇，人们将更可能对创新想法保持积极的态度（Efrat，2014；Bennett and Nikolaev，2020）。例如，"在硅谷，人们听他说听起来古怪可笑的想法时，态度更加开放"（沃尔夫，2020）。然而，在重视群体和谐、尊重权威的集体主义社会中，高度创新的想法往往难以被群体直接接受，特别是当这种新想法的实现需要投入较大的群体资源、具备较高的失败风险时（Autio et al.，2013）。换言之，一种新想法只有被大众认可时，利用这一想法的创业行为才更可能得到群体的支持。此时，创新型创业的产生将很大程度上受益于大学、科研机构以及大型公司的创新知识溢出,并表现为个体对这些新想法、新知识的商业化和充分利用（Acs et al., 2009; Audretsch and Keilbach, 2007）。

另一方面,建立在社会知识溢出基础上的创新型创业也将更可能从信贷市场中获得资源支持。有别于风险投资、天使投资等资本市场对发展潜力和颠覆性创新的重视,以传统银行为主要金融中介的信贷市场通常遵循更安全的策略,寻求更低的贷款损失、更低的回报波动率和更低的违约风险。同时,传统银行有限的资源和专业知识也使得他们难以对高度创新、复杂的项目进行有效评估（Ghio et al., 2019）。这意味着,与颠覆性创新相比,当个人利用社会知识溢出进行创业行为时,他们将更可能从信贷市场中获取金融资源支持。

综上,本章认为,发达的信贷市场、较高的研究发展水平将是集体主义社会中更多创新型创业产生的核心前提条件。在这一路径中,社会知识溢出将成为创业者创新想法产生的主要来源,而创业者所在群体和信贷市场则将为他们利用知识溢出提供充分的金融资源支持。尽管近年来大量颠覆性创新与风险投资紧密结合的故事占据了新闻报道的主体,但不可否认,集体主义思维将对创业者心理认知和行为方式产生深远的影响,也将塑造社会中大部分创业的主流形态,并使之成为市场多元化和生产效率提高的主要贡献者。

（4）产生非高创新型创业的制度组态

表6-6右侧显示,存在5种产生非高创新型创业的制度组态（NS1、NS2、NS3a～NS3b、NS4）。其中,NS1和NS2表现出明显的制度缺失特征。尽管组态NS1的资本市场发展水平较高,组态NS2的信贷市场发展水平较高,但两者在法律制度、技能发展和管理制度上则均表现出较低的发展水平。而组态NS3a～NS3b、NS4则表现出明显的制度不互补特征。在组态NS3a～NS3b中,即使法律制度较为完善,但个人主义与不发达资本市场间的不匹配却成为导致非高创新型创业的核心条件；而即使组态NS4的多项制度均较为完善,但通过比较组态S1a～S1b可以发现,合约履行制度的不完善将增加个人主义社会中创业者的交易成本,而创业教育的缺失则将限制个人主义社会中创业动机的产生。

在这里，以日本为代表的 NS3b 制度组态类型尤其值得讨论。事实上，在早期创业研究中，创新型创业长期被视为以美国为代表个人主义社会的"专享特征"，此时，日本则作为表现出较高创新型创业水平的集体主义社会而备受关注（Tiessen，1997）。然而，新近数据显示，当前日本已成为创业最为匮乏的国家之一（见图 6-5），日本政府更是将创新型创业的缺乏视为制约长期经济发展的一大阻碍①。如何解释这一截然相反的现象变化？基于比较制度分析的理论观点，本章认为，由文化价值观变迁所引发的制度互补性缺失将是导致日本创新型创业急剧下降的重要原因。

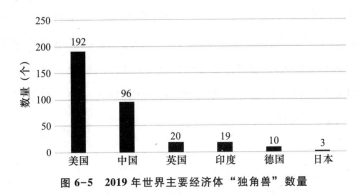

图 6-5　2019 年世界主要经济体"独角兽"数量

资料来源：CB Insights。

一方面，通过在 2002 年对日本、美国创业者所展开的问卷调查，Suzuki 等（2002）的研究显示，相比于个人主义的代表国家美国，日本创业者在创业动机上往往具备更强的社会驱动性，他们更希望通过创新创业赢得公众的认可，并更倾向于倾听、响应朋友或家人的意见。同时，与美国创业者更依赖风险投资不同，日本创业者则更多地利用银行贷款和政府融资等信贷金融来源支持。此外，日本创业者也更倾向于从大学研究项目中获取新兴技术知识。从这个角度看，早期日本的制度环境与上文中国案例所呈现的 S2 制度组态高度一致，即表现为集体主义社会中发达信贷市场、高研究发展水平支持下的高创新型创业。

---

① 搜狐网. 背水一战：日本启动科技创新"六五计划", https: // www. sohu. com/a/457973924_200224，访问时间：2024-08-05。

另一方面，以集体主义—个人主义为核心的文化价值观则在近代日本经历了剧烈的变迁。尽管相较于政府主导下的正式制度变革，文化价值观、社会规范等非正式制度的变迁速度通常较为缓慢（Williamson, 2000），但日本却可能是当前世界文化转变最为剧烈的国家之一（Hamamura, 2012）。长期以来，受中国传统儒家文化的影响，日本被视为东亚集体主义国家的典型代表。然而，随着第二次世界大战后西方教育理念和模式的引进，以及经济发展和城市化的快速增长，日本社会中的家庭规模正在逐步缩小（见图6-6）、离婚率也在逐步上升，而人们也越来越倾向于给他们的孩子和宠物取更多个性化的名字，"个人"和"独特性"等个性化词汇正越来越多地出现在报纸等信息媒介之上（Ogihara et al., 2015；Ogihara, 2017）。这些现象表明，尽管集体主义仍在日本社会具备一定影响，但不可否认的是，随着与西方文化的合流，日本的文化价值观正在变得越来越倾向个人主义，特别是在青年群体之中（Ogihara, 2017）①。

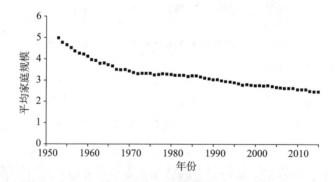

图6-6　1953—2015年日本平均家庭规模演变

资料来源：Ogihara（2017）。

正是这种文化价值观的转变，使得日本青年不再追求通过创业承担家族

---

① 根据霍夫斯泰德指数，日本的个人主义原始得分为46，在76个国家样本中排名第35。而在本章57个国家案例中，日本个人主义得分排名第27。因此，根据定性比较分析方法数据校准，日本是隶属度为0.66的个人主义国家。同时，关于日本文化的个人主义倾向也已在学界得到了诸多讨论（Hamamura, 2012；Ogihara et al., 2015；Ogihara, 2017）。与之相比，中国的个人主义得分为20分，属于典型的集体主义国家。

责任、获取社会声望，转而将个人对舒适生活的需求、自我个性的表达视为关键的决策驱动力。相关调查便显示，将近70%的日本人缺乏创业意愿，而当前受传统集体主义影响的中老年人仍占据日本创业群体的大多数。[①] 与之不匹配的是，当前日本金融体制仍以国家大型银行为主体（部分学者称之为"主银行制"），2018年日本初创公司从风险投资等资本市场获取的资金也仅为13亿美元，这一数值相当于中国的6.5%、美国的2%。而尽管近年来日本政府试图大力扶持创新创业，但其教育和培训体系却仍未表现对创业教育的重视，在本章的57个国家样本中，日本的创业教育得分排名也仅为第37名。正是这种缺失，导致追求个体独立的日本青年既难以形成创业动机，也难以在脱离群体关系后获取足够的社会资源支持。[②] 事实上，学界对日本青年"丧"文化、"宅"文化以及低创新创业的关注由来已久，并试图从人口老龄化、经济结构等诸多方面进行解读（梁建章、黄文政，2018），而本章则从比较制度分析、制度互补性的角度出发提供了另一种可能的解释。

6.3.3 稳健性检验

与传统定量分析不同，定性比较分析要求从参数设定角度对结果进行稳健性检验（张明、杜运周，2019）。因此，借鉴杜运周等（2020）、Judge等（2020），本章采用以下方式进行稳健性检验：①将原始一致性门槛值设定由0.75变动为0.8；②更改数据校准标准，采用80%、55%、30%分位对三个定性锚点进行设定；③删除非2015年数据的案例样本。[③] 组态的充分性分析结果显示，尽管组态的数量、边缘条件均发生了微小变化，但组态的核心条件仍保持高度一致，且这些变化并未改变上文的结果讨论。这表明本章的研究结论是较为稳健的。

---

① 虎嗅网."日本为何成不了创业热土？"，https：//www.huxiu.com/article/322277.html，访问时间：2024-07-26。

② 腾讯科技.日本科技强国声誉名不副实？科技"独角兽"仅有3只，https：//baijiahao.baidu.com/s?id=1643025295414025455&wfr=spider&for=pc，访问时间：2024-07-26。

③ 由于稳健性检验结果与上文高度一致，为缩减文章篇幅未予呈现，留存备索。

6.4 本章小结

基于比较制度分析的理论观点，本章探索了由多元制度及其相互关系组成的国家间整体制度配置多样性，对国家创业形态的塑造作用。通过将法律制度、金融支持制度、技能发展和管理制度，以及文化价值观视为可能影响创业决策的四种关键制度类型。同时，从创业活跃度和创新型创业两个角度对国家创业形态进行考察。采用模糊集定性比较分析（fsQCA）方法对57个国家的案例比较分析结果表明，不存在产生国家高创业活跃度和高创新型创业的单一必要制度条件和整体制度"最优配置"；而存在五种不同的制度组态将引发国家高创业活跃度的产生；存在三种不同的制度组态将引发国家高创新型创业的产生。其中，发达的资本市场、较高的创业教育水平是诱发个人主义国家高创新型创业的核心条件，体现在爱尔兰、美国等国家之中。发达的信贷市场、较高的研究发展水平是诱发集体主义社会高创新型创业的核心条件，中国是这一制度组态的代表国家。而制度缺失或多元制度间的不互补，都可能会抑制国家高创新型创业的产生。

具体而言，本章内容可提供以下理论贡献：首先，本研究结论对以往仅基于单一制度视角的研究提出了挑战，凸显了多元制度复杂视角的重要性。尽管现有大量研究试图围绕不同的具体制度验证创业选择中的制度影响力，如产权保护（Autio and Acs，2010；Burke and Fraser，2012）、资本市场支持（Kerr and Nanda，2009；Dutta and Sobel，2018）、集体/个人主义（Tiessen，1997）等，但这些研究都表现出对特定制度的聚焦，而在理论模型和实证检验中忽视了制度多元性，以及多元制度间相互依赖、相互交织所可能产生的复杂关系。即使新近部分学者试图通过采用不同计量工具寻找影响创业的关键制度变量，其研究结论也往往莫衷一是（Stenholm et al.，2013；Mai and Turkina，2014）。正如希特和徐凯（2019）所指出的，多元制度并存的复杂效应要远远大于单一制度的影响，甚至可能产生截然相反的作用。通过对单个制度条件的必要性分析，本章的研究结论便表明，无论是正式制度还是非正式制度，都不存在产生国家高创业活跃度和高创新型创业的必要制度条件。例如，尽管完善的合约履行制度是个人主义社会高创业活跃度的前提条件，但在集体主义社会，私人关系网络的存在却可以抵消合约履行制度缺失对创业活动的约束。这意味着，脱离多元制度复杂效应而仅关注单一制度、寻找关键制度变量的努力可能是徒劳的，将极大限制我们对创业选择中制度影响力的理解。

其次，本研究也深化了对多元制度互补性及其所导致的国家间制度多样性的理解。在子研究二中，本研究探索了金融支持制度与集体/个人主义间的二元互补性，然而，我们仍不清楚三种或四种甚至更多制度如何共同作用以影响创业活动。通过对法律制度、金融支持制度、技能发展和管理制度、文化价值观等关键制度的制度特征进行组态的充分性分析，研究结果表明，一种制度能否起作用往往取决于与国家内其他多元制度间是否能表现出相互促进、相互强化的互补性关系，例如，在个人主义社会中，即使资本市场、法律制度的发展均较为完善，创业教育的缺失也将导致国家低创业活跃度和低创新型创业的产生。进一步地，由于国家往往会在不同的领域制定具有互补性的制度措施，因此不同国家间的制度多样性也将是有限、非随机的。这一结论将为我们利用比较制度分析以深入理解多元制度复杂效应提供更清晰的解读。

最后，本研究证实了创业选择中的"制度重要"观点，并进一步揭示了导致国家高创业活跃度和高创新型创业的多种制度组态路径。长期以来，制度影响创业选择的研究常聚焦于欧美等个人主义发达社会（Bruton et al.，2008），学界认为这些国家的制度建设为其他国家确立了范本。例如，Dill 等（2018）认为，放松监管的金融和劳动力市场将限制依赖性就业保护，使得资本可以快速流动，可能是最有利于创新型创业涌现的制度环境，而这种制度正是以盎格鲁-撒克逊经济体，特别是美国为代表。然而，这一观点显然无助于解释为何在西方经济体内部也存在着显著的创业活动差异，以及非西方经济体中的高创业活动现象。相反，比较制度分析则认为不存在特定的最优制度，多元制度间的互补性将导致国家间的制度多样性，进而构建多种促进创业活动的路径。通过运用这一理论，本章的研究结论表明分别存在五种和三种不同的制度组态将导致国家高创业活跃度和高创新型创业的产生，特别是在以中国为代表的集体主义社会之中，可能导致高创新型创业的制度组态将与欧美国家表现出明显的不同。而即使国家在不同方面均表现较高的制度得分，制度间的不互补也将导致低创新型创业的产生。

第 7 章
CHAPTER7

结论与讨论

7.1 主要研究结论

自 Baumol（1990）以来，宏观制度对创业选择的影响受到了大量学者的关注。通过围绕整体制度环境或聚焦于不同的具体制度展开分析，现有研究明确了创业选择中的"制度重要"观点。然而，已有研究仍习惯于将不同制度视为同质、相互关联的，而缺乏对不同制度间作用机制差异的深入解析，忽视了多元制度间可能存在的复杂交织关系。这既导致现有诸多研究争论的产生，也导致我们难以解释为何制度对不同地区、不同个体会表现出显著的作用差异，仍不清楚哪一类制度是影响创业活动的关键，以及多元制度间的相互作用会产生什么样的复杂效应。鉴于此，本章从比较制度分析理论出发，试图通过三个子研究对现有研究不足进行回应，旨在回答以下问题：多元制度对创业选择的影响是否存在作用机制差异？不同领域制度如何对创业选择产生共同作用、是否存在潜在的互补性关系？特别是，多元制度的复杂组合如何对创业选择产生影响，进而塑造创业活动的地区分布差异？本书在一定程度上解析了创业选择中的多元制度复杂交织效应，具体而言，研究结论从以下几方面对研究问题进行回应：

第一，创业活动受多元制度影响，不同制度将以不同的内在逻辑影响创业活动的不同方面。

制度会影响潜在创业者的进入决策和创业类型选择。而在这一过程中，制度不应被视为一个高度概念化的简单整体，相反，完整的制度环境是由多元制度组成的，不同制度将以其特定的内在逻辑影响创业活动的不同方面。同时，这种制度差异不仅直接体现在法律制度、金融制度等不同类型的制度之间，更深深蕴藏在不同类型制度内的具体制度维度之中。具体而言，本书发现，尽管合约履行制度和产权保护制度是组成国家法律制度的两个关键维度，共同界定了政府对市场交易行为进行有效监管及干预市场活动的程度。然而，两种制度将通过不同方式对创业选择产生影响。其中，合约履行制度界定了私人之间、企业与企业之间的横向交易成本，将主要影响初创企业的早期经营成本；产权保护制度则界定了创业者与政府、大型机构间的纵向交易成本，将主要影响初创企业的长期收益保障。类似地，作为影响创业者获取外部资源支持的关键制度，不同国家间的金融支持制度不仅在发展水平上存在差异，更存在着性质区别。其中，在以信贷市场为基础的金融支持制度中，创业者获取外部金融支持的主要来源是由国家协调的商业银行或长期信贷银行的组合，并主要通过抵押贷款的方式进行；而在以资本市场为基础的金融支持制度中，创业者获取外部金融支持的主要来源是自由竞争的商业银行、风险投资、天使投资人等市场机制，并主要通过股权融资的方式进行。

这种作用机制的不同，将是导致特定制度在不同地区、对不同个体表现出差异化效力的关键。例如，完善的合约履行制度对早期创业成本的降低将有助于个体跨越创业进入门槛，将在经济发展水平较低地区对低人力资本个体产生更显著的创业进入促进作用。而完善的产权保护制度则将为创业者提供可信的长期收益保障，将在经济发展水平较高地区对高人力资本个体表现出更明显的积极效应。同时，由于作用机制的差异，不同法律制度对创业决策的共同作用也将可能存在潜在的抵消效应。研究发现，在经济发展水平较低地区，对低人力资本个体过分强调产权保护制度将可能削弱合约履行制度的促进作用。此外，尽管本书没有进行直接检验，但以往证据指出，在以信贷市场为基础的金融支持制度中，潜在创业者的财务资本和社会资本是其获取更多外部资源的关键（Chua et al.，2011）；而在以资本市场为基础的金融支持制度中，受教育水平更高、专业技术知识能力更强的潜在创业者更可能获得支持（Mazhar et al., 2018）。这意味着，缺乏对具体制度作用机制的辨析、缺乏对制度差异的认识，而仅考虑完整制度效应及其作用情境的研究，其结论将可能是内在矛盾且不稳健的。

第二，不同领域的制度将以相互补充的关系存在进而共同作用于创业活动。

创业活动不仅受单一制度的影响，更是多元制度共同作用的产物。在这一过程中，多元制度的作用不应被孤立理解，相反，不同领域的制度间将以相互依存、相互强化的互补性关系存在进而共同促进创业活动的产生。例如，尽管在单一制度效应上，发达的信贷市场与个人创新型创业正相关，而资本市场则负相关，但不同金融支持制度的具体作用将取决于其与非正式制度间的互补关系。通过将集体/个人主义视为地区间文化差异的"深层结构"，研究发现，信贷市场在集体主义社会对创新型创业的促进作用将更为明显，而资本市场尽管在集体主义社会与创新型创业负相关，但却在个人主义社会中表现出明显的促进作用，即信贷市场/资本市场将分别与集体主义/个人主义呈现出互补性关系以促进创新型创业的产生。同时，这种制度间的互补性不仅存在于两种不同类型的制度之间，也存在于多元制度之间。例如，发达的资本市场、较高的创业教育水平和个人主义将相互补充、相互强化，共同助力国家高创新型创业的产生。特别是，这种多元制度复杂交织所产生的影响将远大于单一制度的简单影响，而即使国家内多元制度的发展水平均较为完善，多元制度间互补性的缺失也将可能导致制度作用的失效，甚至产生与预期相反的结果。

此外，这种制度互补性关系也不会轻易随着外部环境的变化而发生改变。通过聚焦于国际化和研究发展这两个关键情境，本研究的结论便表明，不同金融支持制度与集体/个人主义间的互补性关系甚至将随着外部环境竞争的加剧而强化。具体而言，随着国家国际化程度和研究发展水平的提高，资本市场对不同集体/个人主义社会的差异性作用并不会改变，而信贷市场对集体主义社会创新型创业的促进作用则将进一步增强。正如比较制度分析所指出的，制度反映了场域内经济参与者的共享信念，决定了个体所拥有的资源和战略能力，因此将塑造不同群体应对环境变化的不同方式，并导致制度变迁存在长期的路径依赖性。

第三，多元制度构成的制度配置多样性塑造了创业形态的国家与地区差异。

多元制度互补性的存在意味着整体制度将在国家间形成不同的配置，这种制度多样性将是解释创业活动在地区间存在系统性分布差异的关键。通过将法律制度、金融支持制度、技能发展和管理制度，以及文化价值观视为可能影响创业决策的四种关键制度类型，同时从创业活跃度和创新型创业两个角度对国家创业形态进行考察，本研究基于 fsQCA 的国家案例比较分析结果表明：一方面，不存在产生国家高创业活跃度和高创新型创业的单一必要制度条件，相反，由多元制度及其相互关系组成的不同国家制度组态将决定国家间的创业形态差异；另一方面，也不存在产生国家高创业活跃度和高创新型创业的特定整体制度"最优配置"，相反，同时存在多种不同的制度组态将可能导致国家高创业活跃度或高创新型创业的产生。其中，存在五种不同的制度组态将引发国家高创业活跃度的产生；存在三种不同的制度组态将引发国家高创新型创业的产生。特别是，较高的资本市场、创业教育水平是诱发个人主义国家高创新型创业的核心条件，体现在爱尔兰、美国等国家之中。较高的信贷市场、研究发展水平是诱发集体主义国家高创新型创业的核心条件，中国是这一制度组态的代表国家。而制度不完善或多元制度间的不互补，都可能会抑制国家高创新型创业的产生。换言之，对于创业选择，既不存在必要的特定关键制度，也不存在诱发高创业活动的"最优"制度配置类型，制度的作用效力将取决于多元制度间是否能构建起相互强化的整体互补性关系。

7.2 理论贡献

前文各章节已就不同子研究的具体理论贡献进行了详细阐述，这一部分将从研究领域和理论出发对整体理论贡献进行提炼。具体而言，本研究可在以下几方面提供新的理论贡献：

第一，通过凸显不同制度的作用机制差异，本书有助于推动"制度影响创业选择"领域的讨论从单一制度简单分析向多元制度复杂分析的视角转变。

创业选择中的"制度重要"观点已得到充分验证,通过聚焦于特定单一制度或围绕整体制度发展水平展开分析(Sobel et al., 2008; Amoros et al., 2019; Bennett, 2019; Castellaneta et al., 2020),现有大量研究明确了制度在塑造个人创业决策和地区创业活动分布差异中的重要性。在这些研究中,不同制度的作用往往被视为同质、相互关联的,并假定不同制度效应的简单累加将构成多元制度的整体效应(Estrin et al., 2013a; De Clercq et al., 2013; Chowdhury et al., 2019)。然而,完善制度环境与活跃创业活动间的正向关系并非放之四海而皆准。我们仍难以解释为何完善的制度并未在所有地区、对所有个体表现出应有的促进作用,甚至为何出现"制度失效"的现象(Minniti, 2008; Su et al., 2017; Zhai et al., 2019)。这一理论研究与实践现象的脱节既是制约当前"制度影响创业选择"领域发展的关键障碍,也为理论分析的深化提出了要求(Su et al., 2017)。

有别于以往观点,本研究表明,制度环境是由不同多元制度共同构成的复杂整体。一方面,不同类型的制度将通过决定潜在创业者与不同利益相关者间的互动机制影响创业活动的不同方面;另一方面,即使在同一类型制度内部,不同的具体制度也将以其特定的内在逻辑产生不同影响。这种制度间细度差异的存在,将导致特定制度在不同情境下产生不同的作用程度和方向,并使得并存的多元制度产生与单一制度不同甚至截然相反的复杂效应。换言之,以往研究对单一、整体制度观点的简单强调可能是导致现有诸多研究争论产生的根源,也将极大限制我们对创业选择中制度影响力的理解。由此,本研究凸显了关注多元制度复杂交织效应的必要性,有助于推动"制度影响创业选择"领域从单一、整体的简单制度分析向多元制度复杂分析的视角转变,这将为后续研究的深化奠定基础。

第二,通过明晰多元制度间的互补性关系,本研究揭开了多元制度共同作用于创业选择的潜在机制。尽管新近已有研究开始关注多元制度并存的影响,然而,一方面,部分研究试图采用结构方程模型、贝叶斯模型平均方法等寻找多元制度中影响创业活动的关键指标(Valdez and Richardson, 2013; Stenholm et al., 2013; Mai and Turkina., 2014; Nikolaev et al., 2018),却忽视了多元制度间潜在的复杂交织关系,其在本质上仍未脱离单一、整体制度的简单思维，且这些研究间不一致的结论反而进一步加剧了争论的产生；另一方面，部分研究则将讨论聚焦于两种特定的制度交互关系之上（Damaraju et al., 2021; Fredstrom et al., 2021; Tang et al., 2021），尽管这些研究为我们理解多元制度复杂作用提供了一定启示，却也在一定程度上简化了制度多元的事实。迄今为止，学界对于多元制度如何共同作用以影响创业活动，仍缺乏系统性、共识性的理论认识基础。

与之相呼应，本研究立足于比较制度分析理论构建了一个系统的多元制度分析模型，明晰了多元制度间潜在的互补性关系。研究表明，尽管不同的制度将以其特定的内在逻辑影响创业活动的不同方面，但制度间的作用不应被孤立理解。相反，不同领域的制度间将以一种相互依存、相互强化的互补性关系存在进而共同促进创业活动的产生。换言之，一种制度的作用可能会受另一种制度的出现而强化，且这种互补性关系不仅存在于两种制度之间，也存在于三种、四种甚至多元制度之间。这意味着，制度的有效性将取决于多元制度间是否能构建起相互支持的关系，而即使一种制度发展水平较高，它与其他制度间互补性的缺失也将导致预期效应难以产生。特别是，本研究凸显了文化价值观等长期存在、不易改变的非正式制度在影响正式制度效应上的关键性作用。由此，本研究揭示了多元制度与创业选择间关系的内在作用机制，虽然仅围绕四种关键制度类型展开理论辨析和实证检验，但这种互补性机制的凸显将为后续研究解析多元制度效应提供方向和广阔的探索空间。

第三，通过揭示可能诱导不同创业活动形态的多元制度配置多样性，本研究纠正了以往研究对"最优制度"的强调。受华盛顿共识等自由市场经济概念影响，长期以来，"制度影响创业选择"的研究常采用 IEF、EFW、WGI 等机构评测指标对国家整体制度发展水平进行衡量。此时，"最优制度"的标准往往是以欧美等主流发达国家的制度实践作为范本（Miller et al., 2019; Jackson and Deeg, 2019）。蕴含在这些研究中的一个基本假定是，国家整体制度建设越接近于西方模式，便越可能导致活跃、高质量创业活动的产生（Minniti, 2008; Boudreaux and Nikolaev, 2019）。而有的研究即使注意到制度多样性在不同国家间的广泛存在，也往往认为其只会在发展起步阶段或转型阶段起作用，并最终会被更具备普遍意义的西方模式所取代（青木昌彦，

2001；Aidis et al.，2008）。

与之不同，通过考察多元制度及其相互关系组成的国家整体制度组态，本研究表明，多元制度间的互补性关系将塑造国家间的制度多样性。特别是，不存在导致国家高创业活跃度、高创新型创业产生的单一制度组态类型。相反，分别存在多种不同的制度组态都可能导致国家高创业活跃度和高创新型创业的产生。而由于国家间现行其他制度、历史制度等存在着鲜明的差异，特定路径的制度建设在不同国家将很难产生相似的效力水平。这意味着，在促进创业的活动中，以欧美发达国家为代表的制度配置并非单一选择或普适性标准，不同国家必须根据自身条件构建内在一致、相互支持的整体制度配置。在这一过程中，探索构建与地区文化价值观、社会规范相匹配的正式制度可能是关键。这一发现在明晰多元制度共同作用的同时，也极大挑战了以往研究对"最优制度"的强调，将为我们更好地理解制度作用产生深远影响。

第四，本研究对比较制度分析的理论观点进行了直接检验，并拓展了比较制度分析在创业研究中的应用。一方面，源于国际合作日益密切和国家间制度多样性的现象驱动，比较制度分析的理论观点在2000年左右得到了多个学科领域的密集讨论，特别是在经济学研究中，以青木昌彦为代表的比较制度分析观点更是受到了广泛关注。然而，这一理论常被应用于国家经济体制的历史比较分析之中（钱颖一，2017），往往采用定性方法展开而缺乏对其具体理论观点的直接检验（Ennen and Richter，2010）。另一方面，尽管被视为制度分析的第三个重要流派（Jackson and Deeg，2008；2019），比较制度分析在战略管理领域的应用仍处于探索阶段，且主要局限于对国家、大型企业层面的讨论之上（Judge et al.，2014；Witt and Jackson，2016；Mariotti and Marzano，2019）。这在一定程度上限制了比较制度分析的理论解释力和应用推广。

有别于此，建立在文献回顾的基础上，本研究首先对比较制度分析的理论观点进行了梳理总结，采用分层线性模型对比较制度分析的多元制度机制差异以及制度互补性观点进行了直接检验，讨论了制度互补性在激烈竞争环境下将长期存在的变迁过程，并进一步采用fsQCA方法识别了由互补制度构成的不同多元制度组合，这将有助于比较制度分析的理论深化和定量分析推广。同时，通过将创业活动的地区分布差异现象视为国家商业模式的一个侧面，本研究验证了比较制度分析观点对深化创业研究的理论解释力，这在一定程度上扩展了比较制度分析在个体决策和创业研究中的应用。

7.3 实践启示

本研究将有助于提高对中国特色创业现象的解释，并为如何设计制度以促进地区高创业活跃度和创业质量提供有益的启示。有别于与以往观点对完善制度与创业活跃度间正向关系的简单强调，本研究表明，在正式制度不完善的早期，以宗族、家庭、朋友等为核心的关系网络将为创业者提供利用外部潜在机会的集体资源支持。正是这种资源支持，赋予了潜在创业者利用改革开放早期大量市场机会的潜力，引导江浙、闽南、广东等地区的创业涌现。然而，随着经济发展水平的提高、社会对高质量创业的需求及市场竞争的加剧，创业者必须谋求更广泛的外部资源支持。此时，正式制度将发挥越来越关键的作用。具体而言，本研究将在以下几方面为制度设计提供借鉴。

第一，完善的制度环境并不存在绝对的最佳实践，制度实施的有效性将取决于不同制度间是否能构建起相互强化、相互协同的互补性关系。而即使不同方面制度的发展水平均较高，制度间互补性的缺失也可能导致制度的作用失效，甚至产生与预期相反的结果。这意味着，我们不应将行政资源浪费于对制度得分"最高值"的简单追求之上。由于不同地区间现行制度、历史制度以及社会规范、文化价值观等存在着鲜明的区别，简单地移植其他国家/地区的成功制度模式往往将是无效的。因此，在制度设计的过程中，我们不应将目光简单局限于特定西方发达国家的模式之上，相反，应当以更开放的心态，广泛考察世界不同国家、不同地区的具体制度实践，吸取经验教训，深层次识别制度作用的共同规律。

同时，多元制度是以相互补充、相互依赖的形式共同产生作用的。例如，尽管以风险投资、天使投资等为核心的资本市场是促进个人主义社会中更多创新型创业涌现的关键，但在集体主义社会中却可能产生潜在的负面抑制作用。对于后者，以传统银行借贷为核心的信贷市场将是更有效的外部金融支持手段。因此，政策制定者应当持一个整体的观点，根据地区的具体情境进行决策，以期构建一个内在一致、相互协调、相互强化的制度环境。重要的是，我们必须在制度转型过程中坚定文化自信和制度自信，努力探索符合自身实际情况的制度配置。

此外，尽管行政力量主导下的正式制度变革是相对容易的，但需要警惕的是，如果制度变革与社会规范、价值观不一致甚至冲突，那么简单依靠行政力量主导的制度建设过程可能是收效甚微的。制度转型并非一蹴而就，在这一过程中，政府有必要广泛征求不同参与者的意见，做好制度设计的前期讨论、中期宣传和后期细化，进而寻求社会多元利益相关者的最大公约数，构建共识。因为只有这样，完善制度的努力才是受认可的、可实施的，构建的制度也才是有效的、可持续的。

第二，更高的创业活跃度并不等同于更高的创业质量，而导致高创业活跃度和高创业质量产生的制度配置往往并不一致。一个不可忽视的现实是，当前我国各地区间的经济发展水平仍存在较大差异，而创业也将在不同社会经济生活中扮演不同的角色。因此，旨在促进创业活动的制度设计应当服务于地区当前亟须解决的主要社会经济问题，以实现对有限资源的最大化利用。

一方面，对于经济发展水平相对落后的地区，应充分发挥创业在促进社会流动、脱贫、减少失业中的作用。事实上，落后地区中欠发达的商品市场为潜在创业者引进新产品、新服务提供了大量的机会。然而，即使识别到创业机会，创业者有限的人力资源、财务资源也将成为制约他们实施具体创业行为的阻碍。此时，制度建设应重点降低创业进入成本和经常性成本，如简化新创企业申请程序和费用、构建确保合同得到有效执行的法治环境、完善基本公共资源服务、减轻行政监管等，进而鼓励创业进入并使之成为禀赋资源较弱个体追求更高收益的有效渠道。

另一方面，对于经济发展水平相对发达的地区，则应充分发挥创业在技术创新、可持续发展中的作用。发达地区中丰富的社会资源既为个人职业生涯选择提供了更多的可能，也增加了新创企业面临的竞争压力，要求更高的创业质量。此时，谋求更高的创业活跃度既不现实，也无益于整体社会生产力的提高。因此，制度设计应致力于鼓励具备较高能力和知识水平的个体将其人力资本投资到创业行动之中，确保创业收益的长期可得性，进而引导更多的创新型创业活动产生，助力经济增长。

特别是，本研究的结论表明，对于我国大部分强调群体利益、资源共享的集体主义地区，政府应在完善法治环境的基础上，加大社会研发投入水平，更加重视构建产学研与创业参与者间的互动机制，以充分发挥新兴技术产业的社会扩散效应。同时，进一步完善普惠小微金融服务和技术创新借贷机制，以降低新创企业的借贷成本。这将有助于帮助更多禀赋资源较高的个体识别到更具创新性的机会，并确保创新创业行为的实施能得到充分的外部资源支持，从而在根本上将创业构建成社会商业创新、技术创新的前沿阵地。

此外，尽管以风险投资、天使投资等为代表的资本市场是支持新创企业更好更快发展的重要因素之一，但集体主义社会中大量新创企业的家族涉入，及其对外部干预、不确定性的厌恶，则使得资本市场支持仍难以有效流向创新型新创企业。而这种资本流向甚至将进一步加剧大型企业对新创企业的市场空间挤压。因此，为更有效地利用资本市场对创新型创业的促进作用，有必要进一步发挥政府引导作用，构建新创企业与风险投资、天使投资等的沟通桥梁，并降低资本市场的潜在不确定性。

第三，对于创业者而言，应强化制度敏感性和制度利用能力，重要的是，不应将制度视为制约创业行为的外部约束，而应将制度视为资源提供者和潜在的竞争优势来源，努力构建与制度相匹配的战略。

一方面，潜在创业者应全面审查自身及家庭关系网络中可用的资源支持，并将这种群体资源视为获取更多外部资源支持的翘板。如寻求家庭财务支持以克服创业进入成本，通过与朋友、同事、同学的密切交流识别不同市场领域中蕴藏的潜在商业机会，努力构建跨越小圈子的关系网络以获取更多的信息和更大的外部支持。特别是，对于旨在实施创新、谋求更大收益的个体创业者，有必要积极寻求与科研机构、高校研发团队、大型公司技术部门间的密切联系，关注数字经济等新兴技术带来的市场变化，进而探索未被充分利用的新商业模式、新技术机会。同时，尽管创业者难以改变外部监管环境，但利用关系网络建立与潜在交易伙伴间的信任关系和非正式交流机制，将很大程度上降低创业活动的交易成本，扩大交易范围。

另一方面，创业者在利用外部支持时，也需要关注与不同方面的合作是否存在潜在的冲突，避免资源的投入难以收获应有回报，耗费时间和精力。特别是，要警惕部分制度固有的局限性对创新创业行为的束缚。例如，尽管家庭资源支持是大部分创业者的初始资金来源，但应努力避免群体利益至上的思维模式，努力完善企业的正式治理机制、提高企业的透明度水平，这将有助于新创企业从风险投资、天使投资人等资本市场中获取更多、更有价值的资源支持。

7.4 研究局限性与展望

本研究也不可避免地存在一些局限性，这些局限性将引导笔者在后续研究中展开进一步探索和完善。

第一，本研究基于 Whitley（1999）的国家商业体制框架对可能影响创业选择的多元关键制度进行识别并构建研究模型。尽管这一框架已被不同领域的学者广泛采用，但其源起于对在位企业组织结构、关系协调的商业体制比较分析，而即使本研究基于创业活动特质对具体制度变量进行了一定修正，但仍存在部分备受关注的制度变量难以在这一框架中直接体现（如税收、破产法、风险规避等）。因此，后续研究有必要尝试从创业活动自身的特殊性出发对关键制度框架进行构建，这将是深化创业活动中多元制度复杂效应分析的关键。

第二，我们仍需强化对多元制度的具体测量方式。一方面，当前学界已出现大量围绕国家制度的指标评价体系。后续研究可探索使用多源数据对制度变量指标进行比较、衡量，这将能更准确地体现国家特定制度的发展水平，助力严谨结论的提出。另一方面，对多元制度复杂效应的关注意味着有必要在测量上对不同的制度进行明确区分。尽管本研究采用的制度变量测量方式均受到当前学界的广泛认可，然而，不同测量方式往往从主观认知、法律制定、具体实施等不同方面对制度进行衡量，而在不同评价体系中，部分制度测量也存在内涵上的重叠。这种测量方式的不完善既可能模糊了对制度细度差异的理论辨析，也将对文献对话产生限制。正如希特和徐凯（2019）所指出的，当前学界对制度的评价程序仍有待进一步修订。因此，后续研究仍需探索构建明确的多元制度衡量体系。此外，如何选取适宜的工具变量以克服国家层面多元制度变量间可能存在的内生性问题，也仍是制约研究深入的一大挑战。

第三，制度是多元的，并不仅仅体现为特定的四类关键制度。一方面，后续研究可尝试围绕更多制度进行讨论，这将为验证本研究的理论观点、识别制度作用深层次规律提供契机。另一方面，对制度"去概念化"是展开多元制度复杂效应研究的必要前提，后续研究可尝试将讨论深化到对具体制度的分析之上。例如，在集体主义社会，以组织为核心的集体主义文化与以家庭为核心的集体主义文化是否存在区别？是否会导致不同有效制度组态的产生？而我国不同地区的特色文化，如"关系"、江湖文化、海洋文化等，又将如何影响多元制度的作用？对这些问题的深化讨论将赋予多元制度研究广阔的发展空间，也将使理论研究得以提供更强的实践解释力。

第四，在第六章的定性比较分析中，本研究仅采用单一年份的国家样本进行横向比较，今后可尝试采用多时期数据和时间序列、面板数据的组态分析方法进行强化论证（Caren and Panofsky, 2005; Garcia-Castro and Francoeur, 2016; 张明、杜运周，2019），这将有助于我们识别更多的有效制度配置并提高研究结论的严谨性。同时，尽管研究结论显示了以中国为代表的集体主义国家实现高创新型创业的独特制度路径，但不可忽视的是，当前中国的创新创业水平仍存在较大的发展空间。对于如何完善制度以激活创新创业潜力，我们仍需在实践和理论上做更多探索。

第五，受数据可得性限制，本研究采用调节效应间接验证不同制度的作用机制差异及制度间共同作用的潜在机制（贾良定等，2017），然而，我们仍难以对这些逻辑链条进行直接检验。因此，后续研究可尝试采用案例研究和问卷调查等方式进行理论验证，进而深入挖掘多元制度作用的内在微观基础。

第六，基于比较制度分析的理论观点，本研究从国家层面对制度作用进行识别。然而，正如部分学者所关注到的，制度多样性不仅体现在国家层面，也存在于国家内的地区层面（Chan et al., 2010），创业活动的地区差异也不例外（Audretsch et al., 2019）。在这方面，基于中国各省份、城市、文化区块的经验分析或将为我们验证理论、发展理论提供更广泛的空间。

第七，从制度多元性的认识出发，本研究促进了对创业活动中制度影响力的理解，然而，制度影响的复杂性不仅体现在多元性之上，也体现在其跨层次性和动态性之上（希特、徐凯，2019）。因此，后续研究应尝试进一步探索不同层次（国家、省份、城市）制度间的复杂交织（Audretsch et al., 2019；Zhai et al., 2019），以及制度动态演化（Banalieva et al., 2015；Chan and Du, 2021；王博、朱沆，2020）所可能产生的复杂影响。

第八，创业活动不仅受制度环境的影响，也取决于国家经济、地理、历史等其他宏观因素。在这方面，创业生态系统理论或将为我们更好地解释创业活动的地区差异提供有益借鉴（Acs et al., 2014）。当然，我们仍需要在理论构建和实证检验中更好地兼顾模型的覆盖度和简约性。

第九，立足于"制度影响创业选择"这一细分研究领域，本研究围绕创业选择中的多元制度复杂效应展开讨论。尽管本研究识别了高创业活跃度和高创新型创业背后的不同制度配置，然而，这些制度配置并不直接意味着更高的社会创新和整体生产率。近年来，创业研究领域的学者逐步认识到创业不仅体现在个人创业选择层面，也可能体现为现有企业的内部创新创业行为（Foss and Klein, 2012）。甚至相比于个人创业，企业内部创业可能在促进国家技术升级中扮演着更重要的角色（Anokhin and Wincent, 2012）。因此，为深化对制度多样性与国家创业形态间关系的理解，后续研究有必要将企业创业纳入理论框架，并深入辨析多元制度对不同国家和地区的企业家精神配置方式差异的影响机制。

参 考 文 献

[1] ACEMOGLU D, JOHNSON S, ROBINSON J. Institutions as the fundamental cause of long-run growth [M] //AGHION P, DURLAUF S. Handbook of Economic Growth. Amsterdam: Elsevier, 2005: 385-472.

[2] ACEMOGLU D, JOHNSON S. Unbundling institutions [J]. Journal of Political Economy, 2005, 113 (5): 943-995.

[3] ACS Z J. How is entrepreneurship good for economic growth? [J]. Innovations: Technology, Governance, Globalization, 2006, 1 (1): 97-107.

[4] ACS Z J, AUTIO E, SZERB L. National systems of entrepreneurship: Measurement issues and policy implications [J]. Research Policy, 2014, 43 (3): 476-494.

[5] ACS Z J, BRAUNERHJELM P, AUDRETSCH D B, et al. The knowledge spillover theory of entrepreneurship [J]. Small Business Economics, 2009, 32 (1): 15-30.

[6] ACS Z J, DESAI S, HESSELS J. Entrepreneurship, economic development and institutions [J]. Small Business Economics, 2008, 31 (3): 219-234.

[7] ACS Z J. High-impact Entrepreneurship [M] //ACS Z J, AUDRETSCH D B. Handbook of Entrepreneurship research: An interdisciplinary survey and introduction. Berlin: Springer, 2010: 165-182.

[8] ACS Z J, STAM E, AUDRETSCH D B, et al. The lineages of the entrepreneurial ecosystem approach [J]. Small Business Economics, 2017, 49 (1): 1-10.

[9] ACS Z J, SZERB L, LAFUENTE E, et al. The global entrepreneurship index 2019 [R]. Washington, D. C. The Global Entrepreneurship and Development

Institute, 2020.

[10] AGUILERA R V, GRØGAARD B. The dubious role of institutions in international business: A road forward [J]. Journal of International Business Studies, 2019, 50 (1): 20-35.

[11] AHMADJIAN C L. Comparative institutional analysis and institutional complexity [J]. Journal of Management Studies, 2016, 53 (1): 12-27.

[12] AHUVIA A C. Individualism/collectivism and cultures of happiness: A theoretical conjecture on the relationship between consumption, culture and subjective well-being at the national level [J]. Journal of Happiness Studies, 2002, 3 (1): 23-36.

[13] AI C, NORTON E C. Interaction terms in logit and probit models [J]. Economics Letters, 2003, 80 (1): 123-129.

[14] AIDIS R, ESTRIN S, MICKIEWICZ T. Institutions and entrepreneurship development in Russia: A comparative perspective [J]. Journal of Business Venturing, 2008, 23 (6): 656-672.

[15] AIDIS R, ESTRIN S, MICKIEWICZ T. Size matters: Entrepreneurial entry and government [J]. Small Business Economics, 2012, 39 (1): 119-139.

[16] AIKEN L S, WEST S G. Multiple regression: Testing and interpreting interactions-institute for social and economic research (ISER) [J]. Evaluation Practice, 1991, 14 (2): 167-168.

[17] ALESINA A, GIULIANO P. The power of the family [J]. Journal of Economic Growth, 2010, 15 (2): 93-125.

[18] ALI A, KELLEY D J, LEVIE J. Market-driven entrepreneurship and institutions [J]. Journal of Business Research, 2020, 113: 117-128.

[19] ALVAREZ C, URBANO D, AMOROS E J. GEM research: Achievements and challenges [J]. Small Business Economics, 2014, 42 (3): 445-465.

[20] AMIT R, MULLER E, COCKBURN I. Opportunity costs and entrepreneurial activity [J]. Journal of Business Venturing, 1995, 10 (2): 95-106.

[21] AMOROS E J, CIRAVEGNA L, MANDAKOVIC V, et al. Necessity or oppor-

tunity? The effects of state fragility and economic development on entrepreneurial efforts [J]. Entrepreneurship Theory and Practice, 2019, 43 (4): 725-750.

[22] AMPENBERGER M, SCHMID T, ACHLEITNER A K, et al. Capital structure decisions in family firms: Empirical evidence from a bank-based economy [J]. Review of Managerial Science, 2013, 7 (3): 247-275.

[23] ANDREA M, HENRY L, ALAN H. The demand and supply of external finance for innovative firms [J]. Industrial and Corporate Change, 2013, 4 (4): 869-901.

[24] ANOKHIN S, SCHULZE W S. Entrepreneurship, innovation, and corruption [J]. Journal of Business Venturing, 2009, 24 (5): 465-476.

[25] ANOKHIN S, WINCENT J. Start-up rates and innovation: A cross-country examination [J]. Journal of International Business Studies, 2012, 43 (1): 41-60.

[26] AOKI M, KIM H K, OKUNO-FUJIWARA M. The role of government in East Asian economic development: Comparative institutional analysis [M]. Oxford: Clarendon Press, 1997.

[27] AOKI M, PATRICK H. The Japanese main bank system: Its relevance for developing and transforming economies [M]. Oxford: Oxford University Press, 1994.

[28] AOKI M. Toward a comparative institutional analysis [M]. Cambridge: MIT Press, 2001.

[29] APARICIO S, AUDRETSCH D B, URBANO D. Does entrepreneurship matter for inclusive growth? The role of social progress orientation [J]. Entrepreneurship Research Journal, 2021, 11 (4): 1-29.

[30] APARICIO S, AUDRETSCH D B, URBANO D. Why is export-oriented entrepreneurship more prevalent in some countries than others? Contextual antecedents and economic consequences [J]. Journal of World Business, 2021, 56 (3): 101177.

[31] APARICIO S, URBANO D, AUDRETSCH D B. Institutional factors, opportunity entrepreneurship and economic growth: Panel data evidence [J]. Technological Forecasting and Social Change, 2016, 102 (C): 45-61.

[32] ARDICHVILI A, CARDOZO R, RAY S. A theory of entrepreneurial opportunity identification and development [J]. Journal of Business Venturing, 2003, 18 (1): 105-123.

[33] ARIN K P, HUANG V Z, MINNITI M, et al. Revisiting the determinants of entrepreneurship: A Bayesian approach [J]. Journal of Management, 2015, 41 (2): 607-631.

[34] ARMANIOS D E, EESLEY C E, LI J, et al. How entrepreneurs leverage institutional intermediaries in emerging economies to acquire public resources [J]. Strategic Management Journal, 2017, 38 (7): 1373-1390.

[35] AUDRETSCH D B, BELITSKI M, DESAI S. National business regulations and city entrepreneurship in Europe: A multilevel nested analysis [J]. Entrepreneurship Theory and Practice, 2019, 43 (6): 1148-1165.

[36] AUDRETSCH D B, BOENTE W, TAMVADA J P. Religion, social class, and entrepreneurial choice [J]. Journal of Business Venturing, 2013, 28 (6): 774-789.

[37] AUDRETSCH D B, COLOMBELLI A, GRILLI L, et al. Innovative start-ups and policy initiatives [J]. Research Policy, 2020, 49 (10): 104027.

[38] AUDRETSCH D B, HEGER D, VEITH T. Infrastructure and entrepreneurship [J]. Small Business Economics, 2015, 44 (2): 219-230.

[39] AUDRETSCH D B, KEILBACH M C, LEHMANN E E. Entrepreneurship and Economic Growth [M]. Oxford: Oxford University Press, 2006.

[40] AUDRETSCH D B, KEILBACH M. The theory of knowledge spillover entrepreneurship [J]. Journal of Management Studies, 2007, 44 (7): 1242-1254.

[41] AUDRETSCH D B, MOOG P. Democracy and entrepreneurship [J]. Entrepreneurship Theory and Practice, 2020, online.

[42] AUDRETSCH D B, THURIK A R. What's new about the new economy? Sources of growth in the managed and entrepreneurial economies [J]. Industrial and Corporate Change, 2001, 10 (1): 267-315.

[43] AUTIO E. Global entrepreneurship monitor: 2007 global report on high-growth entrepreneurship [R]. London: Babson College and London Business School, 2007.

[44] AUTIO E, ACS Z. Intellectual property protection and the formation of entrepreneurial growth aspirations [J]. Strategic Entrepreneurship Journal, 2010, 4 (3): 234-251.

[45] AUTIO E, FU K. Economic and political institutions and entry into formal and informal entrepreneurship [J]. Asia Pacific Journal of Management, 2015, 32 (1SI): 67-94.

[46] AUTIO E, KENNEY M, MUSTAR P, et al. Entrepreneurial innovation: The importance of context [J]. Research Policy, 2014, 43 (7): 1097-1108.

[47] AUTIO E, PATHAK S, WENNBERG K. Consequences of cultural practices for entrepreneurial behaviors [J]. Journal of International Business Studies, 2013, 44 (4): 334-362.

[48] AVERY R B, BOSTIC R W, SAMOLYK K A. The role of personal wealth in small business finance [J]. Journal of Banking and Finance, 1998, 22 (6-8): 1019-1061.

[49] AYYAGARI M, BECK T, DEMIRGUC-KUNT A. Small and medium enterprises across the globe [J]. Small Business Economics, 2007, 29 (4): 415-434.

[50] BAE T J, QIAN S, MIAO C, et al. The relationship between entrepreneurship education and entrepreneurial intentions: A meta-analytic review [J]. Entrepreneurship Theory and Practice, 2014, 38 (2): 217-254.

[51] BAKER T, GEDAJLOVIC E, LUBATKIN M. A framework for comparing entrepreneurship processes across nations [J]. Journal of International Business Studies, 2005, 36 (5): 492-504.

[52] BATJARGAL B, HITT M A, TSUI A S, et al. Institutional polycentrism entrepreneurship networks and new venture growth [J]. Academy of Management Journal, 2013, 56 (4): 1024-1049.

[53] BAUMOL W J, STROM R J. Entrepreneurship and economic growth [J]. Strategic Entrepreneurship Journal, 2007, 1 (3-4): 233-237.

[54] BAUMOL W J. Entrepreneurship: Productive, unproductive, and destructive [J]. Journal of Political Economy, 1990, 98 (5): 893-921.

[55] BAUMOL W J. Formal entrepreneurship theory in economics: Existence and bounds [J]. Journal of Business Venturing, 1993, 8 (3): 197-210.

[56] BAUMOL W J. Preface the entrepreneur in history [M] //LANDES D S, MOKYR J, BAUMOL W J. The invention of enterprise: Entrepreneurship from ancient Mesopotamia to modern times. Princeton: Princeton University Press, 2010: ix-xiv.

[57] BEGLEY T M, TAN W L, SCHOCH H. Politico-economic factors associated with interest in starting a business: A multi-country study [J]. Entrepreneurship Theory and Practice, 2005, 29 (1): 35-55.

[58] BELITSKI M, CHOWDHURY F, DESAI S. Taxes, corruption, and entry [J]. Small Business Economics, 2016, 47 (1): 201-216.

[59] BANALIEVA E R, EDDLESTON K A, ZELLWEGER T M. When do family firms have an advantage in transitioning economies? Toward a dynamic institution-based view [J]. Strategic Management Journal, 2015, 36 (9): 1358-1377.

[60] BENNETT D L, NIKOLAEV B. Individualism, pro-market institutions, and national innovation [J]. Small Business Economics, 2020, 57 (5): 2085-2106.

[61] BENNETT D L. Infrastructure investments and entrepreneurial dynamism in the U. S [J]. Journal of Business Venturing, 2019, 34 (5): 1059075.

[62] BERRONE P, CRUZ C, GÓMEZ-MEJÍA L R. Socioemotional wealth in family firms theoretical dimensions, assessment approaches, and agenda for future re-

search [J]. Family Business Review, 2012, 25 (3): 258-279

[63] BESHAROV M L, SMITH W K. Multiple institutional logics in organizations: Explaining their varied nature and implications [J]. Academy of Management Review, 2014, 3: 364-381.

[64] BISCHOFF K M, GIELNIK M M, FRESE M. When capital does not matter: How entrepreneurship training buffers the negative effect of capital constraints on business creation? [J]. Strategic Entrepreneurship Journal, 2020, 39 (3): 369-395.

[65] BJORNSKOV C, FOSS N J. Institutions, entrepreneurship, and economic growth: What do we know and what do we still need to know [J]. Academy of Management Perspectives, 2016, 30 (3): 292-315.

[66] BLACK S E, STRAHAN P E. Entrepreneurship and bank credit availability [J]. Journal of Finance, 2002, 57 (6): 2807-2833.

[67] BLANCHFLOWER D G. Self-employment in OECD countries [J]. Labour Economics, 2000, 7 (5): 471-505.

[68] BLOCK J, THURIK R, VANDER Z P, et al. Business takeover or new venture? Individual and environmental determinants from a cross-country study [J]. Entrepreneurship Theory and Practice, 2013, 37 (5): 1099-1121.

[69] BLONDEL J, INOGUCHI T. Political cultures in Asia and Europe: Citizens, states and societal values [M]. London: Routledge, 2006.

[70] BOHACEK R, ZUBRICKY J. A flat tax reform in an economy with occupational choice and financial frictions [J]. Economic Journal, 2012, 122 (565): 1313-1345.

[71] BOSSE D A, HARRISON J S, POLLACK J M, et al. Entrepreneurship theory and practice special issue call for papers: Stakeholder theory in entrepreneurship [J]. Entrepreneurship Theory and Practice, 2020.

[72] BOUDREAUX C J, NIKOLAEV B, KLEIN P. Socio-cognitive traits and entrepreneurship: The moderating role of economic institutions [J]. Journal of

Business Venturing, 2019, 34 (1): 178-196.

[73] BOUDREAUX C J, NIKOLAEV B. Capital is not enough: Opportunity entrepreneurship and formal institutions [J]. Small Business Economics, 2019, 53 (3): 709-738.

[74] BOWEN H P, DE CLERCQ D. Institutional context and the allocation of entrepreneurial effort [J]. Journal of International Business Studies, 2008, 39 (4): 747-767.

[75] BRUCE D, DESKINS J. Can state tax policies be used to promote entrepreneurial activity [J]. Small Business Economics, 2012, 38 (4): 375-397.

[76] BRUTON G D, AHLSTROM D, LI H. Institutional theory and entrepreneurship: Where are we now and where do we need to move in the future [J]. Entrepreneurship Theory and Practice, 2010, 34 (3): 421-440.

[77] BRUTON G D, AHLSTROM D, OBLOJ K. Entrepreneurship in emerging economies: Where are we today and where should the research go in the future [J]. Entrepreneurship Theory and Practice, 2008, 32 (1): 1-14.

[78] BRUTON G D, KETCHENJR D J, IRELAND R D. Entrepreneurship as a solution to poverty [J]. Journal of Business Venturing, 2013, 28 (6): 683-689.

[79] BRUTON G, SUTTER C, LENZ A K. Economic inequality-is entrepreneurship the cause or the solution? A review and research agenda for emerging economies [J]. Journal of Business Venturing, 2021, 36 (3): 106095.

[80] BUERA F J. A dynamic model of entrepreneurship with borrowing constraints: Theory and evidence [J]. Annals of Finance, 2009, 5 (3): 443-464.

[81] BURKE A, FRASER S. Self-employment: The role of intellectual property right laws [J]. Small Business Economics, 2012, 39 (4): 819-833.

[82] BURKE A, ZAWWAR I, HUSSELS S. Do freelance independent contractors promote entrepreneurship? [J]. Small Business Economics, 2020, 55 (2): 415-427.

[83] BUSENITZ L W, GÓMEZ C, SPENCER J W. Country institutional profiles:

Unlocking entrepreneurial phenomena [J]. Academy of Management Journal, 2000, 43 (5): 994-1003.

[84] BUSENITZ L W, LAU C M. A cross-cultural cognitive model of new venture creation [J]. Entrepreneurship Theory and Practice, 1997, 20 (4): 25-39.

[85] CAPELLERAS J, CONTIN-PILART I, LARRAZA-KINTANA M, et al. Entrepreneurs' human capital and growth aspirations: The moderating role of regional entrepreneurial culture [J]. Small Business Economics, 2019, 52 (1): 5-25.

[86] CAPELLERAS J, MOLE K F, GREENE F J, et al. Do more heavily regulated economies have poorer performing new ventures? Evidence from Britain and Spain [J]. Journal of International Business Studies, 2008, 4: 688-704.

[87] CAREN N, PANOFSKY A. TQCA: A technique for adding temporality to qualitative comparative analysis [J]. Sociological Methods and Research, 2005, 34 (2): 147-172.

[88] CASSAMATTA C. Financing and advising: Optimal financial contracts with venture capitalists [J]. Journal of Finance, 2003, 39 (5): 2059-2085

[89] CASTELLANETA F, CONTI R, KACPERCZYK A. The (un) intended consequences of institutions lowering barriers to entrepreneurship: The impact on female workers [J]. Strategic Management Journal, 2020, 41 (7): 1274-1304.

[90] CERVELLO-ROYO R, MOYA-CLEMENTE I, PERELLO-MARIN M R, et al. Sustainable development, economic and financial factors, that influence the opportunity-driven entrepreneurship: An fsQCA approach [J]. Journal of Business Research, 2020, 115: 393-402.

[91] CHAN C M, DU J. The dynamic process of pro-market reforms and foreign affiliate performance: When to seek local, subnational, or global help? [J]. Journal of International Business Studies, 2021, 52 (6): 1854-1870.

[92] CHAN C M, MAKINO S, ISOBE T. Does subnational region matter? Foreign affiliate performance in the United States and China [J]. Strategic Management

Journal, 2010, 31 (11): 1226-1243.

[93] CHEMIN M. The impact of the judiciary on entrepreneurship: Evaluation of Pakistan's "access to justice programme" [J]. Journal of Public Economics, 2009, 93 (1-2): 114-125.

[94] CHEN C C, CHEN X P, MEINDL J R. How can cooperation be fostered? The cultural effects of individualism-collectivism [J]. Academy of Management Review, 1998, 23 (2): 285-304.

[95] CHOWDHURY F, AUDRETSCH D B, BELITSKI M. Institutions and entrepreneurship quality [J]. Entrepreneurship Theory and Practice, 2019, 43 (1): 51-81.

[96] CHUA J H, CHRISMAN J J, KELLERMANNS F, et al. Family involvement and new venture debt financing [J]. Journal of Business Venturing, 2011, 26 (4): 472-488.

[97] CLARK K, DRINKWATER S. Pushed out or pulled in? Self-employment among ethnic minorities in England and Wales [J]. Labour Economics, 2000, 7 (5): 603-628.

[98] CODURAS A, ANTONIO C J, RUIZ J. A novel application of fuzzy-set qualitative comparative analysis to GEM data [J]. Journal of Business Research, 2016, 69 (4): 1265-1270.

[99] COLE R, CUMMING D, LI D. Do banks or vcs spur small firm growth? [J]. Journal of International Financial Markets, Institutions and Money, 2016, 41: 60-72.

[100] COLOMBELLI A. The impact of local knowledge bases on the creation of innovative start-ups in Italy [J]. Small Business Economics, 2016, 47 (2): 383-396.

[101] CONNELLY B L, CERTO S T, IRELAND R D, et al. Signaling theory: A review and assessment [J]. Journal of Management, 2010, 37 (1): 39-67.

[102] CONTI A, ROCHE M P. Lowering the bar? External conditions, opportunity costs, and high-tech start-up outcomes [J]. Organization Science, 2021,

32 (4): 965-986.

[103] COOPER A C, GIMENO-GASCON F J, WOO C Y. Initial human and financial capital as predictors of new venture performance [J]. Journal of Business Venturing, 1994, 9 (5): 371-395.

[104] CRILLY D. Predicting stakeholder orientation in the multinational enterprise: A mid-range theory [J]. Journal of International Business Studies, 2011, 42 (5): 694-717.

[105] CROCE A, MARTI J, MURTINU S. The impact of venture capital on the productivity growth of European entrepreneurial firms: 'Screening' or 'value added' effect [J]. Journal of Business Venturing, 2013, 28 (4): 489-510.

[106] CROUCH C, STREECK W. Political economy of modern capitalism: Mapping convergence and diversity [M]. London: Sage, 1997.

[107] CUERVO-CAZURRA A, GAUR A S, SINGH D A. Pro-market institutions and global strategy: the pendulum of pro-market reforms and reversals [J]. Journal of International Business Studies, 2019, 50 (3): 598-632.

[108] CUI L, FAN D, LIU X, et al. Where to seek strategic assets for competitive catch-up? A configurational study of emerging multinational enterprises expanding into foreign strategic factor markets. Organization Studies [J], 2017, 38 (8): 1059-1083.

[109] CULLEN J B, JOHNSON J L, PARBOTEEAH K P. National rates of opportunity entrepreneurship activity: Insights from institutional anomie theory [J]. Entrepreneurship Theory and Practice, 2014, 38 (4): 775-806.

[110] CUMMING D, SAPIENZA H J, SIEGEL D S, et al. International entrepreneurship: Managerial and policy implications [J]. Strategic Entrepreneurship Journal, 2009, 3 (4): 283-296.

[111] DAMARAJU N L, BARNEY J B, DESS G G. Do stringent bankruptcy laws always deter entrepreneurial activities? A study of cultural influences [J]. Entrepreneurship Theory and Practice, 2021, 45 (2): 418-439.

[112] DARNIHAMEDANI P, BLOCK J H, HESSELS J, et al. Taxes, start-up costs, and innovative entrepreneurship [J]. Small Business Economics, 2018, 51 (2): 355-369.

[113] DAU L A, CUERVO-CAZURRA A. To formalize or not to formalize: Entrepreneurship and pro-market institutions [J]. Journal of Business Venturing, 2014, 29 (5): 668-686.

[114] DAVIDSSON P. Culture, structure and regional levels of entrepreneurship [J]. Entrepreneurship and Regional Development, 1995, 7 (1): 41-62.

[115] DAVIDSSON P, HONIG B. The role of social and human capital among nascent entrepreneurs [J]. Journal of Business Venturing, 2003, 18 (3): 301-331.

[116] DAVIDSSON P, WIKLUND J. Values, beliefs and regional variations in new firm formation rates [J]. Journal of Economic Psychology, 1997, 18 (2-3): 179-199.

[117] DE BETTIGNIES J, BRANDER J A. Financing entrepreneurship: Bank finance versus venture capital [J]. Journal of Business Venturing, 2007, 22 (6): 808-832.

[118] DE CLERCQ D, LIM D S K, OH C H. Hierarchy and conservatism in the contributions of resources to entrepreneurial activity [J]. Small Business Economics, 2014, 42 (3): 507-522.

[119] DE CLERCQ D, LIM D S K, OH C H. Individual-level resources and new business activity: The contingent role of institutional context [J]. Entrepreneurship Theory and Practice, 2013, 37 (2): 303-330.

[120] DELOOF M, LA ROCCA M, VANACKER T. Local banking development and the use of debt financing by new firms [J]. Entrepreneurship Theory and Practice, 2019, 43 (6): 1250-1276.

[121] DESAI M, GOMPERS P, LERNER J. Institutions, capital constraints and entrepreneurial firm dynamics: Evidence from Europe [J]. NBER Working Paper Series, 2005: 10165.

[122] DESAI S, ACS Z. A theory of destructive entrepreneurship [J]. Jena Economic Research Paper, 2007: 085.

[123] DHEER R J S. Cross-national differences in entrepreneurial activity: Role of culture and institutional factors [J]. Small Business Economics, 2017, 48 (4): 813-842.

[124] DILLI S, ELERT N, HERRMANN A M. Varieties of entrepreneurship: Exploring the institutional foundations of different entrepreneurship types through 'varieties-of-capitalism' arguments [J]. Small Business Economics, 2018, 51 (2): 293-320.

[125] DIMAGGIO P J, POWELL W W. Introduction [M] //DIMAGGIO P J, POWELL W W. The new institutionalism in organizational analysis. Chicago: University of Chicago Press, 1991: 1-42.

[126] DJANKOV S, LAPORTA R, LOPEZ-DE-SILANES F, et al. The regulation of entry [J]. Quarterly Journal of Economics, 2002, 117 (1): 1-37.

[127] DORMANN C F, ELITH J, BACHER S, et al. Collinearity: A review of methods to deal with it and a simulation study evaluating their performance [J]. Ecography, 2013, 36 (1): 27-46.

[128] DREXLER A, FISCHER G, SCHOAR A. Keeping it simple: Financial literacy and rules of thumb [J]. American Economic Journal: Applied Economics, 2011, 6 (2): 1-31.

[129] DRORI I, MANOS R, SANTACREU-VASUT E, et al. Language and market inclusivity for women entrepreneurship: The case of microfinance [J]. Journal of Business Venturing, 2018, 33 (4): 395-415.

[130] DROVER W, BUSENITZ L, MATUSIK S, TOWNSEND D, et al. A review and road map of entrepreneurial equity financing research: Venture capital, corporate venture capital, angel investment, crowdfunding, and accelerators [J]. Journal of Management, 2017, 43 (6): 1820-1853.

[131] DROVER W, WOOD M S, FASSIN Y. Take the money or run? Investors' ethical reputation and entrepreneurs' willingness to partner [J]. Journal of

Business Venturing, 2014, 29 (6): 723-740.

[132] DU K, O'CONNOR A. Entrepreneurship and advancing national level economic efficiency [J]. Small Business Economics, 2018, 50 (1): 91-111.

[133] EBERHART R N, EESLEY C E. The dark side of institutional intermediaries: Junior stock exchanges and entrepreneurship [J]. Strategic Management Journal, 2018, 39 (10): 2643-2665.

[134] EBERHART R, EESLEY C E, EISENHARDT K M. Failure is an option: Institutional change, entrepreneurial risk and new firm growth [J]. Organization Science, 2017, 28 (1): 93-112.

[135] EDELMAN L F, MANOLOVA T, SHIROKOVA G, et al. The impact of family support on young entrepreneurs' start-up activities [J]. Journal of Business Venturing, 2016, 31 (4): 428-448.

[136] EESLEY C E, EBERHART R N, SKOUSEN B R, et al. Institutions and entrepreneurial activity: The interactive influence of misaligned formal and informal institutions [J]. Strategy Science, 2018, 3 (2): 393-407.

[137] EESLEY C E, LI J B, YANG D. Does institutional change in universities influence high-tech entrepreneurship? Evidence from China's project 985 [J]. Organization Science, 2016, 27 (2): 446-461.

[138] EESLEY C, Institutional barriers to growth: Entrepreneurship, human capital and institutional change [J]. Organization Science, 2016, 27 (5): 1290-1306.

[139] EFRAT K. The direct and indirect impact of culture on innovation [J]. Technovation, 2014, 34 (1): 12-20.

[140] ENNEN E, RICHTER A. The whole is more than the sum of its parts-or is it? A review of the empirical literature on complementarities in organizations [J]. Journal of Management, 2010, 36 (1): 207-233.

[141] ESTRIN S, KOROSTELEVA J, MICKIEWICZ T. Better means more: Property rights and high-growth aspiration entrepreneurship [J]. IZA Discussion Papers, 2009.

[142] ESTRIN S, KOROSTELEVA J, MICKIEWICZ T. Schumpeterian entry: Innovation, exporting, and growth aspirations of entrepreneurs [J]. Entrepreneurship Theory and Practice, 2020, online.

[143] ESTRIN S, KOROSTELEVA J, MICKIEWICZ T. Which institutions encourage entrepreneurial growth aspirations [J]. Journal of Business Venturing, 2013a, 28 (4): 564-580.

[144] ESTRIN S, MEYER K E, BYTCHKOVA M. Entrepreneurship in transition economies [M] //CASSON M, YEUNG B, BASU A, et al. The Oxford Handbook of Entrepreneurship. Oxford: Oxford University Press, 2006: 9-18.

[145] ESTRIN S, MICKIEWICZ T, STEPHAN U. Entrepreneurship, social capital, and institutions: Social and commercial entrepreneurship across nations [J]. Entrepreneurship Theory and Practice, 2013b, 37 (3): 479-504.

[146] ESTRIN S, MICKIEWICZ T, STEPHAN U. Human capital in social and commercial entrepreneurship [J]. Journal of Business Venturing, 2016, 31 (4): 449-467.

[147] ESTRIN S, MICKIEWICZ T. Entrepreneurship in transition economies: The role of institutions and generational change [J]. IZA Discussion Paper, 2011: 4805.

[148] FAINSHMIDT S, WITT M A, AGUILERA R V, et al. The contributions of qualitative comparative analysis (QCA) to international business research [J]. Journal of International Business Studies, 2020, 51 (1): 455-466.

[149] FERRARY M, GRANOVETTER M. The role of venture capital firms in Silicon Valley's complex innovation network [J]. Economy and Society, 2009, 38 (2): 326-359.

[150] FERRARY M. Silicon Valley: A cluster of venture capitalists [N]. Paris Innovation Review, 2017-9-21.

[151] FESTUS N, BASSEY G, UYANG F. Entrepreneurship, corruption and the challenge of development in Nigeria [J]. European Journal of Business and

Social Sciences, 2014, 3 (3): 104-112.

[152] FISS P C. Building better causal theories: A fuzzy set approach to typologies in organization research [J]. Academy of Management Journal, 2011, 54 (2): 393-420.

[153] FLEMING L. Recombinant uncertainty in technological search [J]. Management Science, 2001, 47 (1): 117-132.

[154] FOGEL K, HAWK A, MORCK R, et al. Institutional obstacles to entrepreneurship [M]. Oxford: Oxford University Press, 2006.

[155] FOSS N J, KLEIN P G. Organizing entrepreneurial judgment: A new approach to the firm [M]. Cambridge: Cambridge University Press, 2012.

[156] FREDSTROM A, PELTONEN J, WINCENT J. A country-level institutional perspective on entrepreneurship productivity: The effects of informal economy and regulation [J]. Journal of Business Venturing, 2021, 36 (5): 106002.

[157] FREEMAN R E, HARRISON J S, WICKS A C. Managing for stakeholders: Survival, reputation, and success [M]. New Haven: Yale University Press, 2007.

[158] FRIED V H, HISRICH R D. Toward a model of venture capital investment decision making [J]. Financial Management, 1994, 23 (3): 28-37.

[159] FRIEDMAN M. Capitalism and freedom [M]. Chicago: University of Chicago Press, 1962.

[160] FRISKE W M, ZACHARY M A. Regulation, new venture creation, and resource-advantage theory: An analysis of the US brewing industry [J]. Entrepreneurship Theory and Practice, 2019, 43 (5) 999-1017.

[161] FRITSCH M, WYRWICH M. Regional knowledge, entrepreneurial culture, and innovative start-ups over time and space-an empirical investigation [J]. Small Business Economics, 2018, 51 (2): 337-353.

[162] FUENTELSAZ L, GONZÁLEZ C, MAICAS J P, et al. How different formal institutions affect opportunity and necessity entrepreneurship [J]. BRQ Business Research Quarterly, 2015, 18 (4): 246-258.

[163] FUENTELSAZ L, GONZÁLEZ C, MAICAS J P. Formal institutions and opportunity entrepreneurship: The contingent role of informal institutions [J]. BRQ Business Research Quarterly, 2019, 22 (1): 5-24.

[164] FUENTELSAZ L, MAICAS J P, MONTERO J. Entrepreneurs and innovation: The contingent role of institutional factors [J]. International Small Business Journal, 2018, 36 (6): 686-711.

[165] FUKUYAMA F. State-building: Governance and world order in the 21st century [M]. New York: Cornell University Press, 2004.

[166] GANTENBEIN P, KIND A, VOLONTÉ C. Individualism and venture capital: A cross-country study [J]. Management International Review, 2019, 59 (5): 741-777.

[167] GARCIA-CASTRO R, FRANCOEUR C. When more is not better: Complementarities, costs and contingencies in stakeholder management [J]. Strategic Management Journal, 2016, 37 (2): 406-424.

[168] GARCÍA-POSADA M, MORA-SANGUINETTI J S. Entrepreneurship and enforcement institutions: Disaggregated evidence for Spain [J]. European Journal of Law and Economics, 2015, 40 (1): 49-74.

[169] GARTNER W B. A conceptual framework for describing the phenomenon of new venture creation [J]. Academy of Management Review, 1985, 10 (4): 696-706.

[170] GE J, CARNEY M, KELLERMANNS F. Who fills institutional voids? Entrepreneurs' utilization of political and family ties in emerging markets [J]. Entrepreneurship Theory and Practice, 2019, 43 (6): 1124-1147.

[171] GEDAJLOVIC E, HONIG B, MOORE C B, et al. Social capital and entrepreneurship: A schema and research agenda [J]. Entrepreneurship Theory and Practice, 2013, 37 (3): 455-478.

[172] GHIO N, GUERINI M, ROSSI-LAMASTRA C. The creation of high-tech ventures in entrepreneurial ecosystems: Exploring the interactions among university knowledge, cooperative banks, and individual attitudes [J]. Small

Business Economics, 2019, 52 (2): 523-543.

[173] GOHMANN S F, HOBBS B K, MCCRICKARD M. Economic freedom and service industry growth in the United States [J]. Entrepreneurship Theory and Practice, 2008, 32 (5): 855-874.

[174] GOHMANN S F. Institutions, latent entrepreneurship, and self-employment: An international comparison [J]. Entrepreneurship Theory and Practice, 2012, 36 (2): 295-321.

[175] GÓMEZ-MEJÍA L R, HAYNES K T, NÚÑEZ-NICKEL M, et al. Socioemotional wealth and business risks in family-controlled firms: Evidence from Spanish olive oil mills [J]. Administrative Science Quarterly, 2007, 52 (1): 106-137.

[176] GRANDY J B, HIATT S R. State agency discretion and entrepreneurship in regulated markets [J]. Administrative Science Quarterly, 2020, 65 (4): 1092-1131.

[177] GREENFIELD P M. Three approaches to the psychology of culture: Where do they come from? Where can they go? [J]. Asian Journal of Social Psychology, 2000, 3 (3): 223-240.

[178] GREENWOOD R, RAYNARD M, KODEIH F, et al. Institutional complexity and organizational responses [J]. Academy of Management Annals, 2011, 5 (1): 317-371.

[179] GREIF A. Historical and comparative institutional analysis [J]. American Economic Review, 1998, 88 (2): 80-84.

[180] GRIFFIN D, GUEDHAMI O, KWOK C C, et al. National culture, corporate governance practices, and firm performance [J]. University of South Carolina Working paper, 2014.

[181] GUERRERO M, URBANO D. Effectiveness of technology transfer policies and legislation in fostering entrepreneurial innovations across continents: An overview [J]. The Journal of Technology Transfer, 2019, 44 (5): 1347-1366.

[182] HADDAD C, HORNUF L. The emergence of the global fintech market: Economic and technological determinants [J]. Small Business Economics, 2019, 53 (1): 81-105.

[183] HALL P A, SOSKICE D. Varieties of capitalism: The institutional foundations of comparative advantage [M]. Oxford: Oxford University Press, 2001.

[184] HAMAMURA T. Are cultures becoming individualistic? A cross-temporal comparison of individualism-collectivism in the United States and Japan [J]. Personality and Social Psychology Review, 2012, 16 (1): 3-24.

[185] HARPER D. Foundations of entrepreneurship and economic development [M]. New York: Routledge, 2003.

[186] HAXHI I, VAN EES H. Explaining diversity in the worldwide diffusion of codes of good governance [J]. Journal of International Business Studies, 2010, 41 (4): 710-726.

[187] HAYTON J C, GEORGE G, ZAHRA S A. National culture and entrepreneurship: A review of behavioral research [J]. Entrepreneurship Theory and Practice, 2002, 26 (4): 33-52.

[188] HELLMANN T, SCHURE P, VO D H. Angels and venture capitalists: Substitutes or complements [J]. Journal of Financial Economics, 2021, 141 (2): 454-478.

[189] HESSE H, CIHAK M. Cooperative banks and financial stability [J]. IMF Working Paper, 2007, 7 (2).

[190] HOFSTEDE G, HOFSTEDE G J, MINKOV M. Cultures and organizations: Software of the mind [M]. New York: McGraw-Hill, 2010.

[191] HOFSTEDE G, NOORDERHAVEN N G, THURIK A R, et al. Culture's role in entrepreneurship: Self-employment out of dissatisfaction [M] //ULIJN J, BROWN T. Innovation, entrepreneurship and culture: The interaction between technology, progress and economic growth. London: Edward Elgar Publishing, 2004.

[192] HOFSTEDE G. Culture's consequences: International differences in work-re-

lated values [M]. London: Sage, 1980.

[193] HOLLINGSWORTH J R, BOYER R. Contemporary capitalism: The embeddedness of institutions [M]. Cambridge: Cambridge University Press, 1997.

[194] HOLMES R M, MILLER T, HITT M A, et al. The interrelationships among informal institutions, formal institutions, and inward foreign direct investment [J]. Journal of Management, 2013, 39 (2): 531-566.

[195] HOPPMANN J, VERMEER B. The double impact of institutions: Institutional spillovers and entrepreneurial activity in the solar photovoltaic industry [J]. Journal of Business Venturing, 2020, 35 (3): 105960.

[196] HOTHO J J, PEDERSEN T. Beyond the 'rules of the game': Three institutional approaches and how they matter for international business [M] // WOOD G, DEMIRBAG M. Handbook of Institutional Approaches to International Business. London: Edward Elgar Publishing, 2012.

[197] HOX J. Multilevel analysis: Techniques and applications [M]. London: Routledge Press, 2010.

[198] HUANG Y, QIAN Y. Is entrepreneurship missing in Shanghai [J]. MIT Sloan Research Paper, 2010, 4707-4708.

[199] HUNT J, LASZLO S. Is bribery really regressive? Bribery's costs, benefits, and mechanisms [J]. World Development, 2012, 40 (2): 355-372.

[200] IOANNOU I, SERAFEIM G. What drives corporate social performance? The role of nation-level institutions [J]. Journal of International Business Studies, 2012, 43 (9): 834-864.

[201] JACKSON G, DEEG R. Comparing capitalisms and taking institutional context seriously [J]. Journal of International Business Studies, 2019, 50 (1): 4-19.

[202] JACKSON G, DEEG R. Comparing capitalisms: Understanding institutional diversity and its implications for international business [J]. Journal of International Business Studies, 2008, 39 (4): 540-561.

[203] JACKSON G, NI N. Chapter 6 understanding complementarities as organiza-

tional configurations: Using set theoretical methods [M] //FISS P C. CAMBRÉ B, MARX A. Configurational theory and methods in organizational research. London: Emerald Group Publishing Limited, 2013.

[204] JOHNSON S, MCMILLAN J, WOODRUFF C. Contract enforcement in transition [J]. CESifo Working Paper Series, 1999.

[205] JOHNSON S, MCMILLAN J, WOODRUFF C. Property rights and finance [J]. American Economic Review, 2002, 92 (5): 1335-1356.

[206] JUDGE W Q, FAINSHMIDT S, BROWN J L. Institutional systems for equitable wealth creation: Replication and an update of Judge et al. (2014) [J]. Management and Organization Review. 2020, 16 (1): 5-31.

[207] JUDGE W Q, FAINSHMIDT S, BROWN J L. Which model of capitalism best delivers both wealth and equality? [J]. Journal of International Business Studies, 2014, 45 (4): 363-386.

[208] KAPLAN S N, LERNER J. It ain't broke: The past, present, and future of venture capital [J]. Journal of Applied Corporate Finance, 2010, 22 (2), 36-47

[209] KASPER W, STREIT M E, BOETTKE P J. Instituional economics: Property, competition, policies [M]. Cheltenham: Edward Elgar Publishing, 2013.

[210] KAUFMANN D, KRAAY A, MASTRUZZI M. Governance matters v: Aggregate and individual governance indicators for 1996-2005 [R]. Washington D. C.: World Bank, 2006.

[211] KERR W R, NANDA R. Democratizing entry: Banking deregulations, financing constraints, and entrepreneurship [J]. Journal of Financial Economics, 2009, 94 (1): 124-149.

[212] KHAVUL S. Microfinance: Creating opportunities for the poor [J]. Academy of Management Perspectives, 2010, 24 (3): 58-72.

[213] KIM P H, LI M. Injecting demand through spillovers: Foreign direct investment, domestic socio-political conditions, and host-country entrepreneurial activity [J]. Journal of Business Venturing, 2014, 29 (2): 210-231.

[214] KIMHI A. Entrepreneurship and income inequality in Southern Ethiopia [J]. Small Business Economics, 2010, 34 (1): 81-91.

[215] KIRZNER I M. Competition and entrepreneurship [M]. Chicago: University of Chicago Press, 1973.

[216] KIRZNER I M. Perception, opportunity, and profit: Studies in the theory of entrepreneurship [M]. Chicago: University of Chicago Press, 1979.

[217] KLAPPER L, LAEVEN L, RAJAN R. Entry regulation as a barrier to entrepreneurship [J]. Journal of Financial Economics, 2006, 82 (3): 591-629.

[218] KLYVER K, NIELSEN S L, EVALD M R. Women's self-employment: An act of institutional (dis) integration? A multilevel, cross-country study [J]. Journal of Business Venturing, 2013, 28 (4): 474-488.

[219] KNACK S, KEEFER P. Institutions and economic performance: Cross-country tests using alternative institutional measures [J]. Economics and Politics, 1995, 7 (3): 207-227.

[220] KNEELAND M K, SCHILLING M A, AHARONSON B S. Exploring uncharted territory: Knowledge search processes in the origination of outlier innovation [J]. Organization Science, 2020, 31 (3): 535-557.

[221] KNELLER R A, PISU M. Industrial linkages and export spillover from FDI [J]. World Economy, 2007, 30 (1): 105-134.

[222] KNIGHT F H. Risk, uncertainty and profit [M]. New York: Houghton Mifflin Company, 1921.

[223] KOLOKAS, D, VANACKER T, VEREDAS D, et al., Venture capital, credit, and fintech start-up formation: A cross-country study [J]. Entrepreneurship Theory and Practice, 2020, online.

[224] KOSTOVA T, BEUGELSDIJK S, SCOTT W R, et al. The construct of institutional distance through the lens of different institutional perspectives: Review, analysis, and recommendations [J]. Journal of International Business Studies, 2020, 51 (4): 467-497.

[225] KRAATZ M S, BLOCK E S. Organizational implications of institutional pluralism [M] //GREENWOOD R, OLIVER C, SUDDABY R, et al. The Sage Handbook of Organizational Institutionalism. London: Sage, 2008.

[226] KREISER P M, MARINO L D, DICKSON P, et al. Cultural influences on entrepreneurial orientation: The impact of national culture on risk taking and proactiveness in SMEs [J]. Entrepreneurship Theory and Practice, 2010, 34 (5): 959-983.

[227] KWOK C C Y, TADESSE S. National culture and financial systems [J]. Journal of International Business Studies, 2006, 37 (2): 227-247.

[228] LANDES D S, MOKYR J, BAUMOL W J. The invention of enterprise: Entrepreneurship from ancient Mesopotamia to modern times [M]. Princeton: Princeton University Press, 2010.

[229] LANGEVANG T, NAMATOVU R, DAWA S. Beyond necessity and opportunity entrepreneurship: Motivations and aspirations of young entrepreneurs in Uganda [J]. International Development Planning Review, 2012, 34 (4): 439-460.

[230] LAWSON R A, CLARK J R. Examining the Hayek-Friedman hypothesis on economic and political freedom [J]. Journal of Economic Behavior and Organization, 2010, 74 (3): 230-239.

[231] LEE S M, PETERSON S J. Culture, entrepreneurial orientation, and global competitiveness [J]. Journal of World Business, 2001, 35 (4): 401-416.

[232] LEE S, YAMAKAWA Y, PENG M W, et al. How do bankruptcy laws affect entrepreneurship development around the world? [J]. Journal of Business Venturing, 2011, 26 (5): 505-520.

[233] LEON F, Long-term finance and entrepreneurship [J]. Economic Systems, 2019, 43 (2): 1006902.

[234] LÉVESQUE M, SHEPHERD D A, DOUGLAS E J. Employment or self-employment: A dynamic utility-maximizing model [J]. Journal of Business Venturing, 2002, 17 (3): 189-210.

[235] LEVIE J, AUTIO E. A theoretical grounding and test of the GEM model [J]. Small Business Economics, 2008, 31 (3): 235-263.

[236] LEVIE J, AUTIO E. Regulatory burden, rule of law, and entry of strategic entrepreneurs: An international panel study [J]. Journal of Management Studies, 2011, 48 (6): 1392-1419.

[237] LI H, MENG L, SHI X, et al. Poverty in China's colleges and the targeting of financial aid [J]. The China Quarterly, 2013, 216 (216): 970-992.

[238] LIM D S K, MORSE E A, MITCHELL R K, et al. Institutional environment and entrepreneurial cognitions: A comparative business systems perspective [J]. Entrepreneurship Theory and Practice, 2010, 34 (3): 491-516.

[239] LIU Z, WU H, WU J. Location-based tax incentives and entrepreneurial activities: Evidence from western regional development strategy in China [J]. Small Business Economics, 2019, 52 (3): 729-742.

[240] LOW M B, MACMILLAN I C. Entrepreneurship: Past research and future challenges [J]. Journal of Management, 1988, 14 (2): 139-161.

[241] LU J, TAO Z. Determinants of entrepreneurial activities in China [J]. Journal of Business Venturing, 2010, 25 (3): 261-273.

[242] MAI T T T, TURKINA E. Macro-level determinants of formal entrepreneurship versus informal entrepreneurship [J]. Journal of Business Venturing, 2014, 29 (4): 490-510.

[243] MAIR J, MARTÍ I, VENTRESCA M J. Building inclusive markets in rural bangladesh: How intermediaries work institutional voids [J]. Academy of Management Journal, 2012, 55 (4): 819-850.

[244] MANOLOVA T S, EUNNI R V, GYOSHEV B S. Institutional environments for entrepreneurship: Evidence from emerging economies in eastern Europe [J]. Entrepreneurship Theory and Practice, 2008, 32 (1): 203-218.

[245] MARIOTTI S, MARZANO R. Varieties of capitalism and the internationalization of state-owned enterprises [J]. Journal of International Business Studies, 2019, 50 (5): 669-691.

[246] MARTIN B C, MCNALLY J J, KAY M J. Examining the formation of human capital in entrepreneurship: A meta-analysis of entrepreneurship education outcomes [J]. Journal of Business Venturing, 2013, 28 (2): 211-224.

[247] MARVEL M R, DAVIS J L, SPROUL C R. Human capital and entrepreneurship research: A critical review and future directions [J]. Entrepreneurship Theory and Practice, 2016, 40 (3): 599-626.

[248] MAZHAR I, ADAM F, ALFRED M. Signaling by early-stage startups: Us government research grants and venture capital funding-ScienceDirect [J]. Journal of Business Venturing, 2018, 33 (1): 35-51.

[249] MCDOUGALL P P, OVIATT B M. International entrepreneurship literature in the 1990s and directions for future research [M] //SEXTON D L, SMILOR R W. Entrepreneurship. Chicago: Upstart Publishing, 1997: 291-320.

[250] MCKELVIE A, HAYNIE J M, GUSTAVSSON N. Unpacking the uncertainty construct: Implications for entrepreneurial action [J]. Journal of Business Venturing, 2011, 26 (3): 273-292.

[251] MCMILLAN J S, WOODRUFF C. The central role of entrepreneurs in transition economies [J]. Journal of Economic Perspectives, 2002, 16 (3): 153-170.

[252] MCMULLEN J S, BAGBY D R, PALICH L E. Economic freedom and the motivation to engage in entrepreneurial action [J]. Entrepreneurship Theory and Practice, 2008, 32 (5): 875-895.

[253] MCMULLEN J S, SHEPHERD D A. Entrepreneurial action and the role of uncertainty in the theory of the entrepreneur [J]. Academy of Management Review, 2006, 31 (1): 132-152.

[254] MEEK W R, PACHECO D F, YORK J G. The impact of social norms on entrepreneurial action: Evidence from the environmental entrepreneurship context [J]. Journal of Business Venturing, 2010, 25 (5): 493-509.

[255] MIGDAL J. Strong societies and weak states: State-society relations and state

capabilities in the third world [M]. Princeton: Princeton University Press, 1988.

[256] MILGROM P, ROBERTS J. Complementarities and systems: Understanding Japanese economic organization [J]. Estudios Economicos, 1994, 9 (1): 3-42.

[257] MILLER T, KIM A B, ROBERTS J M. 2019 Index of Economic Freedom [R]. Washington D. C.: The Heritage Foundation, 2019.

[258] MINNITI M, LÉVESQUE M. Entrepreneurial types and economic growth [J]. Journal of Business Venturing, 2010, 25 (3): 305-314.

[259] MINNITI M. The role of government policy on entrepreneurial activity: Productive, unproductive, or destructive [J]. Entrepreneurship Theory and Practice, 2008, 32 (5): 779-790.

[260] MITCHELL R K, SMITH J B, SEAWRIGHT K W, et al. Cross-cultural cognitions and the venture creating decision [J]. Academy of Management Journal, 2000, 43 (5): 974-993.

[261] MORGAN G, CAMPBELL J L, CROUCH C, et al. Introduction [M] // MORGAN G, CAMPBELL J L, CROUCH C, et al. The Oxford Handbook of Comparative Institutional Analysis. Oxford: Oxford University Press, 2012: 1-12.

[262] MORRIS M H, DAVIS D L, ALLEN D. Fostering corporate entrepreneurship: Cross-cultural comparisons of the importance of individualism versus collectivism [J]. Journal of International Business Studies, 1994, 25 (1): 65-89.

[263] MURPHY K M, SHLEIFER A, VISHNY R W. Why is rent-seeking so costly to growth [J]. The American Economic Review, 1993, 83 (2): 409-414.

[264] NAMBISAN S. Digital entrepreneurship: Toward a digital technology perspective of entrepreneurship [J]. Entrepreneurship Theory and Practice, 2017, 41 (6): 1029-1055.

[265] NIKOLAEV B N, BOUDREAUX C J, PALICH L. Cross-country determinants

of early-stage necessity and opportunity-motivated entrepreneurship: Accounting for model uncertainty [J]. Journal of Small Business Management, 2018, 56 (1): 243-280.

[266] NORRMAN C, BAGER-SJÖGREN L. Entrepreneurship policy to support new innovative ventures: Is it effective [J]. International Small Business Journal: Researching Entrepreneurship, 2010, 28 (6): 602-619.

[267] NORTH D C, THOMAS R P. The rise of the western world [M]. Cambridge: Cambridge University Press, 1973.

[268] NORTH D C. Institutions, institutional change and economic performance [M]. Cambridge: Cambridge University Press, 1990.

[269] OGIHARA YUJI, HIROYO F, HITOSHI T, et al. Are common names becoming less common? The rise in uniqueness and individualism in Japan [J]. Frontiers in Psychology, 2015, 6: 1490.

[270] OGIHARA YUJI. Temporal changes in individualism and their ramification in Japan: Rising individualism and conflicts with persisting collectivism [J]. Frontiers in Psychology, 2017, 8: 695-706.

[271] OO P P, SAHAYM A, JUASRIKUL S, et al. The interplay of entrepreneurship education and national cultures in entrepreneurial activity: A social cognitive perspective [J]. Journal of International Entrepreneurship, 2018, 16 (3): 1-23.

[272] ORRU M, BIGGART N W, HAMILTON G G. The economic organization of East Asian capitalism [M]. London: Sage, 1997.

[273] PARKER S C. The economics of self-employment and entrepreneurship [M]. Cambridge: Cambridge University Press, 2004.

[274] PAULSON A L, TOWNSEND R. Entrepreneurship and financial constraints in Thailand [J]. Journal of Corporate Finance, 2004, 10 (2): 229-262.

[275] PENG M W, Institutional transitions and strategic choices [J]. Academy of Management Review, 2003, 28 (2): 275-296.

[276] PENG M W, YAMAKAWA Y, LEE S. Bankruptcy laws and entrepreneur-

friendliness [J]. Entrepreneurship Theory and Practice, 2010, 34 (3): 517-530.

[277] PERONI C, RIILLO C A F, SARRACINO F. Entrepreneurship and immigration: Evidence from GEM Luxembourg [J]. Small Business Economics, 2016, 46 (4): 639-656.

[278] PHAN P. Entrepreneurship theory: Possibilities and future directions [J]. Journal of Business Venturing, 2004, 19 (5): 617-620.

[279] POLLACK J M, BARR S, HANSON S. New venture creation as establishing stakeholder relationships: A trust-based perspective [J]. Journal of Business Venturing Insights, 2017, 7: 15-20.

[280] POPOV A, ROOSENBOOM P. Venture capital and new business creation [J]. Journal of Banking and Finance, 2013, 37 (12): 4695-4710.

[281] POSCHKE M. Who becomes an entrepreneur? Labor market prospects and occupational choice [J]. Journal of Economic Dynamics and Control, 2013, 37 (3): 693-710.

[282] PRAHALAD C K. Review: Book review essay: Promises and perils at the bottom of the pyramid [J]. Administrative Science Quarterly, 2005, 50 (3): 473-482.

[283] PRZEWORSKI A. The last instance: Are institutions the primary cause of economic development? [J]. European Journal of Sociology, 2004, 45 (2): 165-188.

[284] PUFFER S M, MCCARTHY D J, BOISOT M. Entrepreneurship in Russia and China: The impact of formal institutional voids [J]. Entrepreneurship Theory and Practice, 2010, 34 (3): 441-467.

[285] RABE-HESKETH S, SKRONDAL A. Multilevel and longitudinal modeling using stata (volume II): Categorical responses, counts, and survival [M]. Lakeway: Stata Press, 2012.

[286] RAGIN C C, DRASS K A, DAVEY S. Fuzzy-set/qualitative comparative analysis 2.0 [M]. Arizona: University of Arizona, 2006.

[287] RAGIN C. Fuzzy-set social science [M]. Chicago: University of Chicago Press, 2000.

[288] RAUDENBUSH S W, BRYK A S. Hierarchical linear models: Applications and data analysis [M]. London: Sage, 2002.

[289] REDDING G. The thick description and comparison of societal systems of capitalism [J]. Journal of International Business Studies, 2005, 36 (2): 123-155.

[290] ROBSON C. Real world research: A resource for social scientists and practitioner-researchers [M]. Oxford: Blackwell, 2011.

[291] ROCHA H, BIRKINSHAW J. Entrepreneurship safari: A phenomenon-driven search for meaning [J]. Foundations and Trends in Entrepreneurship, 2007, 3 (3): 205-255.

[292] RODRIK D, SUBRAMANIAN A, TREBBI F. Institutions rule: The primacy of institutions over geography and integration in economic development [J]. Journal of Economic Growth, 2004, 9 (2): 131-165.

[293] RODRIK D. Growth strategies [M]. Cambridge: Harvard University Press, 2003.

[294] RODRIK D. Institutions for high-quality growth: What they are and how to acquire them [J]. Studies in Comparative International Development, 2000, 35 (3): 3-31.

[295] ROMAN C, CONGREGADO E, MARIA MILLAN J. Start-up incentives: Entrepreneurship policy or active labour market programme [J]? Journal of Business Venturing, 2013, 28 (1): 151-175.

[296] SAMILA S, SORENSON O. Venture capital, entrepreneurship, and economic growth [J]. Review of Economics and Statistics, 2011, 93 (1): 338-349.

[297] SCHMUTZLER J, ANDONOVA V, DIAZ-SERRANO L. How context shapes entrepreneurial self-efficacy as a driver of entrepreneurial intentions: A multilevel approach [J]. Entrepreneurship Theory and Practice, 2018, 43 (5): 880-920.

[298] SCHNEIDER C Q, WAGEMANN C. Set-theoretic methods for the social sciences: A guide to qualitative comparative analysis [M]. Cambridge: Cambridge University Press, 2012.

[299] SCHNEIDER M R, PAUNESCU M. Changing varieties of capitalism and revealed comparative advantages from 1990 to 2005: A test of the Hall and Soskice claims [J]. Socio-Economic Review, 2012, 10 (4): 731-753.

[300] SCHNEIDER M R, SCHULZE-BENTROP C, PAUNESCU M. Mapping the institutional capital of high-tech firms: A fuzzy-set analysis of capitalism variety and export performance [J]. Journal of International Business Studies, 2010, 41 (2): 246-266.

[301] SCHULZ M, SCHWENS C, FISCH C. Bankruptcy regulation and self-employment entry: The moderating roles of income share, parenthood, and hybrid entrepreneurship [J]. Entrepreneurship Theory and Practice, 2021, 45 (6): 1522-1549.

[302] SCHUMPETER J A. The theory of economic development [M]. Oxford: Oxford University Press, 1961.

[303] SCHWARTZ S H. A theory of cultural values and some implications for work [J]. Applied Psychology: An International Review, 1999, 48 (1): 23-47.

[304] SCOTT W R. Institutions and organizations: Ideas and interests [M]. London: Sage, 2007.

[305] SERVIERE L. Forced to entrepreneurship: Modeling the factors behind necessity entrepreneurship [J]. Journal of Business and Entrepreneurship, 2010, 22 (1): 37-53.

[306] SHAHRIAR A Z M. Gender differences in entrepreneurial propensity: Evidence from matrilineal and patriarchal societies [J]. Journal of Business Venturing, 2018, 33 (6): 762-779.

[307] SHANE S, VENKATARAMAN S. The promise of entrepreneurship as a field of research [J]. Academy of Management Review, 2000, 36 (1): 13-17.

[308] SHANE S. Cultural influences on national rates of innovation [J]. Journal of Business Venturing, 1993, 8 (1): 59-73.

[309] SHANE S. Why do some societies invent more than others [J]. Journal of Business Venturing, 1992, 7 (1): 29-46.

[310] SHANE S. Why encouraging more people to become entrepreneurs is bad public policy [J]. Small Business Economics, 2009, 33 (2): 141-149.

[311] SHANTZ A S, KISTRUCK G, ZIETSMA C. The opportunity not taken: The occupational identity of entrepreneurs in contexts of poverty [J]. Journal of Business Venturing, 2018, 33 (4): 416-437.

[312] SHI W, SUN S L, YAN D, et al. Institutional fragility and outward foreign direct investment from China [J]. Journal of International Business Studies, 2019, 48 (4): 452-476.

[313] SIMOES N, CRESPO N, MOREIRA S B. Individual determinants of self-employment entry: What do we really know [J]. Journal of Economic Surveys, 2015, 30 (4): 783-806.

[314] SINE W D, HAVEMAN H A, TOLBERT P S. Risky business? Entrepreneurship in the new independent-power sector [J]. Administrative Science Quarterly, 2005, 50 (2): 200-232.

[315] SOBEL R S. Testing Baumol: Institutional quality and the productivity of entrepreneurship [J]. Journal of Business Venturing, 2008, 23 (6): 641-655.

[316] SPENCER J W, GOMEZ C. The relationship among national institutional structures, economic factors, and domestic entrepreneurial activity: A multi-country study [J]. Journal of Business Research, 2004, 57 (10): 1098-1107.

[317] SPIGEL B. The relational organization of entrepreneurial ecosystems [J]. Entrepreneurship Theory and Practice, 2017, 41 (1): 49-72.

[318] STENHOLM P, ACS Z J, WUEBKER R. Exploring country-level institutional arrangements on the rate and type of entrepreneurial activity [J]. Journal of

Business Venturing, 2013, 28 (1): 176-193.

[319] STEPHAN U, PATHAK S. Beyond cultural values? Cultural leadership ideals and entrepreneurship [J]. Journal of Business Venturing, 2016, 31 (5): 505-523.

[320] STEPHAN U, UHLANER L M, STRIDE C. Institutions and social entrepreneurship: The role of institutional voids, institutional support, and institutional configurations [J]. Journal of International Business Studies, 2015, 46 (3): 308-331.

[321] STEPHAN U, UHLANER L M. Performance-based vs socially supportive culture: A cross-national study of descriptive norms and entrepreneurship [J]. Journal of International Business Studies, 2010, 41 (8): 1347-1364.

[322] SU J, ZHAI Q, KARLSSON T. Beyond red tape and fools: Institutional theory in entrepreneurship research, 1992-2014 [J]. Entrepreneurship Theory and Practice, 2017, 41 (4): 505-531.

[323] SUN S L, SHI W S, AHLSTROM D, et al. Understanding institutions and entrepreneurship: The micro-foundations lens and emerging economies [J]. Asia Pacific Journal of Management, 2020, 37 (4): 957-979.

[324] SUZUKI K, KIM S H, BAE Z T. Entrepreneurship in Japan and Silicon Valley: A comparative study [J]. Technovation, 2002, 22 (1): 595-606.

[325] SZERB L, ORTEGA-ARGILÉS R, ACS Z J, et al. Optimizing entrepreneurial development processes for smart specialization in the European Union [J]. Paper in Regional Science, 2020, 99 (5): 1-45.

[326] SZUMILO N, VANINO E. Mortgage affordability and entrepreneurship: Evidence from spatial discontinuity in help-to-buy equity loans [J]. Journal of Business Venturing, 2021, 36 (4): 106105.

[327] TANAS J K, AUDRETSCH D B. Entrepreneurship in transitional economy [J]. International Entrepreneurship and Management Journal, 2011, 7 (4): 431-442.

[328] TANG J T, YANG J, YE W, et al. Now is the time: The effects of linguistic

time reference and national time orientation on innovative new ventures [J]. Journal of Business Venturing, 2021, 36 (5): 106142.

[329] TARAS V, KIRKMAN B L, STEEL P. Examining the impact of culture's consequences: A three-decade, multilevel, meta-analytic review of Hofstede's cultural value dimensions [J]. Journal of Applied Psychology, 2010, 95 (3): 405-439.

[330] TAUSSIG M, DELIOS A. Unbundling the effects of institutions on firm resources: The contingent value of being local in emerging economy private equity [J]. Strategic Management Journal, 2015, 36 (12): 1845-1865.

[331] TAYLOR M Z, WILSON S. Does culture still matter? The effects of individualism on national innovation rates [J]. Journal of Business Venturing, 2012, 27 (2): 234-247.

[332] TERJESEN S, HESSELS J, LI D. Comparative international entrepreneurship: A review and research agenda [J]. Journal of Management, 2016, 42 (1): 299-344.

[333] THAI M, TURKINA E. Macro-level determinants of formal entrepreneurship versus informal entrepreneurship [J]. Journal of Business Venturing, 2014, 29 (4): 490-510.

[334] THÉBAUD S. Business as plan b: Institutional foundations of gender inequality in entrepreneurship across 24 industrialized countries [J]. Administrative Science Quarterly, 2015, 60 (4): 671-711.

[335] THORNTON P H, OCASIO W, LOUNSBURY M. The institutional logics perspective [M]. Oxford: Oxford University Press, 2012.

[336] TIESSEN J H. Individualism, collectivism, and entrepreneurship: A framework for international comparative research [J]. Journal of Business Venturing, 1997, 12 (5): 367-384.

[337] TOLBERT P S, DAVID R J, SINE W D. Studying choice and change: The intersection of institutional theory and entrepreneurship research [J]. Organization Science, 2011, 22 (5): 1332-1344.

[338] TRIANDIS H C, SUH E M. Cultural influences on personality [J]. Annual Review of Psychology, 2002, 53 (1): 133.

[339] TROILO M. Legal Institutions and high-growth aspiration entrepreneurship [J]. Economic Systems, 2011, 35 (2): 158-175.

[340] UEDA M. Banks versus venture capital: Project evaluation, screening, and expropriation [J]. The Journal of Finance, 2004, 59 (2): 601-621.

[341] UHLENBRUCK K, RODRIGUEZ P, DOH J, et al. The impact of corruption on entry strategy: Evidence from telecommunication projects in emerging economies [J]. Organization Science, 2006, 17 (3): 402-414.

[342] URBANO D, APARICIO S, AUDRETSCH D. Twenty-five years of research on institutions, entrepreneurship, and economic growth: What has been learned [J]. Small Business Economics, 2019, 53 (1): 21-49.

[343] USLANER E M. The moral foundations of trust [M]. Cambridge: Cambridge University Press, 2002.

[344] VAARA E, LAMBERG J. Taking historical embeddedness seriously: Three historical approaches to advance strategy process and practice research [J]. Academy of Management Review, 2016, 41 (4): 633-657.

[345] VALDEZ M E, RICHARDSON J. Institutional determinants of macro-level entrepreneurship [J]. Entrepreneurship Theory and Practice, 2013, 37 (5): 1149-1175.

[346] VAN STEL A, STOREY D J, THURIK A R. The effect of business regulations on nascent and young business entrepreneurship [J]. Small Business Economics, 2007, 28 (2-3): 171-186.

[347] VAN STEL A, STOREY D. The link between firm births and job creation: Is there a upas tree effect [J]. Regional Studies, 2004, 38 (8): 893-909.

[348] VANACKER T, HEUGHEBAERT A, MANIGART S. Institutional frameworks, venture capital and the financing of European new technology-based firms [J]. Corporate Governance: An International Review, 2014, 22 (3): 199-215.

[349] VEENHOVEN R. Quality of life in individualistic society: A comparison of 45 nations in the early 1990's [J]. Social Indicators Research, 1999, 48 (2): 157-186.

[350] VERHEUL I, WENNEKERS S, AUDRETSCH D, et al. An eclectic theory of entrepreneurship: Policies, institutions and culture [M] //AUDRETSCH D, THURIK R, VERHEUL I, et al. Entrepreneurship: Determinants and policy in a European-US comparison. London: Springer, 2002: 11-81.

[351] VIS B. The comparative advantages of fsqca and regression analysis for moderately large-analyses [J]. Sociological Methods & Research, 2012, 41 (1): 168-198.

[352] VUJAKOVIC P. How to measure globalization? A new globalization index (NGI) [J]. FIW Working Paper Series, 2010, 20 (35): 749-761.

[353] WAGEMANN C, BUCHE J, SIEWERT M B. QCA and business research: Work in progress or a consolidated agenda [J]. Journal of Business Research, 2016, 69 (7): 2531-2540.

[354] WALTER S G, BLOCK J H. Outcomes of entrepreneurship education: An institutional perspective [J]. Journal of Business Venturing, 2016, 31 (2): 216-233.

[355] WEBB J W, KHOURY T A, HITT M A, The influence of formal and informal institutional voids on entrepreneurship [J]. Entrepreneurship Theory and Practice, 2020, 44 (3): 504-526.

[356] WELTER F, BAKER T, AUDRETSCH D B, et al. Everyday entrepreneurship—A call for entrepreneurship research to embrace entrepreneurial diversity [J]. Entrepreneurship Theory and Practice, 2017, 41 (3): 311-321.

[357] WELTER F. Contextualizing entrepreneurship: Conceptual challenges and ways forward [J]. Entrepreneurship Theory and Practice, 2011, 35 (1): 165-184.

[358] WHITLEY R. Business systems in East Asia [M]. London: Sage, 1992.

[359] WHITLEY R. Competing capitalisms [M]. London: Edward Elgar, 2002.

[360] WHITLEY R. Divergent capitalisms: The social structuring and change of business systems [M]. Oxford: Oxford University Press, 1999.

[361] WHITLEY R. Transforming universities: National conditions of their varied organizational actor hood [J]. Minerva, 2012, 50 (4): 493-510.

[362] WILLIAMSON J. The strange history of the Washington consensus [J]. Journal of Post Keynesian Economics, 2004, 27 (2): 195-206.

[363] WILLIAMSON O E. The new institutional economics: Taking stock, looking ahead [J]. Journal of Economic Literature, 2000, 38 (3): 595-613.

[364] WINBORG J, LANDSTROM H. Financial bootstrapping in small business: Examining small business managers' resource acquisition behaviors [J]. Journal of Business Venturing, 2000, 16 (3): 235-254.

[365] WINTON A, YERRAMILLI V. Entrepreneurial finance: Banks versus venture capital [J]. Journal of Financial Economics, 2008, 88 (1): 51-79.

[366] WITT M A, JACKSON G. Varieties of capitalism and institutional comparative advantage: A test and reinterpretation [J]. Journal of International Business Studies, 2016, 47 (7): 778-806.

[367] WONG P K, HO Y P. Financing, regulatory costs and entrepreneurial propensity [J]. Small Business Economics, 2007, 28 (2): 187-204.

[368] WOOLDRIDGE J. Econometric analysis of cross section and panel data [M]. Cambridge: MIT Press, 2002.

[369] WU B, DENG P. Internationalization of SMEs from emerging markets: An institutional escape perspective [J]. Journal of Business Research, 2020, 108: 337-350.

[370] XU D, MEYER K E. Linking theory and context: 'Strategy research in emerging economies' after Wright et al. (2005) [J]. Journal of Management Studies, 2013, 50 (7): 1322-1346.

[371] YANG L Q, SPECTOR P E, SANCHEZ J I, et al. Individualism-collectivism as a moderator of the work demands-strains relationship: A cross-level and

cross-national examination [J]. Journal of International Business Studies, 2012, 43 (4): 424-443.

[372] YOON H D, KIM N, BUISSON B, et al. A cross-national study of knowledge, government intervention, and innovative nascent entrepreneurship [J]. Journal of Business Research, 2018, 84: 243-252.

[373] YOUNG S L, WELTER C, CONGER M. Stability vs. flexibility: The effect of regulatory institutions on opportunity type [J]. Journal of International Business Studies, 2018, 49 (4): 407-441.

[374] ZACHARY R, MISHRA C S. Research on angel investments: The intersection of equity investments and entrepreneurship [J]. Entrepreneurship Research Journal, 2013, 3 (2): 160-170.

[375] ZHAI Q, SU J, YE M, et al. How do institutions relate to entrepreneurship: An integrative model [J]. Entrepreneurship Research Journal, 2019, 9 (2): 1-16.

[376] ZHANG J. The advantage of experienced start-up founders in venture capital acquisition: Evidence from serial entrepreneurs [J]. Small Business Economics, 2011, 36 (2): 187-208.

[377] ZHANG X, LIANG X, SUN H. Individualism-collectivism, private benefits of control, and earnings management: A cross-culture comparison [J]. Journal of Business Ethics, 2013, 114 (4): 655-664.

[378] 毕青苗, 陈希路, 徐现祥, 李书娟. 行政审批改革与企业进入 [J]. 经济研究, 2018, (2): 140—155.

[379] 蔡莉, 单标安, 朱秀梅, 王倩. 创业研究回顾与资源视角下的研究框架构建: 基于扎根思想的编码与提炼 [J]. 管理世界, 2011, (12): 160—169.

[380] 蔡莉, 单标安. 中国情境下的创业研究: 回顾与展望 [J]. 管理世界, 2013, (12): 160—169.

[381] 陈刚. 管制与创业: 来自中国的微观证据 [J]. 管理世界, 2015, (5): 89—99.

[382] 程建青,罗瑾琏,杜运周,刘秋辰.何种创业生态系统产生女性高创业活跃度?[J].科学学研究,2021,(4):695—702.

[383] 杜运周,贾良定.组态视角与定性比较分析(QCA):管理学研究的一条新道路[J].管理世界,2017,(6):155—167.

[384] 杜运周,李佳馨,刘秋辰,赵舒婷,陈凯薇.复杂动态视角下的组态理论与QCA方法:研究进展与未来方向[J].管理世界,2021,(3):180—197.

[385] 杜运周,刘秋辰,程建青.什么样的营商环境生态产生城市高创业活跃度?基于制度组态的分析[J].管理世界,2020,(9):141—154.

[386] 杜运周.组织与创业领域:组态视角下的创业研究[J].管理学季刊,2019,(3):31—41.

[387] 樊纲,王小鲁,朱恒鹏.中国市场化指数:各地区市场化相对进程2011年报告[M].北京:经济科学出版社,2011.

[388] 范晓光,吕鹏.中国私营企业主的社会构成:阶层与同期群差异[J].中国社会科学,2017,(7):70—87.

[389] 福斯,克莱因.企业家的企业理论:研究企业的新视角[M].朱海就,王敬敬,屠禹潇译.北京:中国社会科学出版社,2020.

[390] 郭云南,张琳弋,姚洋.宗族网络,融资与农民自主创业[J].金融研究,2013,(9):136—149.

[391] 河连燮.制度分析:理论与争议[M].李秀峰,柴宝勇译.北京:中国人民大学出版社,2014.

[392] 贺小刚,连燕玲,张远飞.经营期望与家族内部的权威配置:基于中国上市公司的数据分析[J].管理科学学报,2013,(4):63—82.

[393] 惠特利.多样化的资本主义:社会制度的构建和商业体制的变迁[M].公茂虹译.北京:新华出版社,2004.

[394] 霍尔,索斯凯斯.资本主义的多样性:比较优势的制度基础[M].王新荣译.北京:中国人民大学出版社,2018.

[395] 吉尔特·霍夫斯泰德,格特·扬·霍夫斯泰德,迈克尔·明科夫.文化与组织:心理软件的力量(第三版)[M].张炜,王烁译.北京:电子工

业出版社,2019.

[396] 贾良定,郑雅琴,尤树洋,李珏兴.如何在组织和管理研究中探讨调节作用?模式和证据[J].管理学季刊,2017,(2):15—40.

[397] 拉金.重新设计社会科学研究[M].杜运周等译.北京:机械工业出版社,2019.

[398] 李加鹏,吴蕊,杨德林.制度与创业研究的融合:历史回顾及未来方向探讨[J].管理世界,2020,(5):204—219.

[399] 李新春,叶文平,朱沆.社会资本与女性创业:基于GEM数据的跨国(地区)比较研究[J].管理科学学报,2017,(8):116—130.

[400] 里克豪斯,拉金.QCA设计原理与应用:超越定性与定量研究的新方法[M].杜运周,李永发译.北京:机械工业出版社,2017.

[401] 梁建章,黄文政.人口创新力:大国崛起的机会与陷阱[M].李君伟译.北京:机械工业出版社,2018.

[402] 陆亚东.中国管理学理论研究的窘境与未来[J].外国经济与管理,2015,(3):3—15.

[403] 倪鹏途,陆铭.市场准入与"大众创业":基于微观数据的经验研究[J].世界经济,2016,(4):3—21.

[404] 钱颖一.现代经济学与中国经济改革[M].北京:中信出版社,2017.

[405] 青木昌彦.比较制度分析[M].周黎安译.上海:上海远东出版社,2001.

[406] 青木昌彦.比较制度分析:起因和一些初步的结论[J].经济社会体制比较,1997,(1):1—7.

[407] 青木昌彦.什么是制度?我们如何理解制度?[J].经济社会体制比较,2000,(6):28—38.

[408] 田毕飞,梅小芳,杜雍,王波浪.外商直接投资对东道国国际创业的影响:制度环境视角[J].中国工业经济,2018,(5):43—61.

[409] 王博,朱沆.制度改善速度与机会型创业的关系研究[J].管理世界,2020,(10):111—125.

[410] 王凤彬,江鸿,王璁.央企集团管控架构的演进:战略决定、制度引致还

是路径依赖？一项定性比较分析（QCA）尝试［J］.管理世界，2014，(12)：92—114+187—188.

[411] 沃尔夫.硅谷创业启示录［M］.丛琳译.上海：文汇出版社，2020.

[412] 希特，徐凯.制度与创业战略［J］.管理学季刊，2019，(2)：1—14.

[413] 谢宇.回归分析［M］.北京：社会科学文献出版社，2010.

[414] 谢智敏，王霞，杜运周，谢玲敏.创业生态系统如何促进城市创业质量：基于模糊集定性比较分析［J］.科学学与科学技术管理，2020，(11)：68—82.

[415] 熊彼特.经济发展理论［M］.贾拥民译.北京：中国人民大学出版社，2019.

[416] 杨俊，牛梦茜.制度如何影响创业：一个跨层次的分析框架［J］.管理学季刊，2019，(2)：26—33.

[417] 杨俊，张玉利，刘依冉.创业认知研究综述与开展中国情境化研究的建议［J］.管理世界，2015，(9)：158—169.

[418] 杨俊.创业特质论的困境和出路［M］//张玉利，杨俊，于晓宇，窦军生.创业研究经典文献述评.北京：机械工业出版社，2018.

[419] 叶文平，杨学儒，朱沆.创业活动影响幸福感吗：基于国家文化与制度环境的比较研究［J］.南开管理评论，2018，(4)：4—14.

[420] 尹志超，宋全云，吴雨，彭嫦燕.金融知识、创业决策和创业动机［J］.管理世界，2015，(1)：87—98.

[421] 于晓宇，孟晓彤，蔡莉，赵红丹.创业与幸福感：研究综述与未来展望［J］.外国经济与管理，2018，(8)：30—44.

[422] 张龙鹏，蒋为，周立群.行政审批对创业的影响研究：基于企业家才能的视角［J］.中国工业经济，2016，(4)：57—74.

[423] 张明，杜运周.组织与管理研究中QCA方法的应用：定位、策略和方向［J］.管理学报，2019，(9)：1312—1323.

[424] 张苏，杨筠.金融与创业意愿：来自中国大学生调查数据的经验发现［J］.金融研究，2010，(11)：19—33.

[425] 张维迎.市场与政府［M］.西安：西北大学出版社，2014.

[426] 张玉利,杨俊,于晓宇,窦军生. 创业研究经典文献述评 [M]. 北京:机械工业出版社,2018.

[427] 张云武. 社会流动与流动者的关系网络 [J]. 社会,2009,(1):122—141.

[428] 赵向阳,李海,Andreas Rauch. 创业活动的国家(地区)差异:文化与国家(地区)经济发展水平的交互作用 [J]. 管理世界,2012,(8):78—90.

[429] 赵雁飞,李涌. 制度与创业:创业研究中制度理论的拓宽与情境化 [J]. 管理学季刊,2019,(2):15—25.

[430] 郑馨,周先波. 社会规范是如何激活创业活动的?来自中国"全民创业"十年的微观证据 [J]. 经济学(季刊),2017,(1):189—220.

[431] 郑馨,周先波,陈宏辉,杨甜. 东山再起:怎样的国家制度设计能够促进失败再创业?基于56个国家7年混合数据的证据 [J]. 管理世界,2019,(7):136—151.

[432] 中国青年创业就业基金会,恒大研究院. 中国青年创业发展报告(2020) [R/OL]. (2020-11-16) [2024-08-26]. https://m.thepaper.cn/baijiahao_10003990

[433] 中国民(私)营经济研究会家族企业研究课题组. 中国家族企业发展报告(2011) [M]. 北京:中信出版社,2011.

附 录

2000—2021 年制度影响创业选择领域的文献梳理

作者	年份	文章名	期刊	研究方法	解释变量	被解释变量	主要研究结论
Busenitz L W, Gómez C, Spencer J W	2000	Country institutional profiles: Unlocking entrepreneurial phenomena	AMJ	问卷设计	规制，规范，认知制度	国家创业率	强调对更广泛制度的关注为更准确评估每个国家创业的优势和劣势提供了机会，文章设计并验证了影响创业的规则、认知和规范等国家制度的测量方式
Hayton J C, George G, Zahra S A	2002	National culture and entrepreneurship: A review of behavioral research	ETP	文献综述	文化特征	国家创业率	广泛的文化特征与国家创业水平有关，如个人主义、不确定性避免和权力距离。但随着时间的流逝，这些关系并不一致。文化对创业的影响主要表现为催化剂效应，而非因果关系，即文化特征主要通过改变并充制度和经济环境来影响创业
Begley T M, Tan W L, Schoch H	2005	Politico-economic factors associated with interest in starting a business: A multi-country study	ETP	OLS	多维制度指标，地区差异	创业可行性、可取性感知	市场机会、劳动力供应及政府支持性法规与创业可行性、可取性感知密切相关。与南亚相比，在盎格鲁-撒克逊国家和东亚国家中，政府支持、市场机会对个人创业意愿帮助更大

（续表）

作者	年份	文章名	期刊	研究方法	解释变量	被解释变量	主要研究结论
Baker T, Gedajlovic E, Lubatkin M	2005	A framework for comparing entrepreneurship processes across nations	JIBS	理论评述	国家制度	创业机会	个人偏好嵌入在国家环境中并受其影响，因此创业机会不可避免地是主观的，其中机会评估受制度和基础设施的影响，这决定了机会成本和机会可占有性
Sine W D, Haveman H A, Tolbert P S	2005	Risky business? Entrepreneurship in the new independent-power sector	ASQ	GLS，历史事件分析	规制，规范，认知制度	创业率	规制、认知制度的发展将提供了合法性，并为所有参与者提供了激励措施，将促进新企业，特别是采用新技术企业的创建。而规范制度将为旧技术的采用提供更大的支持，并限制采用新技术企业的创建
Aidis R, Estrin S, Mickiewicz T	2008	Institutions and entrepreneurship development in Russia: A comparative perspective	JBV	OLS	正式制度，创业关系网络	创业进入	在正式制度缺失的俄罗斯，年龄更大、男性、受教育水平更高的个人更可能进行创业；网络联系将给予创业者相对优势，使其能部分弥补制度缺失；试图用人际网络失败的局外创业者，不太可能再次创业
Bowen H P, De Clercq D	2008	Institutional context and the allocation of entrepreneurial effort	JIBS	OLS	监管，腐败，金融资本，教育资本	创业成长意愿	一个国家的制度环境将影响创业者努力分配，特别是是否将精力分配给创业高增长活动。创业家针对创业的金融和教育程度正相关，与一个国家的腐败程度负相关，而与国家监管保护和复杂程度不相关

（续表）

作者	年份	文章名	期刊	研究方法	解释变量	被解释变量	主要研究结论
Capelleras J, Mole K F, Greene F J, Storey D J	2008	Do more heavily regulated economies have poorer performing new ventures? Evidence from Britain and Spain	JIBS	负二项式回归，OLS	国家监管程度差异	创业企业注册时规模，创业成长	政府监管程度会影响新企业的创建及其随后的成长。与监管程度较高的国家相比，监管程度较低国家的创业企业在注册时规模较小，且成长更快。而当包括注册和未注册创业企业时，监管程度差异对创业数量和成长的影响并不明显
Gohmann S, Hobbs B K, McCrickard M	2008	Economic freedom and service industry growth in the United States	ETP	负二项式回归	经济自由度指数	创业数量，就业率	经济自由度影响创业活动的水平和类型，且在不同行业的影响幅度不同。在商业、服务业、经济自由度的增加会导致创业数量和就业水平的增长。而在健康、社交和法律服务等行业，则会导致创业数量和就业水平的下降
Ireland R D, Tihanyi L, Webb J W	2008	A tale of two politico-economic systems: Implications for entrepreneurship in Central and Eastern Europe	ETP	理论假说	社会运动，制度变迁	创业活动	新兴经济体是经历快速经济发展的国家，这些国家受到有利于和支持私营企业的转型制度政策的刺激。然而，在中欧和东欧的转型经济体中，不同取向的社会运动将支持或限制创业

（续表）

作者	年份	文章名	期刊	研究方法	解释变量	被解释变量	主要研究结论
Manolova T S, Eunni R V, Gyoshev B S	2008	Institutional environments for entrepreneurship: Evidence from emerging economies in Eastern Europe	ETP	因子分析	规制，规范，认知制度	国家创业率	验证了Busenitz等（2000）设计的管制、认知和规范三个维度对新兴经济体创业率的解释力度，证实其具备较高的可靠性和一致性和有效性。同时，新兴经济体国家同不同维度制度的发展有着明显的差异，即较低的国家创业活动可能是由于不同的制度原因引起的
McMullen J S, Bagby D R, Palich L E	2008	Economic freedom and the motivation to engage inentrepreneurial action	ETP	OLS	经济自由制度，经济发展水平	生存型、机会型创业率	生存型、机会型创业都与人均GDP负相关。然而，其他各维度经济自由指数则与创业类型呈复杂且独特的关系。如机会型创业与产权保护正相关，而机会型创业则与财政自由和货币自由正相关
Minniti M	2008	The role of government policy on entrepreneurial activity: Productive, unproductive, or destructive?	ETP	理论评述	政府政策	创业活动	政府政策塑造了创业决策的制度环境，但对于政府是否以及如何影响创业活动的基本和一般问题仍未得到解决。同时，由于不同地区创业所需的环境可能有所差异，政策设计也需要更多考虑地方不同的现有资源、网络和市场能力的不同规模和性质

（续表）

作者	年份	文章名	期刊	研究方法	解释变量	被解释变量	主要研究结论
Sobel R S	2008	Testing Baumol: Institutional quality and the productivity of entrepreneurship	JBV	OLS	经济自由度指数	生产型、非生产型创业	对 Baumol（1990）的理论进行实证检验。表明更好的制度结构会带来更高的人均风险投资本投资，更高的人均专利率及新企业成立率。而制度最差的地区在游说活动和诉讼活用方面的记录最差，即非生产型创业活跃，同时生产型创业活动与提高地区居民收入存在显著的正相关关系
Anokhin S, Schulze W S	2009	Entrepreneurship, innovation, and corruption	JBV	分位数回归，负二项式回归，FGLS	腐败，IFDI	国家创业率、国家创新水平	控制腐败能有效提高对国家制度的信任水平。这种信任将促进贸易的发展和对复杂经济活动的防调。因此，更好地控制腐败与更高的创业和创新水平正相关。同时，更高的腐败也将减少外商直接投资可能给东道国带来的知识溢出效应，从而阻碍创新创业的投资
Mair J, Marti I	2009	Entrepreneurship in and around institutional voids: A case study from Bangladesh	JBV	案例研究	制度缺失	创业活动	基于孟加拉国创业活动的定性调查，认为限制创业活动的制度和新引进制度之间的相互作用。历史遗留制度实践是极端的资源限制和复杂信任但是与市场发展不一致的制度结构的特点

（续表）

作者	年份	文章名	期刊	研究方法	解释变量	被解释变量	主要研究结论
Webb J W, Tihanyi L, Ireland R D, Sirmon D G	2009	You say illegal, I say legitimate: Entrepreneurship in the informal economy	AMR	理论假说	正式制度、非正式制度	非正规创业	正式制度和非正式制度间的不一致，以及群体认同等非正式制度，将加强非正规经济中薄弱的正式制度执行。同时，创业警觉和机会识别和加强非正式经济中机会识别和社会认同的正式制度执行，以及较强的群体认同和机会利用同的非正规创业相比，将非正式制度合法性视为目的的非正规创业将更可能转型为正规创业
Bruton G D, Ahlstrom D, Li H	2010	Institutional theory and entrepreneurship: Where are we now and where do we need to move in the future?	ETP	文献综述	制度理论	创业活动	虽然制度理论在创业研究中的作用已被广泛证实，我们仍需更清楚地了解其对创业研究的广泛影响。当前应用制度理论的创业研究主要分为三个流派，即分别关注制度环境、合法性和制度创业。但已有研究仍存在缺乏对多元制度视角的整合，过分关注文化制度，依赖单一国家情境等局限性
Lim D S K, Morse E A, Mitchell R K, Seawright K K	2010	Institutional environment and entrepreneurial cognitions: A comparative business systems perspective	ETP	PLS	法律制度，金融资本，教育资本，腐败	创业安排、意愿，能力脚本，创业进入决策	社会环境中的制度因素会导致环境中个人的创业认知差异，并成为塑造创业行为的关键内因。各种制度因素，例如法律和金融体系，都会影响创业的安排和意愿脚本。进一步地，创业安排对个人创业决策产生最大影响

（续表）

作者	年份	文章名	期刊	研究方法	解释变量	被解释变量	主要研究结论
Lu J, Tao Z	2010	Determinants of entrepreneurial activities in China	JBV	Logit	法律制度，个人属性（体制内经历，党员）	创业进入决策	有别于发达国家中创业决策更多取决于个人属性，中国创业活动受制度环境的影响更大。一方面，法律制度的完善促进了更多创业进入行为；另一方面，法律制度和个人属性存在交互关系。随着制度的完善，体制内经历或党员身份赋予个体的收益减少，个体将表现出更高的创业进入可能
Meek W R, Pacheco D F, York J G	2010	The impact of social norms on entrepreneurial action: Evidence from the environmental entrepreneurship context	JBV	FE	政府激励，社会规范	新企业创建率	正式和非正式制度会影响创业活动。在美国太阳能行业样本中，国家资助相互依存规范、环保消费规范和家庭内部的激励措施、企业创建正相关。而这虽然政府激励会对创业增长产生直接影响，但这种效果取决于一致性社会规范和家庭相互依存规范
Peng M W, Yamakawa Y, Lee S	2010	Bankruptcy laws and entrepreneur-friendliness	ETP	案例研究	破产法	创业活动	将破产法作为正式制度如何影响创业发展。由于破产法在世界各地并不统一，文章强调其可能盖六个不同的方面：重组破产选项的可用性，破产程序所需时间，破产涵盖的成本，获取新机会的可能性，留取资产的可能性，破产后留任工作机会的可能性

（续表）

作者	年份	文章名	期刊	研究方法	解释变量	被解释变量	主要研究结论
Puffer S M, McCarthy D J, Boisot M	2010	Entrepreneurship in Russia and China: The impact of formal institutional voids	ETP	案例研究	正式制度、非正式制度	创业活动	欠发达的正式制度往往导致转型经济体的环境不稳定，并通常需要非正式制度以填补空白。文章探讨了作为正式制度的产权保护，以及非正式制度的信任对创业决策的影响。提出由于非正式制度嵌入中国的过度依赖正式制度，俄罗斯和中国的过度依赖非正式制度，而更可能在正式、非正式制度间寻求平衡
Stephan U, Uhlaner L M	2010	Performance-based vs socially supportive culture: A cross-national study of descriptive norms and entrepreneurship	JIBS	因子分析、OLS	文化规范	国家创业率、国家创业质量、创业需求、创业供给	基于 GLOBE 指标，将影响创业活动的文化划分为社会支持文化和绩效侧重文化。其中，社会支持文化通过创业供给侧变量中介（创业自我效能、创业意愿），有力解释了国家创业率和创业质量；绩效侧文化则与创业需求侧变量相关，如创业机会存在和支持创业的正式制度质量
Lee S, Yamakawa Y, Peng M W, Barney J B	2011	How do bankruptcy laws affect entrepreneurship development around the world?	JBV	GEE	破产法	国家创业率	基于 Peng 等（2010）对破产法的维度划分，讨论破产法对创业活动的影响。文章表明如果破产法对创业者会因失败而受到过度惩罚，则他们可能放弃对潜在高回报但高风险项目的追逐，即对创业者友好、宽容的破产法与新企业创建率正相关

(续表)

作者	年份	文章名	期刊	研究方法	解释变量	被解释变量	主要研究结论
McKelvie A, Haynie J M, Gustavsson V	2011	Unpacking the uncertainty construct: Implications for entrepreneurial action	JBV	实验研究	环境不确定性，专业知识，开发规模	创业意愿	将不确定性视为由状态、效果和响应等类型组成的多维构造，研究环境不确定性与创业行为间的关系。但不同类型的意愿意愿影响不同，与状态/效果的不确定性相比，响应不确定对创业意愿的抑制最为明显。而随着创业专门知识的增加或对开发规模较小的创业行为，不确定性的负面影响减弱
Tolbert P S, David R J, Sine W D	2011	Studying choice and change: The intersection of institutional theory and entrepreneurship research	OS	文献综述	制度理论	创业活动	虽然制度理论和创业研究存在许多潜在的交叉点，但两者间的分割仍较为明显。文章回顾了制度理论与创业研究交汇的两种类型研究，即制度如何影响创业选择，创业如何影响制度变化
Gohmann S	2012	Institutions, latent entrepreneurship, and self-employment: An international comparison	ETP	Logit	正式制度，腐败	创业进入，创业进入意愿	随着经济自由度的提高，个人更可能创业。对于创业者，对腐败的控制会增加其自我雇佣偏好。而这一效应对潜在的创业者则相反，即腐败程度的加重反而会提高其创业意愿。这种认知偏差的内在原因是创业经验的缺乏，对于未真正进入的潜在创业者，不太可能意识到腐败所带来的融资困难，反而会将这种腐败视为可利用的获益机会

（续表）

作者	年份	文章名	期刊	研究方法	解释变量	被解释变量	主要研究结论
Audretsch D B, Boente W, Tamvada J P	2013	Religion, social class, and entrepreneurial choice	JBV	Probit	宗教，社会阶层	自我雇佣	宗教之间的规范和认知对自我雇佣存在显著差异，虽然一些宗教选择有利于自雇，但另一些宗教对自雇有负面影响。此外，宗教选择影响对不同的社会群体存在差异。由于难以获取网络和资源，社会等级较低的个人不太可能自雇
Autio E, Pathak S, Wennberg K	2013	Consequences of cultural practices for entrepreneurial behaviors	JIBS	HLM	集体主义，不确定规避，绩效导向	创业进入，创业成长意愿	考察社会文化实践对个人创业决策及不同创业行为的影响。文章表明社会规范及集体主义实践与创业进入负相关，但与创业成长愿望正相关。不确定性规避实践与创业进入正相关，绩效导向实践与成长愿望无关，两者均与创业进入无关
Block J, Thurik R, Van der Z P, Walter S	2013	Business takeover or new venture? Individual and environmental determinants from a cross-country study	ETP	HLM	文化，法规，金融，创新产出，个人属性	创业，接管现有企业	考察个人层面和国家层面因素对创业者进入模式选择的影响。在个人层面上，人力资本，风险态度和创造力会影响他们创办新企业而不是接管现有企业的偏好。在国家一级，文化固有的风险承受水平，国家创新产出水平以及创业的行政管理难度，可以解释首选进入方式的国家间差异

（续表）

作者	年份	文章名	期刊	研究方法	解释变量	被解释变量	主要研究结论
De Clercq D, Lim D S K, Oh C H	2013	Individual-level resources and new business activity: The contingent role of institutional context	ETP	HLM	个人资本，正式制度，非正式制度	创业决策	探究一个国家的制度的作用是否能帮助其成员释放个人资源更有利以实现创业行为。当教育系统和金融系统较有利于创业，以及在更高的信任度以及较弱的等级制度和保守文化的国家，个人资源（金融、人力和社会资本）对创业的促进作用将更有效
Dorado S, Ventresca M J	2013	Crescive entrepreneurship in complex social problems: Institutional conditions for entrepreneurial engagement	JBV	理论假说	制度环境	社会创业	探讨制度环境对社会创业参与可能性的影响。明确了两种不同的框架条件，即那些可以激励行动者参与的制度逻辑制度条件，以及那些可以改变他人决策逻辑的制度条件
Estrin S, Korosteleva J, Mickiewicz T	2013	Which institutions encourage entrepreneurial growth aspirations?	JBV	HLM	腐败，产权保护，政府规模，创业网络连接	创业成长意愿	明确影响创业活动的三个制度基本维度：腐败水平、产权保护程度、政府活动规模。创业成长意愿受益于强有力的政府产权保护和较小的政府规模，又会受到高水平的腐败的压制。此外，尽管微观层面个人社会关系可以在一定程度上弥补制度缺失，但难以完全弥补不利制度因素的影响

(续表)

作者	年份	文章名	期刊	研究方法	解释变量	被解释变量	主要研究结论
Estrin S, Mickiewicz T, Stephan U	2013	Entrepreneurship, social capital, and institutions: Social and commercial entrepreneurship across nations	ETP	HLM	非正式制度，正式制度	商业创业，社会创业	国家社会创业率可视为一种非正式制度，并能够提高个人商业创业率的可能性。同时，正式制度（强大的产权保护和较低的政府规模）对个人商业创业和社会创业均起到积极的促进作用
Klyver K, Nielsen S L, Evald M R	2013	Women's self-employment: An act of institutional (dis)integration? A multilevel, cross-country study	JBV	HLM	国家发展阶段，性别平等	创业进入	国家性别平等与创业选择的性别差距有关，并取决于国家发展阶段和男性相比。国家层面的性别平等对女的自营职业选择产生了负面影响，并且这种负面影响在发展中国家和男性导向的行业更为明显
Roman C, Congregado E, Maria M J	2013	Start-up incentives: Entrepreneurship policy or active labour market programme?	JBV	多项式 Logit	个人属性，失业率，创业激励政策	失业，受雇，雇主	需要将创业者视为异质性群体，只有少数创业者会雇用他人并创造新的社会财富。个人社会资本和网络联系是解释创业决策的重要前因，而尽管政府政策也是重要的，但政府参与可能会导致低效和过度的网络。因此，促进商业网络形成的间接措施似乎是更有效的

(续表)

作者	年份	文章名	期刊	研究方法	解释变量	被解释变量	主要研究结论
Stenholm P, Acs Z J, Wuebker R	2013	Exploring country-level institutional arrangements on the rate and type of entrepreneurial activity	JBV	SEM	管制、规范、认知、有益制度	国家创业率；创新型创业	考察管制、规范、认知制度、及新引入的有益制度（知识资源支持）对各国创业活动数量和类型的影响。有效的政府监管似乎是唯一有效的积极因素，而对于创新、高增长型的创业活动，监管环境并不重要，但充满知识溢出和创业所需资本的制度环境最为重要
Valdez M. E., Richardson J.	2013	Institutional determinants of macro-level entrepreneurship	ETP	因子分析、OLS	管制、规范、认知制度	国家创业率	考察管制、规范以及认知制度与创业活动的关系。规范和认知管制度对创业活动的解释能力高于管制度或人均国内生产总值的解释能力。这表明，价值、信念和能力的差异可能比纯粹的机会和交易成本的经济考虑要起更大的作用
Wyrwich M	2013	Can socioeconomic heritage produce a lost generation with regard to entrepreneurship?	JBV	Logit	制度变迁、年龄、工作经验	创业进入	与联邦德国相比，民主德国个体劳动力中年龄较大、更具工作经验甚至在柏林墙倒塌15年后仍不可能成为创业者，这一影响主要受历史制度遗留影响存在。这种差异和态度差异度的差异下价值观

241

（续表）

作者	年份	文章名	期刊	研究方法	解释变量	被解释变量	主要研究结论
Alvarez S A, Barney J B	2014	Entrepreneurial opportunities and poverty alleviation	ETP	理论假说	制度环境	创业活动，减贫	为促进创业，大量政府在赤贫条件下改善了人力资本、产权保护和参半。这可能是不同地区获得金融资本的途径。而结果好坏参半。这可能是不同地区财富类型和创造财富的潜力所导致的。文章讨论了贫困背景下，制度对不同类型创业的作用机制
Cullen J B, Johnson J L, Parboteeah K P	2014	National rates of opportunity entrepreneurship activity: Insights from institutional anomie theory	ETP	GLS	文化规范，社会制度	国家机会型创业率	将机会型创业概念化为对社会中失范条件的创造性偏离反应。文章发现绩效导向、进取性、个人主义、家庭集体主义等价值观与国家机会型创业率成正比。而较体主义价值观的社会分配系统，较发达的教育系统，较弱的再分配系统强化以上价值观与机会型创业间的正相关关系
Dau L A, Cuervo-Cazurra A	2014	To formalize or not to formalize: Entrepreneurship and pro-market institutions	JBV	GLS	经济自由化，治理水平	国家正规创业率，国家非正规创业率	将市场制度划分为两个维度：经济自由化和治理水平。经济自由化和治理水平对正规创业都有积极影响，但治理水平对非正规创业有不利影响。此外，完善的治理增加正规创业减少非正规创业的程度，要大于增加正规创业减少非正规创业的程度，从而导致整体创业活动的净减少

（续表）

作者	年份	文章名	期刊	研究方法	解释变量	被解释变量	主要研究结论
Kim P H, Li M	2014	Injecting demand through spillovers: Foreign direct investment, domestic socio-political conditions, and host-country entrepreneurial activity	JBV	RE	IFDI, 国家人力资本, 正式制度, 政治稳定	国家创业活跃度	探究外国直接投资如何刺激东道国的创业活动, 及国内的社会政治条件如何使这种关系因国家而异。发现外国直接投资与企业创造成正比, 而这种积极影响在制度支持薄弱、政治稳定薄弱且总体人力资本较低的国家中最为明显
Mai T T T, Turkina E	2014	Macro-level determinants of formal entrepreneurship versus informal entrepreneurship	JBV	因子分析, PLS	正式制度, 非正式制度	国家正规创业率; 国家非正规创业率	基于创业折衷理论, 分析国家正规、非正规创业率的宏观决定因素, 包括经济机会、治理质量、宏观资源和能力、绩效导向文化和社会支持文化, 表明不同的宏观因素可能对正规、非正规创业产生复杂且不同的影响
Stephan U, Uhlaner L M, Stride C	2015	Institutions and social entrepreneurship: The role of institutional voids, institutional support, and institutional configurations	JIBS	HLM	政府活动, 后物质主义, 社会支持文化	个人社会创业	探究制度配置对个人社会创业决策的影响。活跃的政府活动（较大的政府规模和正向的财政再分配）、后物质主义文化和社会支持文化均与个人社会创业正向相关。同时, 政府活动对个人的影响受后者的调节, 在后物质主义文化和社会支持文化中, 活跃的政府活动的积极影响更为明显

（续表）

作者	年份	文章名	期刊	研究方法	解释变量	被解释变量	主要研究结论
Thébaud S	2015	Business as plan b: Institutional foundations of gender inequality in entrepreneurship across 24 industrialized countries	ASQ	HLM	工作—家庭相关制度，性别	个人创业决策，创业动机，创业成长意愿	在有偿休假、育儿补贴、兼职就业等能减轻工作—家庭冲突的制度安排方式下，女性选择创业作为其兼职业方式的可能性较小，但此时女性创业者将表现出更高的创业成长导向。因此，一制度背景下，女性在企业家中的整体占比相对较少
Eesley C	2016	Institutional barriers to growth: Entrepreneurship, human capital and institutional change	OS	Probit, Heckman 回归	正式制度变迁，个人人力资本	个人创业进入	将减少成长障碍的制度变化视为影响个人创业决策的重要因素。基于中国正式制度变迁过程，发现适度的成长障碍减少将主要表现为对低人力资本个体的创业促进，而对成长障碍的大幅减少将主要表现出对高人力资本个体的创业促进
Eesley C, Li J B, Yang D	2016	Does institutional change in universities influence high-tech entrepreneurship? Evidence from China's Project 985	OS	DID	正式制度变迁	创新信念，高科技创业，创业绩效	将"985工程"视为正式制度，政府激励措施的代表，在中国"985高校"中，大学毕业生会表现出更高的创新信念，并创建更多的高科技企业。然而，与非"985高校"毕业生相比，这些创业者并未表现出更高的经济绩效。这可能是因为"985工程"与中国更广泛的制度环境不一致所导致的

（续表）

作者	年份	文章名	期刊	研究方法	解释变量	被解释变量	主要研究结论
Estrin S, Mickiewicz T, Stephan U	2016	Human capital in social and commercial entrepreneurship	JBV	HLM	法律制度，人力资本	个人商业创业，个人社会创业	更高的一般性人力资本（受教育水平）和更高的专用性人力资本（创业经验）与个人选择社会创业正相关。同时，随着法律制度的完善，具备更高专用性人力资本的个体将更可能选择社会创业
Stephan U, Pathak S	2016	Beyond cultural values? Cultural leadership ideals and entrepreneurship	JBV	HLM	文化价值观，文化领导理念	个人创业决策	文化价值观、富有魅力和自我保护的文化领导理念会对个人创业决策产生积极影响。同时，文化价值观（不确定性规避和集体主义）对个人创业决策的影响主要通过富有魅力和自我保护的文化领导理念的中介产生
Walter S G, Block J H	2016	Outcomes of entrepreneurship education: An institutional perspective	JBV	HLM	正式制度，非正式制度，创业教育	个人创业决策	创业教育对个人创业决策产生积极影响，且这种影响主要体现在对创业友好的制度环境中。在政府监管友好、金融可用性上升、腐败控制、创业文化盛行的环境中，创业教育对个人创业决策的积极影响下降
Armanios D E, Eesley C, Li J, Eisenhardt K M	2017	How entrepreneurs leverage institutional intermediaries in emerging economies to acquire public resources	SMJ	DID, QCA	制度中介机构	创业资源支持	新兴经济体的政府经常使用制度中介机构以弥合风险投资与公共资金的空缺，并促进创业。通过引入两个新的构念——技能充足和背景相关性，发现科学园更可能帮助创业者（海归精英）获取公共政策资源；而帮助创业背景支持较高、低技能的创业者（本地精英）获取技能建设

(续表)

作者	年份	文章名	期刊	研究方法	解释变量	被解释变量	主要研究结论
Bylund P L, McCaffrey M	2017	A theory of entrepreneurship and institutional uncertainty	JBV	理论假设	制度不确定性	创业活动	基于新制度经济学,构建了不同层次制度冲突导致的制度不确定性模型。并进一步解释了制度不确定性如何影响创业活动,以及创业者如何通过市场和制度创业行为以减轻这种不确定性
Eberhart R N, Eesley C E, Eisenhardt K M	2017	Failure is an option: Institutional change, entrepreneurial risk, and new firm growth	OS	DID	破产法改革,精英创始人	企业破产,创业,创业成长	利用日本的一项准自然实验探究创业企业成长。文章表明宽松的破产法降低了失败障碍,将尤其鼓励精英个体(拥有更高人力和社会资本)创办公司,同时,这些公司比其他公司更有可能实现高增长
Spigel B.	2017	The relational organization of entrepreneurial ecosystems	ETP	案例研究	创业生态系统	创业活动	讨论了创业生态系统对区域内高成长型创业活动的影响,认为创业生态系统由10个不同的文化、社会和物质要素组成,这些要素相互联系为创业者提供了福利和资源支持。同时,创业生态系统存在不同的组态配置
Su J, Zhai Q, Karlsson T	2017	Beyond red tape and fools: Institutional theory in entrepreneurship research, 1992-2014	ETP	文献综述	制度理论	创业活动	明确了利用制度理论研究创业的三个演变时期,即概念阶段(1992—2000年)、探索阶段(2001—2007年)和接受阶段(2008—2014年),并对每个阶段关注的制度逻辑,分析水平和方法应用进行了总结。在此基础上,对研究缺陷和未来研究展望进行讨论

(续表)

作者	年份	文章名	期刊	研究方法	解释变量	被解释变量	主要研究结论
Drori I, Manos R, Santacreu-Vasut E, Shenkar O, Shoham A	2018	Language and market inclusivity for women entrepreneurship: The case of microfinance	JBV	HLM	语言性别标志，国家治理能力，小额信贷	创业市场的女性包容性	将语言视为一种文化制度，认为语言会影响金融中介机构对女性创业，进而支持女性创业。研究明确创业市场的女性包容性受组织和制度因素（NGO、全球化、国家治理）的影响，而国家语言性别标志会调节上述关系
Eberhart R N, Eesley C	2018	The dark side of institutional intermediaries: Junior stock exchanges and entrepreneurship	SMJ	DID	制度中介机构	创业支持创业成长	由于制度冲突，旨在促进新公司创建的制度中介机构（初级证券交易所）可能会阻碍新公司的成长。由于初级证券交易所的投资集中于新技术公司，反过来会减少对其他部门的投资，并表现出对新创企业成长的抑制
Schmutzler J, Andonova V, Diaz-Serrano L	2018	How context shapes entrepreneurial self-efficacy as a driver of entrepreneurial intentions: A multilevel approach	ETP	HLM	个人/集体主义，自我效能，关系网络	个人创业意图	研究了邻近和远端社会文化环境如何影响创业自我效能倾向之间的关系。对于具备创业自我效能的个体，创业关系网络对创业倾向的正向效应要弱于不相信自己能够成功发起创业的个体。同时，这种影响取决于民族文化的个人/集体主义

247

（续表）

作者	年份	文章名	期刊	研究方法	解释变量	被解释变量	主要研究结论
Shahriar A Z M	2018	Gender differences in entrepreneurial propensity: Evidence from matrilineal and patriarchal societies	JBV	案例研究，实验研究	社会性别观念	性别创业决策差异	比较父权制和母系社会中的男女创业倾向差异。发现父权制社会中的男性比女性具备更高的风险投入意愿，更有可能创业，而在母系社会中，女性则比男性具备更高的风险投入意愿，更有可能创业。因此，男女创业差异并非天生，而是社会化的产物
Shantz A S, Kistruck G, Zietsma C	2018	The opportunity not taken: The occupational identity of entrepreneurs in contexts of poverty	JBV	案例研究	制度环境	创业活动	探讨贫困情境下，制度如何塑造创业者的职业认同，以及制度和宿命论扮演着重要的作用。发现集体主义和创业者更多被视为导师、市场联系和社群安全网，而创业类型决策很大程度上被视为是预定和遗传的，而非创业者个人决策的产物
Young S L, Welter C, Conger M	2018	Stability vs. flexibility: The effect of regulatory institutions on opportunity type	JIBS	HLM	正式制度	创新型创业	探索正式制度的不同维度如何表现出对创业类型的作用的差异。旨在降低风险，促进稳定的正式制度安排（产权保护、税收政策、货币政策），将导致更多的模仿型创业。而旨在减少不确定性，促进灵活性的正式制度安排（劳动力监管、金融监管、商业监管），将引导更多创新型创业的产生

（续表）

作者	年份	文章名	期刊	研究方法	解释变量	被解释变量	主要研究结论
Audretsch D B, Belitski M, Desai S	2019	National business regulations and city entrepreneurship in Europe: A multilevel nested analysis	ETP	HLM	国家商业管制	城市创业率	探索国家商业管制与不同城市创业率间的关系，通过整合公共利益理论和公共选择理论，发现国家商业管制与城市级别创业率间呈现非线性的倒U形关系，而不是国家一级研究通常的线性负向关系
Bennett D L	2019	Infrastructure investments and entrepreneurial dynamism in the U.S	JBV	GMM	公共和私人基础设施投资	创业进入率，就业创造	公共和私人基础设施投资会对创业产生相反的影响。虽然私人基础设施投资与创业机会的创造正相关，但公共基础设施投资对创造机会和工作相关，即公共基础设施投资对创业有推动作用，而公共基础设施投资则是创业的障碍
Boudreaux C J, Nikolaev B N, Klein P	2019	Socio-cognitive traits and entrepreneurship: The moderating role of economic institutions	JBV	HLM	正式制度，个人社会认知	个人机会型创业	机会警觉和自我效能会促进机会型创业，而对失败的恐惧则阻碍创业。这些关系强度取决于制度背景，随着经济自由度水平的上升，以上关系会得到强化，即正式制度会影响个人利用其社会认知资源进行创业的程度
Chowdhury F, Audretsch D B, Belitski M	2019	Institutions and entrepreneurship quality	ETP	FE, RE	正式制度，非正式制度，国家发展水平	国家创业数量，国家创业质量	研究制度（债务和风险资本的可利用性，监管环境，创业认知和人力资本，腐败，政府规模，政府支持）如何影响发达国家和发展中国家的创业质量和数量。文章表明制度对创业质量和数量都很重要，但并非所有制度都扮演类似的角色，相反，制度与经济发展之间存在着动态互动的关系

249

(续表)

作者	年份	文章名	期刊	研究方法	解释变量	被解释变量	主要研究结论
Amoros E J, Ciravegna L, Mandakovic V, Stenholm P	2019	Necessity or opportunity? The effects of state fragility and economic development on entrepreneurial efforts	ETP	HLM	国家制度脆弱性，国家发展水平	个人机会型创业，个人生存型创业	研究了国家脆弱性和经济发展对生存型和机会型创业的影响。国家脆弱性在阻碍机会型创业的同时，会对生存型创业产生积极影响。经济发展水平会调节了国家脆弱性与生存型创业之间的关系，从而减少了生存型创业的可能性
Friske W M, Zachary M A	2019	Regulation, new venture creation, and resource-advantage theory: An analysis of the US brewing industry	ETP	泊松回归	监管法规，时间	创业进入	政府监管与创业密切相关。随着时间的推移，税收豁免和税务展开的政策会鼓励免抵时间内阻碍而限制创业务展开的政策则会在短时间内阻碍创业进入。文章表现有理论和先前研究所建议的那么简单
Castellaneta F, Conti R, Kacperczyk A	2020	The (un) intended consequences of institutions lowering barriers to entrepreneurship: The impact on female workers	SMJ	DID	创业进入障碍，性别	个人创业决策，薪酬	创业进入障碍的降低将有助于票赋资源不足个体的创业，但这些政策也可能导致意外的结果。与男性相比，当创业进入障碍降低时，女性创业率受到的积极作用更大。但这同时会导致劳动力市场中女性薪酬水平的下降，特别是在管理岗位中

(续表)

作者	年份	文章名	期刊	研究方法	解释变量	被解释变量	主要研究结论
Grandy J B, Hiatt S R	2020	State agency discretion and entrepreneurship in regulated markets	ASQ	AFT	监管自由裁量权，政治竞争，政党控制	创业进入，行政许可	政府监管限制了创业进入，但政府制度通常包括多个级别，由于监管机构差异，不同级别同存在紧张关系。赋予监管机构更大的自由裁量权将允许其根据公共服务动机和激励措施来帮扶弱势群体，从而导致更多的创业进入和减少在位企业优势。这一效应在竞争较弱、多元政党控制时更明显
Hoppmann J, Vermeer B	2020	The double impact of institutions: Institutional spillovers and entrepreneurial activity in the solar photovoltaic industry	JBV	负二项式回归，OLS	产业政策激励措施	创业风投交易数量、价值	基于太阳能光伏产业的风险投资活动，发现国外产业政策激励会增加国内产业的创业激励。同时，国内外产业政策激励的相似性会对上述关系起到强化作用，即制度化存在跨边界的溢出效应
Webb J W, Khoury T A, Hitt M A	2020	The influence of formal and informal institutional voids on entrepreneurship	ETP	理论假说	正式制度，非正式制度	创业类型，创业目标	讨论了正式和非正式制度生产力率。讨论了正式和非正式制度真空及其相互作用如何影响地区的两个定性结果：①创业活动的独特形式，以及②创业活动的目标

（续表）

作者	年份	文章名	期刊	研究方法	解释变量	被解释变量	主要研究结论
Damaraju N L, Barney J B, Dess G G	2021	Do stringent bankruptcy laws always deter entrepreneurial activities? A study of cultural Influences	ETP	泊松回归	破产法，多维文化指标	国家创业活跃度	严格的破产法通常被认为会增加失败的成本，因此不利于创业。然而，个人主义一集体主义，男性文化一女性文化，不确定性规避和权力距离等文化维度会调节严格破产法与创业进入间的关系。在某些文化背景下，严格的破产法反而与创业活动水平正相关
Fredstrom A, Peltonen J, Wincent J	2021	A country-level institutional perspective on entrepreneurship productivity: The effects of informal economy and regulation	JBV	FE	非正规经济规模，监管制度	国家机会型创业率	在一个庞大的非正规经济体中，更强的非正规制度与创业结果同的质量可能会导致不一致，并导致意料之外的负面结果产生，即非正规经济的规模在很大程度上与创业生产力负相关。特别是，当非正规经济的努力质量较大时，政府提高治理质量的努力可能会适得其反，反而减弱了创业生产力
Schulz M, Schwens C, Fisch C	2021	Bankruptcy regulation and self-employment entry: The moderating roles of income share, parenthood, and hybrid entrepreneurship	ETP	逻辑回归	破产法，个人收入，是否有子女，混合创业	创业进入	破产豁免水平将有助于显著提高个人创业进入选择。然而，对那些可能由于破产而面临更高的财务、社会或心理成本的个人，即个人收入占家庭收入比例更高、拥有子女以及进行混合创业的个人，破产豁免水平的积极作用将减弱

（续表）

作者	年份	文章名	期刊	研究方法	解释变量	被解释变量	主要研究结论
Szumilo N, Vanino E	2021	Mortgage affordability and entrepreneurship: Evidence from spatial discontinuity in Help-to-Buy equity loans	JBV	DID	抵押贷款政策	地区创业活跃度	基于英国HTB股权贷款计划，研究发现政府股权贷款有助于释放流动性资源，进而促进创业活动。随着抵押贷款增加近20%，这些新地区创业活动将提高能力的提高，同时企业主要集中在收入波动性较低的资本密集型行业
Tang J T, Yang J, Ye W P, Khan S A	2021	Now is the time: The effects of linguistic time reference and national time orientation on innovative new ventures	JBV	HLM	地区语言时态，地区文化长期一短期导向	创新型创业	考察了工作为制度因素的语言的未来时间参照（FTR）和作为文化因素的影响，发现较强的语言未来时间参照、短期导向与个体创新型创业选择正相关。特别是，语言未来时间参照将通过促进文化上的短期导向来促进创新型创业

253